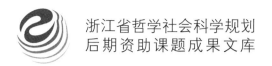

浙江省哲学社会科学规划
后期资助课题成果文库

水村社会：
内生性秩序力及其现代变迁

赵春兰 著

社会科学文献出版社
SOCIAL SCIENCES ACADEMIC PRESS (CHINA)

序

赵春兰博士这部《水村社会——内生性秩序力及其现代变迁》的书稿是在其博士学位论文的基础上修改增扩而成的。在对浙江北部水村的长时段田野调查基础上，从社会秩序的视角，向读者介绍了位于东南部发达地区的一个乡村在生计方式、生活样态等方面的变化，在深刻地卷入政策引导与商业推动的城市化过程中，依然保持着原有社会形态的"实心"状，呈现了社会转型中国农村发展的另一种形态——"准城市社区"与"标准农村社区"。正因为水村在经济发展、生活方式变化以及民众日益富裕的过程中，得以保持基本完整的社会结构并维系着民众在各种仪式中的互动，于是有了作者所分析的"乡民是乡村秩序的主导者，内生性秩序力是达成社会善治局面的基底之一"这样的结论。

本书延续了社会学对秩序关注的传统，其重要的价值之一就是借助水村社会依然发挥作用的内在秩序来认识乡土社会蕴藏的力量，即费孝通先生提出的认识"中国社会的生长能力在什么地方"。费孝通先生开创的乡土中国研究是中国社会学重要的方向，因为乡土性决定了中国社会的种种特色。过去一百多年来中国现代化的过程，无不将乡村社会的人与事卷入激速变迁中，中国经济发展奇迹的出现与持续，显然离不开中国乡土社会主动地参与现代化的进程，并在有形与无形中释放着其内在蓄积的力量。

乡土中国的变迁是改革开放的重要组成部分，同时也为中国40多年经济发展成就做出了贡献。经济发展与社会转型在不同阶段、不同区域，走出了适合自身发展的不同发展模式，比如转型初期出现的"温州模式""苏南模式"和广东等地区的"城中村"现象，春兰博士在本书向读者呈现的"水村模式"则是另外一种类型，表现为城乡"混合型"特征。尽管"水村模式"是浙北乡村一地的实践，但可以为中国广大农村地区的现代化发展提供一个参考性范本，成为其他农村地区未来现代化发展的借鉴。由此，我们可以了解到对乡土中国的研究并非强调中国的"土"，而是关注一个农业文明为基础的国度进入现代化的路径与具体实践。恰如费孝通先生不断强调的，"人类学也好，社会学也好，从一开始，就是要认识文化，认识社会。这个认识过程的起点，是在认识自己"。①

春兰博士的研究在很大程度上反映了她对本土实践的重视及其理论化的探索。长期以来，学界言必称希腊，动辄引欧美，不仅有大量的源于西方社会文化背景的理论概念与说法，还有相当多由欧美学者发展的研究中国的概念与说法通行于中国。他们将乡土中国相关的一切视为负面的、落后的象征，简单地将中国农村的社区文化视为落后的、需要改造的对象。坦率地说，春兰博士在她着手水村研究初期，也曾经纠结于如何使用所谓通行的"大理论"，并与本人有过不计其数的讨论。从其呈现的研究我们可以欣喜地发现，她在调研和理论阐述方面，切实践行了费孝通先生曾经倡导的"且慢用外国名词来形容中国事实，我们得在实地详细看一下"。② 春兰博士从其对水村社会

---

① 费孝通：《从反思到文化自觉和交流》，《读书》1999年第11期。
② 费孝通：《费孝通文集》第一卷，群言出版社，1999，第405页。

生活的观察，不仅发现现代化的具体过程是非线性的，有不同的实践模式，广大民众不拒绝发展、不拒绝变化，不拒绝与任何新事物的相连结；还发现在现代化社会中"传统"普遍地存在于乡民的日常生活之中，作为内生性秩序力支持了社会发展并扮演着社会平衡者的角色。对于一个年轻学者，坚持用事实说话非常难得，而且她在社会事实的基础上运用社会理论，同时开拓出提炼理论的空间。

对现代化发展的追求是中国过去一百多年的主题，各种宏大叙事固然重要，其中包括政策层面和地方性/全国性商业化版图扩大带来的影响，同时也要注意到社会剧烈变迁如何与民众日常生活产生直接和间接的互动，从而全面认识经济现代化与社会生活变迁的真实过程。春兰博士在书中以独到的社会学视角关注了水村民众生活世界的多个层面：自然环境、生计方式、住房情况、婚姻缔结、人情往来、年节习俗仪式以及地方性社会组织等，这些社会生活细节的变化都与经济发展每一项行动有着密切的关系。值得一提的是，春兰博士从变化中也发现了民众突破现代生活困境的新实践。比如迁到现代公寓生活的乡民，仍然坚守着传统的仪式活动；当地村庙不仅发挥着仪式中心的作用，还成为现代形式社会组织的倡导者。特别是发现当地已发展出夫妻"两头婚"和孩子"两头姓"的婚育方式，从婚姻的缔结到日常生活的安排都来自夫妻双方及其家庭的协商，解决了无男嗣家庭传宗接代、财产继承以及养老等困难。变通了的婚姻和继嗣方式有助于化解现代社会婚育方面日益明显的社会与个人之间的张力，成为水村普遍接受的社会制度。

春兰博士的研究是在自己的家乡做的，见过太多站在现代城市立场上贬低乡土或者因出自乡土而自卑的人，我由衷地欣赏她有尊严地书写自己家乡的态度。我相信对乡土的尊重一方面来自其学术客观的态度，故而能观察到

3

各种复杂且有价值的社会现象，另一方面受到依然质朴、勤劳及聪明智慧的乡民在社会变迁中的实践感染，故能细致地描述各种落实于生活世界中的变与不变。我们可以在本书的文字叙述中看到，她使用乡民惯用的词汇，比如延用当地流行的"老底子"说法指流传下来的惯习等，她遍访乡间贤人获得了大量的非出版物资料，她在村庙长期蹲点并参与各种当地的仪式。在完成本研究的过程中，她实践着质性研究的方法，通过近两年田野工作和参与观察为读者呈现了一个相当生动精彩的水村生活社会面貌。

范丽珠

2021 年 12 月 16 日

上海逸仙路文化花园寓所

自 序

水村位于杭州市西郊，距离阿里巴巴（西溪园区）直线距离只有五六公里。每当我这样介绍这个田野点的时候，大家都会觉得它有一个相当亮丽的明星标签。但相对于这个区域的周边村落而言，水村是一个没有一点特殊知名度的村子，村里人至今应该都还不明白，为什么我会对他们再平常不过的社会生活追问再三。实际上，恰恰是村子的普通才让它更具代表性，通过它所展示的现代中国乡村社会秩序的内在运行逻辑才更有说服力。

在相当长的一段历史时间内，乡村处于"传统与现代""地方与全球"共同交织的时域—场域之中，对于农村问题的讨论也大都围绕于此。1938年，马林诺夫斯基在为《江村经济》所作的序中写道："此书虽以中国人传统生活为背景，然而它并不满足于复述静止的过去。它有意识地紧紧抓住现代生活最难理解的一面，即传统文化在西方影响下的变迁。"从那时至今，中国农村经历了翻天覆地的变化，由费老这里开始的原问题——"作为中国基层社会的乡土社会究竟是个什么样的社会"——历久弥新。对于水村社会生活的观察也是在中国乡村建设的大框架之下的接续性讨论，只是农村的再适应开始展现令人向往的成就。

在改革开放 40 多年后,水村社会展现的整体活力显然与大众对农村的"失落"印象很不一样。实际上,对浙北水村这类发达地区农村类型的叙写,是对中国乡村社会全景的适时补充,为观察中国新农村发展成就提供了一个重要的窗口。水村社会的整体发展状态让乡土的价值不再仅存在于"应有"的未来设想之中,而是存在于"已有"的广泛实践之中,通过一整套已调整了的社会安排在"传统与现代""全球与地方"之间寻求着有效平衡,其中的充分证据将在后文中得到详尽展现。这一套从"传统"而来仍对现代乡村秩序产生作用的日常安排,在这里被称为"内生性秩序力",今天,它仍是维续乡村秩序稳定的最为重要的恒常力。与之相对应的,是由行政力与经济力构成的由外向内的"建构性秩序力"。

"内生—建构"秩序是理解中国乡村社会秩序变迁的一对核心概念,二者之间的互动及内生力的三种社会展现形式构成了本书的主体框架。在中国的现代化过程中,一个基本的事实是,乡村秩序经历了由"内生性"向"建构性"的转变,由相对自然的社会状态转变为人为行政状态。相比于传统社会中内生性秩序力作用的清晰脉络,"乡村经历现代转型后,内生性秩序力是否继续有力"一直是个开放问题。

与转型初期"温州模式""苏南模式"中的农村不同,也与转型已完成的"城中村"不同,本研究关注处于深度转型中的农村社区内生性秩序力的作用类型,即"水村模式"。当"转型"成为中国整体发展的一种常态,"水村"类型已有经验上的普遍性;但在研究类型界定上,"水村"又有其特殊性,在"村落形态""身份认同""人际网络"方面表现出典型的城乡"混合型"特征。本研究的中心问题"转型农村社区中,内生性秩序力如何维续乡村社会秩序"

被分解为四个问题串联整个研究。

问题一，内生性秩序力是否还在参与转型农村社区的秩序维续？在村庄整体秩序层面，面对拆迁带来的巨额利益，"聚族而居""安土重迁"这样的内生性组织观念看似陷入缄默，但面对拆迁后出现"祖不得敬""魂不得安"的阴阳矛盾，急变中的乡村仍需借助民间信仰仪式重获安定；在家户秩序层面，当建构秩序力主导的"计划生育"造成了"独女户"传宗接代的困扰，水村人通过"两头婚""两头姓"的婚姻、生育模式的独特安排积极应对。

问题二，内生性秩序力如何作用于现代乡村秩序？内生性秩序力由"乡村组织""乡风民俗""乡土观念"这三个相互交融的方面来支撑。在"乡村组织"中，自然村仍是村庄事务的组织基础；村庙日常活动加固了整村联系并使之定期化；水村妇女志愿队说明了现代团体仍以内生性联系为基础。在"乡风民俗"中，"点岁烛"统合社区整体并产生对外区隔；"小端午"提供与外界竞争的机会以凝聚社区；而"年糕节"提供了社区再联结可凭借的传统资源。在"乡土观念"中，"男女有别"仍是村民处事的价值选择；"公私有别"与"善恶有报"相结合，为集体投入提供了道德肯定；"别把钱看得太重"有效调节着现代社会各类利益纷争。

问题三，内生性秩序力如何与建构性秩序力互动？首先，以改革开放之后民间信仰的复兴为例，行政建构力与内生性秩序力的互动表现为：直接对抗，民间信仰被行政力否定，内生性秩序力的支撑使村庙成功复建；选择性合作，当行政力重启对内生力的利用时，内生力在"规范管理"之下寻求变通发展。其次，经济建构力与内生性秩序力的互动表现为：互为支撑，即内生性秩序力成为化解现代社会风险、迎合经济社会新诉求的重要渠道，

3

经济建构力不仅为内生力提供了物质保障也聚合了内生力延续之"人"，实现了内生性秩序力的代际传承；构成压力，即当经济力侵夺水村利益时，内生性秩序力做出有效抵制。

问题四，内生性秩序力如何经历现代变迁？这是围绕日常生活的延续与改变，集中体现在水村青年的传统参与中：在组织方面，青年人的低参与率引起担忧，但乡村社会仍以家户为单位，青年人的传统参与仍可通过家庭参与实现；在制度方面，长者权威下降，但是青年人仍然保持"村内面向"，承担代际分工责任；在价值判断方面，"科学"与"民间信仰"成为青年人处理事务、寻求意义的两套并行不悖的解释系统。

最后，我希望对维续民间社会秩序所得的结论对于提升社会治理水平的弦外之音也能够被听到。本书自下而上的民间视角与自上而下的治理视角形成了补充，内生力及其与建构力互动的观察，对于当下社会治理困境的破解及资源开拓亦有启发。在设计治理制度时，农民常常被视为治理对象，甚至带有天然的落后性，但看似理想的治理体系在农村中常常有低效、高成本运转的风险。在水村，农村传统组织保持着惯有的"无须组织性"，在历史沿袭下，农民在社会生活中的配合也带着连贯性。在这里，外在的经济力与行政力与村庄本身的内生力形成良好配合，建构性秩序力是乡村秩序的支持力，而非控制力甚至解构力。这是水村能够保持社会稳定、实现持续发展的重要原因。这样，来自水村的中国农村新近发展经验就对西方学者所认定的"中国社会秩序源于政府控制"观点提出了完全不同的见解：农民是乡村秩序的主导者，内生性秩序力是达成社会善治局面的基底之一。

目 录

1

所谓建设，不是建设旁的，是建设一个新的社会组织构造——即建设新的礼俗。

为什么？因为我们过去的社会组织构造，是形著于社会礼俗，不形著于国家法律，中国的一切一切，都是用一种由社会演成的习俗，靠此习俗作为大家所走之路（就是秩序）。我常说：人类的生活必是社会生活，而社会生活又须靠有秩序，没有秩序则社会生活不能进行。希望社会秩序的维持靠法律，中国过去社会秩序的维持多靠礼俗。不但过去如此，将来仍要如此。中国将来的新社会组织构造仍要靠礼俗形著而成，完全不是靠上面颁行法律。所以新礼俗的开发培养成功，即社会组织构造的开发培养成功。新组织构造、新礼俗，二者是一件东西。

——梁漱溟，「乡村建设理论」

Rural Society
of Water Village

第一章 乡村社会秩序力的内外转型

▲图 1-1：水村的水塘。在"未完成的拆迁"中，仅剩不多的河道被保留。其实，水村保留的不只是河道，也是传统的生产方式。（提供：吴一辉，由闲林街道所有）

▲图1-2：信息化生活。在水村所属集镇的农贸市场里，每个摊位前都挂着支付宝收款码。支付方式的改变表现出乡民对信息化带来改变的直观感受。（拍摄：赵春兰）

▲图1-3：水村老年食堂。饭前，两位老人在打"和牌"。一旁的老熟人们看得津津有味，忍不住细致地评论一番。作为居家养老服务的相关配套，水村的老年食堂和照料中心是行政力建构乡村社会秩序的一大举措。（拍摄：赵春兰）

▲图1-4：余杭百姓日。2018年5月2日，第一届余杭百姓日现场。全村60岁以上的老人都被邀请到村里看戏聚餐，其乐融融。借此机会，因拆迁而散居的村民得以回村欢聚。"这样的场面我一辈子都没见过，共产党是好！"村里老人如此评价。（拍摄：赵春兰）

▲图1-5：村庙仪式。戊戌年（2018年）农历九月十八，水村村庙——甘甜庙内"西方三圣"开光。庙里原本安排了80桌斋饭，但没估好人数，后来不得不再添20桌斋饭来招待前来参加仪式的村民。按照每桌入座10人计算，当天前来参加仪式的村民不下千人。（拍摄：赵春兰）

本书是对水村——一个中国东部发达地区的拆迁村庄——社会秩序维续力及其现代变迁的观察与分析。通过对"内生性秩序力"与"建构性秩序力"这一对核心概念的关注，笔者来尝试回答：正经历现代性强力解构的水村，在从传统到现代的变迁过程中，何以能保持村庄社会一如既往的安定？这也是伴随中国农村现代化建设整个过程的核心命题。本章将对支撑后文展开论述所需的理论前提进行交代，具体包括核心概念及其定义、对已有研究的梳理、中心问题及研究线路的确立，这些内容又将围绕以下两个问题展开。

第一，为什么"内生性秩序力"与"建构性秩序力"这一二分视角对于分析中国乡村社会秩序的现代转型是合适的？内生性秩序力在传统乡村社会如何展现？在现代化过程中，乡村秩序由"内生"向"建构"的转型又是如何发生的？这部分内容是基于中国乡村社会实践历史，以内生性秩序力的"内在独立性""与外平衡性"的改变为维度而做出的分析。

第二，内生性秩序力有所恢复，但不再如传统社会那样脉络清晰、特点鲜明。随着改革开放的推进，学界对转型初期及转型基本结束阶段的农村中内生性秩序力的表现已积累了丰富的研究成果。而"水村模式"意欲说明：在一类长期处于转型的、具有明显"城乡混合"特点的农村社区中，内生性秩序力是如何作用的，这也是本研究的中心问题。

一 中国乡村秩序的"内外"区隔与联系

近年来，中国学者在概括乡村社会秩序及其转型趋势时，"内生—建构"秩序成为一组十分流行的概念：贺雪峰在分析中国传统社会秩序时，使用"内生村庄秩序"概念，以归纳传统中国农村基层社会中相对自主的地方性规范及相对自主的地方自治组织所构成的村庄基本秩序。[①] 伴随中国现代化进程的推进，尤其是改革开放之后，乡村社会经历着从传统向现代的转型，国家安排之下的村民自治制度成为乡村治理的制度基础，法治秩序成为乡村治理的规范。面对此社会转型背景，赵旭东等指出，中国乡土社会的秩序正在发生变迁，呈现村庄内生秩序和国家建构秩序共存和调适的情形。[②] 大致清楚的是，学者们意欲传达这样一种变迁趋势：中国乡村秩序从一个封闭的、自给自足的小农经济社会秩序，转向由国家力量"嵌入"并主导的乡村秩序。

与乡村社会秩序由"内生"向"建构"转变相对应，现代乡村中社会秩序力的"内—外"区分才是本研究的真正关注点：乡村秩序主导力经历了由"内生为主，建构为辅"转向"内生—建构统合"，甚至是"建构为主，内生为辅"的改变。在这里，"内生—建构"秩序的维续力有较为统一的指向：内生性秩序力指向以"传统"为主要表现形式，早已在乡村内部存在、仍对现代乡村秩序产生作用的一套包括自治组织、地方规范在内的日常安排；而建构性秩序力指向了国家行政力，以及笔者将在后文中补充的作为次级建构力的市场经济力。下文将通过对"中国传统乡土社会秩序如何通过各要素之间的配合自成一体"以及"在乡村社会外压现代化进程中，国家、市场如何作为一股外来力量'介入'乡村秩序"这两个问题的解答，呈现传统乡村社会由内生性秩序力转向建构性秩序力的介入过程。需要提请研究者普遍关注的是，"内生性秩序力—建构性秩序力"是本研究的核心概念，与两者在农村中主导地位转变相伴随的是"中国整体现代化发展过程中，农村将被如何安适"这个大问题。

---

① 贺雪峰：《中国传统社会的内生村庄秩序》，《文史哲》2006 年第 4 期。
② 赵旭东、张洁：《乡土社会秩序的巨变——文化转型背景下乡村社会生活秩序的再调适》，《中国农业大学学报》（社会科学版）2017 年第 2 期。

（一）乡村秩序力的"内生性"解读：文化系统的自成一体

无论中西，各类传统社会维续社会秩序之法有异曲同工之妙。各类传统社会可谓"独立自主型的文化系统"，是一个个自给自足、别无他求的体系，也就是说："这个系统绝对不需要有另一个系统来给它补充、互换，或奉献什么资源……因为在每个这样的系统内部都有多个既相互依赖却又能够自发地相互调整关系的组成部分。每一个这样的系统都是独立自主的，这是因为它并不需要别的什么关系来支援就能持续不断地履行它的职能。"[①] 这些社会中行为的常规性，并不是命令或强制的结果，而是牢固确立的习惯和传统的传承结果。中国传统社会显然可以被称为"独立自主型的文化系统"的典型，这里的"独立自主型"表现在两个方面：一方面，传统社会达成与环境相配套的组织、制度、价值观，具有"内在独立性"；另一方面，传统乡村中"内—外"秩序力保持着平衡，人、物资源得以实现有机循环，此为内部的"与外平衡性"。

传统乡村社会秩序的本质是伦理秩序，其形成首先是与传统乡土环境在系统内相互配套的结果。滕尼斯（Ferdinand Tönnies）关于"共同体"的经典概念即一种人与人之间亲密关系的联结方式，是传统社会中内生性秩序力形成并能够持续占据主导地位所依托的社会背景，这一概念说明了传统社会的各项安排是如何与环境融为一体的。传统社会区别于现代社会的主要特征有二：横向上封闭、纵向上少有变迁。其一，在封闭的传统社会中，交通不便，人口少有流动，"聚族而居"逐渐形成，"家族这个社群包含着地域的内涵"，[②]"血缘是稳定的力量，在稳定的社会中，地缘不过是血缘的投影，是不分离的"。[③] 此为宗族村落的一般特征。在华北乡村中虽然极少有"地缘

---

① 罗伯特·芮德菲尔德：《农民社会与文化：人类学对文明的一种诠释》，王莹译，中国社会科学出版社，2013，第91~92页。
② 费孝通：《乡土中国 生育制度》，北京大学出版社，1998，第70页。
③ 费孝通：《乡土中国 生育制度》，北京大学出版社，1998，第70页。

界限与血缘界限一致（的）宗族共同体"，[①] 但宗族的制度化或非制度化存在是较为统一的，家族本位成为伦理本位这一社会制度的保障。其二，乡土社会的"少有变迁"，是伦理秩序得以维续的第二个环境条件。传统经验的累积和熏习依赖于世代的自然继替和年龄的自然增长、来自传统的指导及对传统的服膺，这成为乡民生活顺遂的重要保障。"与环境协调"之所以重要，是因为这里的"环境"甚至可以理解为一个社会基本的结构，一旦传统社会中的基本社会条件改变了，那么，乡村中的内生性秩序力的"终结"也将无可避免。

与生活环境的"稳定""封闭"相一致的，是人与人之间的天然熟悉，即传统乡村是典型的共同体。"共同体"是对乡村秩序"内生性"在组织上的本源概括。"共同体作为一种原始的或者天然的状态"[②] 是在"建立在自然的基础之上的群体（家庭、宗族）里实现的"，[③] "生活的人们保持着持久的、真实的、亲密的共同生活，每个人都将自己视为一个整体的有机组成部分"。[④] 之所以说"共同体"内部的秩序维续是依靠内在作用力的，是因为在共同体之中，秩序是建立在有关人员的本能中或者习惯制约的适应又或者与思想有关的共同记忆之上的。在中国乡村这一典型的"共同体"内，长幼的自然差别逐渐演变为社会关系"长幼有序"的等差序列以及上下尊卑、亲疏贵贱的身份等级秩序，人的权利和义务也依此格局而定，而教化性长老统治则于宗族内履行。在宗族外，传统乡村中也多见社会性公益组织，其主要通过民间信仰的形式

---

① 黄宗智：《明清以来的乡村社会经济变迁：历史、理论与现实》（第一卷），法律出版社，2014，第 244 页。
② 费迪南·滕尼斯：《共同体与社会——纯粹社会学的基本概念》，林荣远译，商务印书馆，1999，第 58 页。
③ 费迪南·滕尼斯：《共同体与社会——纯粹社会学的基本概念》，林荣远译，商务印书馆，1999，第 53 页。
④ 费迪南·滕尼斯：《共同体与社会——纯粹社会学的基本概念》，林荣远译，商务印书馆，1999，第 57 页。

实现地方社会自治。①

在价值观层面，中国传统乡村社会的内生性特质，用"伦理"二字概括再精准不过。何为"伦理"本位？潘光旦在《说伦字》中解释道："伦字，从人从仑。凡属从仑的字都有条理与秩序的意义。"② 它所展示的即先天性血缘身份权威所规定的宗法秩序。作为"独立自主型文化系统"，中国传统社会秩序的保持是各个系统配合的结果。费孝通以十分中国化的方式对内生性秩序需被"内化于心"进行了表达："规矩不是法律，规矩是'习'出来的礼俗。从俗即是从心。换一句话说，社会和个人在这里通了家。"③ 在《乡土中国》中，费孝通写道："我们很难想象一个社会的秩序可以不必靠什么力量就可以维持，人和人的关系可以不根据什么规定而自行配合的。"④ 秩序的本质是规矩、规定、规范，"规，有法度也"。⑤ 规矩获得了认可并被习得之后，社会秩序便达成了，而维续内生性秩序的主要"规矩"——伦理、宗法、公理等礼治手段都被包含在我们今天所指的"传统"之中。礼治的"规定"由世代沿袭，为地方共享。它由传统和人们对传统的内在敬畏所维持，习惯性服膺于传统经验时代积累形成的乡俗规范，此可谓"公道自在人心"。作家阿来在《尘埃落定》中写道："是的，我们并不把这一切写在纸上，但它是一种规矩，不用书写也是铭心刻骨的。而且比如今许多写在纸上的东西还有效力。"⑥

与建构力保持平衡，是内生性秩序力得以自成一体的前提。面对中国农村临近现代化转变时刻的基本社会现实，在乡之下，政府力量薄弱是传统社会中

---

① 范丽珠：《公益活动与中国乡村社会资源》，《社会》2006 年第 5 期。
② 潘光旦：《说伦字》，载《寻求中国人位育之道——潘光旦文选》，国际文化出版公司，1997，第 632 页。
③ 费孝通：《乡土中国 生育制度》，北京大学出版社，1998，第 10 页。
④ 费孝通：《乡土中国 生育制度》，北京大学出版社，1998，第 48 页。
⑤ 朱立春编《新编说文解字》，江西美术出版社，2018，第 588 页。
⑥ 阿来：《尘埃落定》，人民文学出版社，1998，第 14 页。

国家所面对的实际。① 即使上文所构建的"传统乡村被视为具有高度价值认同与道德内聚的'小共同体'"存在很大争议，但以下"乡土和谐论"至少可作为认识乡土社会的论调之一被接受：乡村之外，皇权不下乡，绅权制衡着皇权的下伸意向；乡村之内，乡村凭借宗族血缘纽带，依靠宗法伦理高度自治。费孝通将这种内生性秩序力与建构性秩序力在政治安排上的平衡称为"双轨政治"：既有自上而下的皇权轨道的存在，又有能够反映民意的自下而上的绅权轨道存在。② 双轨的存在，既在一定程度上使地方自治团体被地方民众赋予权利，内生性秩序力也为行政建构力所认可，"宗权组成的半官方性质的理事会，被允许可以不受干扰地独立处理社区中的一些不太重要的事务，从而实现地方自治"。③ 与外部平衡的第二点，体现为传统乡土社会之内，乡土之"人"仍可通过落叶归根的社会有机循环回流：荣归故里，终至入土为安，"从社会说，取之于一乡的必须回之于一乡；这个社会才能维持它的水准"。④

作为对传统中国乡村在现代化转型前内生性的整体概括，黄宗智将对明清时期华北小农经济、社会、政治方面进行的分析作为总结：中国经济的闭塞内向，表现为"家庭小农场占据绝对优势地位，农村家庭手工业作为农业的副业一直顽强持续，排除了英国和西欧发展经验中那样的分化、人口行为转型以及城镇化"。⑤ 不仅经济的闭塞内向、村民的社会交往以村庄为界限是村庄生活许多方面的习俗惯例，在村庄政治方面，"自然村是只包含庶民的

11

---

① 黄宗智：《明清以来的乡村社会经济变迁：历史、理论与现实》（第一卷），法律出版社，2014，第195页。
② 费孝通：《乡土重建》，载《费孝通全集》（第五卷），内蒙古人民出版社，2009，第34~44页。
③ 何天爵：《真正的中国佬》，鞠方安译，光明日报出版社，1998，第25页。
④ 费孝通：《乡土重建》，载《费孝通全集》（第五卷），内蒙古人民出版社，2009，第56页。
⑤ 黄宗智：《明清以来的乡村社会经济变迁：历史、理论与现实》（第三卷），法律出版社，2014，第281页。

一个闭塞而又有内生政治结构的单位"，自生领袖多继续认同自家村庄的利益，而不会甘愿作为外界政权的代理人。[①] 正是在对华北小农经济与社会变迁的研究中，黄宗智提出乡村"内在性"概念来认识中国乡土社会蕴藏的某种内在力量，这是本研究的一个重要理论启发。传统乡村的社会生活和社会结构也就是在这种秩序的长期规制下日益凝滞和板结，若无外力的冲击，则既难以分化变迁，也不会产生变迁的需要。在革命及后来的集体化时期，这种内生封闭性更是出现了"内卷化"趋势。[②]

（二）乡村秩序力的"建构性"上位：乡村"失落"的刻板印象逐渐形成

中国的现代化进程，尤其是乡村的现代化，是外部力量对于封闭的、内向的农村社区"有意为之"的结果。区别于西方社会的内生自发的现代化过程，中国乡村的发展逻辑是：外发于中国社会的现代化由上层最先感知，通过求变，"外发现代性"持续向中国乡村传递。金耀基归纳中国的现代化进程不是起因于一种"内发的力量"，而是源于一种"外发的压力"。[③] 中国乡村社会的现代化路径基本可以被判断为：由国家主导的现代化力量向封闭的、自治的、非商品化农村社区的进入。就乡村社会秩序的呈现结果来看，其中最明显的特点是国家把一个自然的社会状态改造成一个人为的行政状态，即自然村变成行政村，"（以）家族血缘或地缘认同为基础的社会生活共同体转变为以集体产权或经济为基础的生产和经济共同体；从一种自然或自发形成的社区共同体转变为由国家权力深度干预和控制而形成的政治共同体"。[④] 社会秩序

---

① 这方面的详细论述，参见黄宗智《明清以来的乡村社会经济变迁：历史、理论与现实》（第一卷），法律出版社，2014，第189~211页。

② 黄宗智：《明清以来的乡村社会经济变迁：历史、理论与现实》（第一卷），法律出版社，2014。

③ 金耀基：《从传统到现代》（第一卷），法律出版社，2010，第115页。

④ 项继权：《中国农村社区及共同体的转型与重建》，《华中师范大学学报》（人文社会科学版）2009年第3期。

的维续力随之出现大变动，即由内生性秩序占主导到建构性秩序占主导的社会变迁趋势，内部的非正式规则逐渐为外部的正式规则所取代，是一条潜入其中却未被言明的主线。①

当然，内生与建构的区分也只是相对的，内生性的自觉接受与建构性的外在强制性的界限并不是截然区分的。国家行政力主导的法律、政策等建构性力量的规则也会被逐渐内化，内生性秩序力的外在性、普遍性与对个体的强制性亦不能被完全否认。即使在传统社会，社会秩序也总是表现为不同权威的混合体：虽然被认为一直保持着"皇权不下乡"的地方自治传统，但是乡村自然秩序还是结构化于国家权威之下。研究者绝不是回望传统的理想主义者，客观地说，加强建构性力量有其必要性。以"法律"这一国家力量的完善为例，以法律制度的透明框架而非道德一统来形成社会秩序，这样的社会秩序体系不需要人民务必德行高尚，只需要他们出于私己的利益而保持理性并遵守法律。同理，与政治自由主义携手同行的、以市场为基础的资本主义体系，也只需要人们根据长远的个人利益来实现最优的社会化生产及分配。无疑，这种统一而明确的社会规范与各种利益分配更加复杂的现代社会相互匹配，它对于社会安定所带来的福利也是显而易见的。

但是，随着建构性上位，内—外秩序力之间的平衡被打破。早在《乡土重建》中，对于"乡土社会被损蚀冲洗，沦为'腐烂的乡土'"，费孝通就表露过深层的担忧：双轨政治的拆除，破坏了地方自治单位的完整性，造成基层民众与地方政府的对立，从而阻碍了民意的反映，造成政府政令推行的艰难，出现了行政低效率的现象。② 经济建构力对乡村造成的侵蚀更是明显：

① 冯钢：《现代社区何以可能》，《浙江学刊》2002年第2期。
② 费孝通：《乡土重建》，载《费孝通全集》（第五卷），内蒙古人民出版社，2009，第41~44页。

市镇不是生产基地，而是商业性质的，现代社会的商品进口与机器生产，令乡村中的手工业崩溃；都市用高利贷骗去他们的土地，通过不断地向乡村"吸血"来维持都市不破产；[1] 乡土培植出来的人已不复为乡土所用，文化的差异造下了城乡的解纽，受教育后的乡村子弟却成了流落于东西方文化之外的寄生阶层。[2] 直到今日，乡土之"人"被抽空的情况仍未被改变，只是，随着市场经济的发展，农村资源向城市的流入更多地依靠着经济手段的调节。当数以亿计的农民进入沿海或者大中城市务工、经商之后，人口结构的"空心化"不仅是一种令人担忧的社会表象，更潜藏着乡村社会良序难以维续的深层危机。

在建构力下行的过程中，内生性秩序力所构成的乡村社会秩序的"独立性"被破坏亦是显而易见的，其后果是内生性力量的生长空间逐步萎缩："二者在乡村场域相互博弈，力量失衡，呈现出疏离化困境，乡村治理陷入危机。"[3] 在组织、制度方面，新中国成立后，行政建构力所确立的围绕城市发展的中国整体发展战略目标更为明确，农村的人、财、物由农村流向城市的过程长期持续。在总体性的国家制度和以集体经济为基础的人民公社制度下，行政力对于乡村秩序的建构更是变"间接"为"直接"，国家对农村社会生活的控制是相当严密而有力的。改革开放之后，乡村体制改革、减免直至取消农业税、实施村民自治制度，都试图将国家行政力撤出农村基层。但是，直到今日，村民自治仍是在国家指导之下的村民自治，其中最为有力的说明，是"国

---

① 费孝通：《乡土重建》，载《费孝通全集》（第五卷），内蒙古人民出版社，2009，第14~34页。
② 费孝通：《乡土重建》，载《费孝通全集》（第五卷），内蒙古人民出版社，2009，第52~64页。
③ 董运生、张立瑶：《内生性与外生性：乡村社会秩序的疏离与重构》，《学海》2018年第4期。

家的意志在农村仍然基本得到了贯彻执行"。① 乡村的内生性秩序力在价值观领域的消散，不仅是因为建构性秩序力所引领的一套"民主""法治""平等""科学"的进入，经济建构力对于乡村秩序的影响也非常明显，伴随强烈消费主义理念的现代传媒进入农村，市场经济理性价值观让"传统文化和地方信仰被严重挤压而再难有生存空间，农村和农民在社会和文化上越来越边缘化，农民主体性逐步丧失，并由此带来农民普遍的无力感、无根感和焦虑感"。②

除了由行政力确立起外在于本地社区的建构性秩序力，关于改变传统社区的外来力量，即市场经济体系也在对传统社区形成挤压，如今的现代乡村社会中，经济力无疑在发挥越来越独立的主导作用。但是，将市场经济力作为建构性秩序力的一种来源，它只能是居于行政力——这一主体建构性秩序力之下的次级建构性力量。行政力的强势之处更在于其对经济力的覆盖：在西方现代社会秩序维续之中起主导作用的经济力，在中国乡村社会秩序维续中，却成为附着于行政力的次级建构力。谁也无法忽视这样一个现实："在中国今天的制度环境里，没有政府的许可，几乎什么都不能做，而有了政府的许可，则几乎什么都可以做。"③ 尤其是在当下中国乡村并未向市场真正开放之时，经济力与村庄整体发生联系还是要通过行政力完成，如中国农村市场化进程中的招商引资，都是通过政府"征地拆迁"安排来完成的，而不是市场与村社层面的直接接触。④

当内—外秩序力出现偏置，内生性秩序力遭遇"过度解构"，看似全能型

---

① 孙立平：《"过程—事件分析"与当代中国国家—农民关系的实践形态》，载清华大学社会学系主编《清华社会学评论》（特辑），鹭江出版社，2000，第 3 页。
② 郭亮：《走出祖荫——赣南村治模式研究》，山东人民出版社，2009，"总序"第 3 页。
③ 黄宗智：《明清以来的乡村社会经济变迁：历史、理论与现实》（第三卷），法律出版社，2014，第 345 页。
④ 吴毅：《不同语境下的乡村关系》，《探索与争鸣》2004 年第 9 期。

的建构性力量也不堪重负。"礼治"与"法治"应有之相辅相成关系的缺失可以用来说明完全由建构性力量来维持乡村秩序的不合理之处。当社会生活的频繁变迁和社会结构的分化带来利益主体多元化时，虽然法律体系在不断完善，"司法下乡"也不可谓不成功，但是，其对于社会秩序的维持仍显力不从心。法治是一个基础，但社会急变让法治的完善长期处于过程之中，更何况法治也有众多无奈之处。社会控制和社会治理的技术手段依靠强大的地方财政作为支撑，对于国家投入提出了很高的要求。地方政府普遍财政赤字，亦暴露了由国家主导的建构性力量在维持社会秩序时成本过高的问题。

事实上，"在传统文化与现代文明的相互影响下，乡村社会既存在现代性的制度架构，又存在隐性在场的传统内生性资源"。[①] 改革开放后，这类隐形在场的内生性秩序力也经历了"复兴"。但是，在当下十分热闹的关于乡村治理的讨论中，虽然内生性秩序力被认为仍然存在，但相比于行政、经济这两大更为彰显的建构秩序力的作用，内生性秩序力如何发挥作用被认为是不确定的，甚至可以说是被忽视的。而本研究在乡村社会秩序由建构性秩序力和内生性秩序力共同作用的认识前提下，更希望在建构性秩序的热闹背后，重新对相对内敛的、更为本质的内生性秩序本身予以关注。"在理解社会秩序的形成时，特别是在理解人们为什么追求特定社会秩序状态时，应把分析的侧重点放在自发性上，力求从社会生活中了解社会秩序的自发生长。因为人们在社会生活中追求的秩序状态往往都是活动个体基于所处特定生活情境而独立地决策和行动的非计划安排的结果，是活动个体运用存在于个人习惯和倾向之中的实践性知识来应对不同时空下的情势而

---

① 董运生、张立瑶：《内生性与外生性：乡村社会秩序的疏离与重构》，《学海》2018年第4期。

形成的。"① 在明确了这样一种讨论基调后，在对"传统之现代命运"的关切下，学者们根据改革开放之后不同地域、不同现代化程度的村庄发展经验资料，使关于"内生性秩序力""建构性秩序力"关系的讨论成为一个具有相当开放度的话题。

二 改革开放后内生性秩序力的复归与遗失

在过往对于"中国乡村秩序的维续"的研究中，内生性秩序力通常以非正式的惯例形态存在于"村社传统"之中。这里对于内生性秩序力变迁的研究梳理，也是在前人所做的大量关于"传统"的宏观论述、实证研究的基础上展开的。无论是在学术研究还是在民众话语中，"传统"这一概念早已深入人心。但是，"传统"对应于"现代"，的确可泛指与过往相关的任何社会事物，对其直接使用过于模棱两可。因此，若要直接使用"传统"一词来指代内生性秩序力，需要对"传统"加以界定。尽管不是也不可能是所有自过往而来的"传统"都会继续在现代社会发挥作用，但作为内生性秩序力寄托之处的那部分"传统"依然"有用"：一是为生活的便利提供保障，虽然这一作用看似在不断弱化；二是它仍为现代社会生活提供了必要的意义解释，也就是说，"传统"对于生活仍有力量。言下之意，笔者所关注的"传统"，仅仅是那一部分从过往延续至今，仍然以内生性秩序力的形式存在且对秩序维续仍然发挥作用的整体性社会安排。"内生性秩序力"的概念使用更加突出了"传统"对于社会秩序维续依然保有力量的强调，避免了泛泛而谈。内生性秩序力与"传统"的这种有所区别又紧密联系的关系，让我们得以在使用"内生性秩序力"这一非常明确的学术概念的同时，又能够从改革开放以来基于各种发展模式

---

① 曹海林：《村落公共空间与村庄秩序基础的生成——兼论改革前后乡村社会秩序的演变轨迹》，《人文杂志》2004 年第 6 期。

的关于"传统"与"现代"关系的讨论中，对相关主题的研究有所思考。以经济建构力为区分标准，在以个体私营经济、集体经济、外贸经济为特色的"温州模式""苏南模式""广州模式"中，就有着不同的发展模式与内生性秩序力的较为统一的发展关系论述。

（一）转型初期的"温州模式""苏南模式"中的内生性秩序力

关于"温州模式"之中内生性秩序力的情况，费孝通很早就观察到温州存在一种他称为"富有东方色彩的'经济结义'"的经济发展精神："一开始就看重人与人的合作，要在受挫折时，有'共患难'的心劲；发达的时候，要'苟富贵，勿相忘'。他们按功劳大小排座次，论功行赏。就这样，一个个农民在他们所习惯、所崇尚的干法当中潜移默化地变成了工人、变成了股东……是一条适合中国农民传统仪式而又有所创新突破的联合之路。"[1] 周晓虹在温州虹桥镇的历史考察中发现，虹桥所在的浙南至20世纪三四十年代仍有族长，[2] 并且在改革开放之后，温州地区内生性秩序力恢复最为彰显的标志是宗祠重建、族谱重修等外显符号的重新出现，以及其他家族制度的全面恢复。范丽珠等对温州南部出现家族文化回归现象进行观察后总结道："20世纪被作为封建遗存的家族组织和家族文化在经济发展、社会变迁过程中显示了很强的适应性，作为丰富的社会资本，宗族制度不仅是农村与从农村扩展出来的社会关系基本网络，在争取其经济发展所需资源的社会资源，同时也是人们勤劳奋发积累财富、成就事业的精神动力源泉。"[3] 杨美惠等使用"礼仪经济"一词来解释温州地区"仪式经济"的复兴与扩张。仪式作为一种制度安排，包

---

[1] 费孝通：《志在富民——从沿海到边区的考察》，上海人民出版社，2007，第482页。

[2] 周晓虹：《传统与变迁——江浙农民的社会心理及其近代以来的嬗变》，生活·读书·新知三联书店，1998，第130页。

[3] 范丽珠、陈纳、赵文词：《传统的遗失与复归——温州南部乡村宗族传统的田野研究》，载魏乐博、范丽珠主编《江南地区的宗教与公共生活》，上海人民出版社，2015。

括神灵崇拜、修建庙宇、举行生命周期家庭仪式、庆祝传统农历节日、社区宗教游行活动在内的各种活动。这些制度安排在抗衡"温州模式"造成的个人财富积累，促进财富再分配和社区建设方面起到了至关重要的作用。[①]

在"苏南模式"之中，周晓虹指出："在周庄，起码自 19 世纪中叶起就已经不存在同族共聚祠堂祭祀祖先的现象……周庄所在的苏南一带的大多数地区很早就没有族长了。"[②] 虽然内生性秩序力之中的宗族制度并未恢复，但这丝毫没有影响内生性秩序力整体，如来自更大传统语境的非制度化的儒学继续发挥了作用。在中国现代化初期，的确普遍存在一种将以儒学为代表的传统和现代的对应关系极端化的倾向，与专制政治相连的儒家传统已被主流话语认定要对中国的"落后"负责。如林少敏就曾认为："现代性因素的生长是乡土社会和宗法秩序解体的根本原因。但乡土社会现代性的迟滞，也就同时在乡村社会生活和社会心理的深层，事实上滞留了传统宗法秩序在许多方面都表现出完全相反的性质和功能，因此，也就注定了二者作为秩序整体只能相互排斥。"[③] 但是，在东亚经济腾飞之后，"大传统"尤其是"儒家精神与现代化"的关系日益成为学界的关注热点。儒家伦理现代转化的潜能，尤其是其对现代化经济发展的论断被重新认识。伯格（Peter Berger）对东亚现代化之源的文化研究是基于"文化"的论述，他相信儒家的社会伦理是构成东亚现代性的文化资源。[④] 金耀基将转化了的儒家文化称为"理性传统主义"，认为这种价值取向是促使香港成为成功的新型工业社会的重要和有力的文化

19

① 杨美惠、何宏光：《"温州模式"中的礼仪经济》，《学海》2009 年第 3 期。

② 周晓虹：《传统与变迁——江浙农民的社会心理及其近代以来的嬗变》，生活·读书·新知三联书店，1998，第 130 页。

③ 林少敏：《从"乡土"走向"现代"——中国农村社会秩序的变迁与选择》，《东南学术》1999 年第 6 期。

④ Peter L. Berger and Hsin Huang Michael Hsiao, eds., *In Search of An East Asian Development Model*, New Jersey: Transaction Publishers, 1988.

因素。① 怀默霆（Martin Whyte）对中国家庭在改革开放以来经济转型中推动作用的研究，证明在特定情况下，传统社会形式可以起到经济动力的作用，而不一定是与"经济人"理念相对抗的东西。② 同样，在对"苏南模式"的具体讨论中，翟学伟以江苏周庄的家庭结构的问卷和访谈数据为依据，分析了中国传统的家庭模式同现代经济组织的关系，以此证明了传统与现代之间存在一定的契合关系。③

费孝通所总结的"苏南模式"中有两点从"过往"而来的积累尤为重要。一是"离土不离乡"：乡镇企业的工人大多是当地的农民，他们在务农之外通过务工多得一些收入，他们在其他地方工作，但大多仍住在乡下。这样，一方面企业少了许多的负担，降低了生产成本，增强了产品的价格优势和企业的生存能力；另一方面，万一企业不景气了，农民还有一条回到农业的退路。这种"离土不离乡"的就业方式成为农村剩余劳动力的"蓄水池"。二是工农相哺：苏南的乡村工业一开始就是用农民从农业里积累的资金办起来的，可以说这种工业是从农业的母体里诞生的。④ "乡镇工业是农村剩余劳动力以新的劳动手段和新的劳动对象相结合的产物。它是农民依靠集体的力量办起来的工业，它不仅不会损害作为自己基础的农副业，而且能在为国家财政收入做出一定贡献的同时，主动承担起支农、补农和养农的责任。"⑤ 对于费孝通所言的从"过往"所得的积累，周怡在对"苏南模式"的特殊个

---

① 金耀基：《儒家伦理与经济发展——韦伯学说的重探》，载金耀基《中国社会与文化》（增订版），香港：牛津大学出版社，2013。
② Martin Whyte, "The Social Roots of Chinese Economic Development," *The China Quarterly* 144（1995）：999–1019.
③ 翟学伟：《走向现代化的江村人——中国家族主义中的亚文化现象及其现代意义》，《江海学刊》1996 年第 5 期。
④ 费孝通：《志在富民——从沿海到边区的考察》，上海人民出版社，2007，第 223 页。
⑤ 费孝通：《志在富民——从沿海到边区的考察》，上海人民出版社，2007，第 59 页。

案——华西村的现代社会发展的内生动力的研究中归纳得更为深刻："声誉—资源的、经济的以及体制的农—工依附链，构成华西农业社会向工业社会转型过程的社区秩序，从而造就村庄的工业整合带着浓厚的乡土资源特征。反过来说，乡土的共同体整合在工业经济带动的乡村—城市转型期起重要的辅导作用。"①

事实上，不管是"苏南模式"中的"离土不离乡"，还是"温州模式"中的"离土又离乡"，都说明了在改革开放之初，农村社会正在经历从计划经济向市场经济的转变，从农业向工业转变之初，即温州、苏南农村中的社区转型刚刚开始之际，社区结构的稳定、紧致是内生性秩序力发挥其作用的重要依托。其中，"离土"只是社会转型中的"经济结构"，即第一产业向第二、第三产业的转型，而其他社会结构的基本条件并没有太大改变；在"苏南模式"中，"不离乡"则代表了地缘结构并未松散。

（二）已转型的"城中村"中的内生性秩序力

改革开放之后，作为内生性秩序力主体之一的家族文化在广州得到了制度性恢复。即使是在羊城村这样的"城中村"，据李培林观察，"在非常拥挤的建筑群中，似只有三处豪华建筑具有空间的'特权'，可以超越'租金最大化'逻辑，这就是宗祠、小学幼儿园和老年活动中心，它们是作为村落里敬祖同宗，尊老爱幼的共同价值观象征存在的"。② 不过即使是在"城中村"，作为内生性秩序力的显性符号的宗祠享有"特权"，但是研究者仍然感叹："这些年来，村落的生活越来越开放了，人员流动量大了，村民们的价值观也发生了分化，年轻人和他们的上一代产生价值观念的断裂，传统的家族、宗族的网络出现

21

---

① 周怡：《中国第一村：华西村转型经济中的后集体主义》，香港：牛津大学出版社，2006，第129页。
② 李培林：《巨变：村落的终结——都市里的村庄研究》，《中国社会科学》2002年第1期。

了很多漏洞，集体的村规民约约束力越来越弱——总之，羊城村的传统'互识社会'渐显式微，而一种新的'匿名社会'正在生成。"[①] "城中村"的传统文化，尤其是宗教及民间信仰受到"都市社区的吸引""经济发展的冲击""高频率的社会流动"，以及"高开放度"的影响而产生深远的变化。[②]

事实上，羊城村的内生性秩序力被认为将逐渐衰弱并趋于终结，还有其深刻的社会结构转型原因。这一广大地区往往属于改革开放的第一梯队，也最先获得了工业化的带动，农村也呈现较为彻底的现代化变迁，以李培林为代表的学者们开创了将"城中村"作为第三类社区的研究先例：整村拆迁实现"村改居"，农民变身"非农"无地可耕是"城中村"的鲜明特点。对这样的准城市社区进行进一步分析，将村落边界分为五种类型，即社会边界、文化边界、行政边界、自然边界和经济边界后，李培林认为："羊城村首先以其经济上的实力，冲破村落边界的限制，把村落经济活动的触角，通过市场的网络，与城市和整个外部世界连接起来。在经济边界拓展以后，自然边界也很快发生变化，对地处乡里的'超级村庄'来说，这种变化是地域范围的增加，而对于羊城村这样的'城中村'来说，则是土地和地域范围的缩小。随后变化的是行政边界，经济集团的拓展已不满足狭小行政的束缚，不再是行政权力驾驭经济权力，而是行政权力依附于或合并于经济集团、经济联社、公司等各种村落股份合作组织。这时文化边界和乡土认同也被动摇了，城镇化的趋势使得村落价值体系也多元化了，村落中的人趋同于城市的生活方式、思想观念和价值体系。最后，社会边界也难以保持了，血缘、宗缘和地缘关系逐步淡化和消解，社会边界彻底解体，意味着村落的终结。"[③]

---

① 李培林：《村落的终结：羊城村的故事》，中国社会科学出版社，2014，第78页。
② 李培林：《巨变：村落的终结——都市的村庄研究》，《中国社会科学》2002年第1期。
③ 李培林：《村落终结的社会逻辑——羊城村的故事》，《江苏社会科学》2004年第1期。

学者们对于羊城村未来所做的预测，其实是与"'传统'与'现代'必然冲突"的思路指导分不开的，这也与转型期文化冲突的表现相一致，这种观点认为："传统文化与现代文化是两种异质文化，现代化过程就是传统文化模式解体和现代文化模式建立的过程，同时也是现代文化冲击、否定传统文化和传统文化抵制、排除现代文化的过程，但从根本上说，(是) 旧文化被审视、被否定、被取代的过程。这种文化冲突是中国现代化进程中必然要经历的文化矛盾，在矛盾冲突中孕育着中国文化的选择和方向……传统文化成为历史、逐渐被现代文化代替则是社会发展的趋势。"[①] 因此，随着城市化进程的加快，社区性质完成转型，内生性秩序力被认为在衰弱，而且阻碍着农村社区的现代转型。

以距离城市的远近及现代化的程度来区分，城市附近的农村大体被划分为三种类型：第一种是处于繁华市区，已经完全没有农用地的村落；第二种是处于市区周边，还有少量农用地的村落；第三种是处于远郊，还有较多农用地的村落。李培林所调查研究的"城中村"，基本只限于第一种类型，因为它们最突出地呈现了村落终结的特点。[②] 而那些处于市区周边或远郊，还有少量或较多农用地的村落，并没有被太多关注。事实上，这类正在经历更为缓和社区转型的第二、第三种城郊村较第一种严格意义上的"城中村"范围大得多，而且相较于"城中村"这样的社区性质已完成"由乡转城"转变的极端类型，处于转型期的村庄研究更具有普遍意义。

（三）转型期"水村模式"中的内生性秩序力

在实践经验层面，当"转型"成为中国发展的一种常态，这种经历长时

---

① 罗谟鸿等：《当代中国社会转型研究》，西南师范大学出版社，2007，第71页。
② 李培林：《村落的终结：羊城村的故事》，中国社会科学出版社，2014，第5页。

段转型并且有明显的"现代与乡土"特点的混合型村庄不仅在整个珠江三角洲、长江三角洲地区非常常见，甚至在整个东部发达地区都非常普遍。准确来说，如羊城村一样已经完成转型的村庄与大量仍在经历转型的村庄相比，至少有以下两点明显区别。第一，变迁时段不同。对于羊城村而言，转型基本在改革开放 20 年后已经完成，这种高速扩张似乎是引发"城中村"问题的直接原因。[①] 而在更远离城市的近郊，这种变迁速度要缓慢得多。乡村都市化从改革开放初期的 20 世纪 80 年代延续到今天。"其中，我们看到不同的乡村城市化的路径。它们的城市化发展经历了更长时段的变迁。"[②] 第二，社区性质不同。羊城村中有非常明显的"城市化特征"，即基本已经完成农村社区向准城市社区的转变，"在城市规划区内全面推行农民公寓建设，基本没有土地、不以务农为主要职业的农民，全部成建制地转为城镇居民，实行城市化管理"。[③] 与"城中村"较为明显的城市化特征不同，城郊村的统一性在于"现代性"与"乡土性"夹杂的混合状态：从产业结构来看，第二、第三产业已经基本取代农业，但耕地并未完全消失；与之相配套的是职业结构的改变，村里尚有农业人口，但真正务农者屈指可数；从居住格局来看，有宅基地上的自建房，也有土地被征用之后统一建造的农民公寓；从人际交往来看，外地人口入驻，增强了社会的陌生感，但社区仍是一个较为封闭的共同体；从管理体制来看，仍以村民委员实行管理，或者已经完成"村转社""农转居"。"长时段变迁""混合型"是转型期村庄的两大特点。

在《中国乡村都市化再研究：珠江三角洲的透视》中，周大鸣带领团队对珠江三角洲进行了再调查。其中，从乡村到都市变迁过程中社会结构的转型、

---

① 李培林：《村落的终结：羊城村的故事》，中国社会科学出版社，2014，第 2 页。
② 周大鸣：《中国乡村都市化再研究：珠江三角洲的透视》，社会科学文献出版社，2015，第 24 页。
③ 郑毅等：《广州改造"城中村"目标确定》，《南方都市报》2000 年 9 月 6 日。

人们文化意识的转变，以及乡村传统组织在乡村都市化过程中的状态，是研究团队的关注重点。深圳凤东社区提供了从宗祠重修、宗族复兴、宗族的经济基础、宗族的聚居状况、宗族的权威体系、宗族认同向地域认同的延伸、宗族习俗的适应性调整等方面探讨宗族在城市化进程中变迁的个案。研究者指出：在经历过城市化转型的凤东社区，宗族组织及其活动依然顽强地存在，不但与现代化的行政权威与城市管理体制和谐共处，而且在城市化变迁背景下，发挥着新的功能。① 在研究的结尾处，研究者这样总结道："在任何社会中都不存在纯粹的现代性和纯粹的传统性，相反，现代化进程是传统的制度和价值观念在功能上对现代化的要求不断适应的过程。"② 在此个案中，凤东作为仍在转型中的村庄，其"亦城亦农"的混合社会结构是典型的：一方面，凤东正在经历农业工业化、农村城市化的过程，产业结构发生根本变化，耕地大面积减少但尚未消失殆尽，更重要的是，其在城市化过程中保留了宅基地，而聚族而居的状态是宗族存在的基础。虽然只是关注宗族制度，但是周大鸣在乡村都市化再研究过程中对于内生性秩序力的讨论是具有极大启发意义的。

相较于选取珠江三角洲的村庄个案来对"传统"予以考察，本研究选取的是长江三角洲地区的浙北水村个案，以此来讨论村庄的"内生性秩序力"，村中内生性秩序力的恢复程度更具普遍参考价值。在珠江三角洲已经开启的对"转型中的村落"的研究中，宗族文化及其外在的制度安排——如宗祠、族谱——都被恢复。但实际上，这种显性恢复在全国范围内并不普遍，因此，若一味偏重于从宗族组织层面强调内生性秩序力的作用方式，得出的结论是不足以让人信服的。如水村一样的普通乡村之中内生性秩序力的恢复情况是：

① 周大鸣：《中国乡村都市化再研究：珠江三角洲的透视》，社会科学文献出版社，2015，第26页。
② 西里尔·E.布莱克编《比较现代化》，杨豫、陈祖洲译，上海译文出版社，1996，第18页。

就血缘共同体而言，祠堂并未重建、族谱并未被重修、宗族的概念早已消失；就地缘共同体而言，乡绅已无处可寻、乡约不再被明确知晓；就神缘共同体而言，即使村庙被复建、大规模的庙会也不再会被重新组织……内生性秩序力的恢复是平淡且非特殊的、非彰显的，这才是中国大多数村庄的普遍情况。因此，本书所讨论的"水村模式"，是指在这类正在经历转型，但转型尚未完成的农村社区中内生性秩序力的作用情况。

虽然水村的情况在发达地区转型村庄这一类型中具有普遍性，但是在中国乡村研究的整体层面，乡村类型的理论归纳仍停留在"城—乡"二元划分之中，这类"发达地区"的"转型中的村庄"又被认为是特殊的。虽然在实际经验层面，水村的发展已具有普遍性，但水村"非农亦非城"的村庄形态还是很容易被视为"极端个案"。"水村模式"是处于"准城市社区"与"标准农村社区"中间的一种新类型。对于这类正处于转型之中的农村类型，不仅李培林对"城中村"的研究将其排除在外，更为遗憾的是，擅长研究乡村治理的机构在选择农村调查点时，也有意避开这类发达地区的农村类型，"因为这些特殊地区只是中国的少数，且只有少数农民生活于其中"。[1] 若说外来人口聚集的发达地区的"超实心"村因为本地人口少而被排除在外，理由绝不充分，但是转型期农村状态造成的界定困难确实已经对于研究推进造成了困扰。

的确，正如我们进入中国东部发达地区城市近郊的任何一座村庄，进入水村之时，满眼所见是拔地而起的高楼、飞驰而过的汽车……它是如此的城市化，以至于谁也无法再自信地称呼它为"农村"：这里的农民收入不再依靠农业生产，若按照这个标准，水村已经满足"村改居"的条件。[2] "村改居"

---

[1] 杨华：《绵延之维：湘南宗族性村落的意义世界》，山东人民出版社，2009，第7页。

[2] 非农业户籍人口占本村总人口50%以上的；以耕地保有量为计算基础，本地人均耕地不足0.5亩的，都可以申请实行"村改居"。

社区是农村城市化、现代化发展到一定阶段的产物。根据东部发达地区的乡村所呈现的发展趋势，不论是在学界还是在大众舆论中，这里的"乡村与城市越来越趋同"。[1]

那么，为什么对于当下中国农村社区的研究，水村可以成为理想的分析对象？"个案不是统计样本，所以它并不一定需要具有代表性。"[2] 罗伯特（Robert K.Yin）提出"典型个案存在三种不同的共性类型：普遍现象、反常现象和未知现象"，[3] 即"个案典型性"选取的三原则亦可被归纳为：集中性、极端性、启发性，而如水村一样的发达地区农村发展的新经验应当成为中国农村社区整体研究的"另类"典型。当农村现代化成为农村发展的历史选择，中国东部农村处于中国农村现代化进程的第一阶梯，这里是中国现代化程度最高、推进速度最快的地区之一。浙江先成长先烦恼，"经历了 30 多年的快速增长之后，浙江比大部分省份更早地遭遇了一系列成长中的烦恼。这些烦恼深刻地反映了整个国家经济社会发展的一系列共性问题，对于中国经济社会发展面临的阶段性、结构性挑战都具有重要的先兆预示意义"。[4] 一如下文将展示的"东部发达地区现代化农村"的特点，这些特点都能够在本研究所设田野点即水村中发现。"亦农亦城"的混合状态，加之长时段、相对缓和的变迁过程，恰好是本书所要谈论的"水村模式"的三个特征。

既然现代化是必须的，那么问题就变成了：农村在经历激烈的现代化过

27

---

[1] 杜晓帆、侯实、赵晓梅：《贵州乡村遗产的保护与发展——以楼上村为例》，《贵州民族大学学报》（哲学社会科学版）2018 年第 3 期。
[2] 王宁：《代表性还是典型性？——个案的属性与个案研究方法的逻辑基础》，《社会学研究》2002 年第 5 期。
[3] 罗伯特·K.殷：《案例研究：设计与方法》，周海涛、史少杰译，重庆大学出版社，2017。
[4] 何显明：《"八八战略"与习近平新时代中国特色社会主义思想在浙江的萌发》，《浙江学刊》2018 年第 5 期。

程中，如何仍然能够保持良好的社会秩序？选择中国东部浙北村庄所暗含的
推理思路是：在水村，传统资源作为内生性力量依然是维续现代村庄秩序的
基础力量，那么，在其他高现代化程度紧随而来的村庄中，这样的基础性力
量又将如何起作用？

中国东部发达农村地区更早、更频繁地面临现代化发展问题，水村将为
中国广大农村地区的现代化发展提供一个参考性范本，成为其他农村地区未
来现代化发展的借鉴。这也是本研究的中心议题之一。从这个层面上讲，在
水村所开展的研究，对广大中国农村研究而言，是对新农村研究的重要补充，
具有一定的类型学分析意义。若以发展的眼光进一步来看，随着中国农村现
代化进程的进一步推进，改革开放的成效进一步显现，水村这类"非典型的"
"混合型"的秩序状态有可能成为或已成为中国农村发展的模式之一。

三　中心问题与研究线路

事实上，对于这个从传统社会延续而来，又千真万确地保存于现代社会
的"内生性秩序力"的价值，学者们早已使用了不同的概念予以表达。学者
们已经注意到，乡村社会中自然生长了许多是非观念和行为规范，虽然不再
如传统社会中那样保持着一套明显的、完整的、自成一体的结构体系，它们
零散、自发，不以系统的形式表现，但在乡村日常生活中起着重要作用，被
用来解决农民在生活中遇到的具体问题。借用斯科特（James C. Scott）的话，
这些都是"隐藏的文本"。[1] 杨善华等提出"社会底蕴"概念来描述乡村社
会的底色，"社会底蕴"是指在历史变迁中，中国社会所保存的那些具备相对
稳定特征的"恒常"，根据对生活的智慧、家本位文化、道德伦理、人缘口

---

[1] James C. Scott, *Domination and the Arts of Resistance: Hidden Transcripts*, New Haven: Yale University, 1990.

碑等对"社会底蕴"及其与现代性变迁之间的互动机制的初步探讨发现，在社会变迁的历史过程中，深具传统特性的社会底蕴并非以一种消极对抗的形式出现，而是不断与新的历史条件相结合，并由此生发建设性和包容性的面貌。[①] 熊凤水的"乡土性"是指农民在漫长"凝固的土"与"封闭的乡"岁月沉淀下形成的一种特定的行为方式、思维习惯与价值观念的总和。[②] 在对江南地区的研究中，范丽珠等使用"乡土力量"一词来对"传统资源"这种社会力进行概括，以探讨"中国农村社会发展的内在动力及其现代化问题"。[③] 近年来，在乡村治理研究领域，"非正式制度"这一概念的使用率颇高。它是一个关于"内生性秩序力"的全涉概念，是指"人们在长期的共同生活或社会交往过程中形成的约定俗成的且被一致认同并共同遵守的行为准则，包括意识形态、价值信念、文化传统、风俗习惯和伦理道德等"。[④] 如今看来，这些理论概括都承认了内生性秩序力的完整性被消解的事实，超越了以"传统"本身为讨论界限，增加了社会变迁的维度，从社会秩序的整体层面来看待"传统"恢复或固存价值。

的确，越来越多的人类学、社会学研究开始探求以"传统"为外在表现形式的中国乡村固有的社会资本如何在现代化乡村中发挥作用，以此来解说中国非同寻常的发展路径：尽管中国社会持续发生着巨变，中国乡村社会获得秩序的内在运行机制仍然在稳定地发挥作用。但是，无论是使用"社会底蕴""礼仪经济""乡土的共同体整合"，还是"非正式制度""乡土逻辑""隐藏的文本"，都是根据社会发展的现实，更宽泛地对这些显性地分散于各处、

---

① 杨善华、孙飞宇：《"社会底蕴"：田野经验与思考》，《社会》2015年第1期。

② 熊凤水：《流变的乡土性》，社会科学文献出版社，2016，第15页。

③ 范丽珠：《乡土的力量：从河北、浙江南部地区的田野调查中观察中国社会发展的内在动力》，载范丽珠、谢遐龄、刘芳主编《乡土的力量——中国农村社会发展的内在动力与现代化问题》，上海人民出版社，2014。

④ 章荣君：《乡村治理中正式制度与非正式制度的关系解析》，《行政论坛》2015年第3期。

隐性地下潜于深处的内生性秩序力要素进行讨论。学界意欲探讨的问题都集中于：从历史沿袭而来，已经相当零碎、不成体系的传统力量，如何仍能在现代社会中有效维续社会秩序？在现代化进程中，这种内生性秩序力又发生了怎样的变迁？在农村中，内生性秩序力与建构性秩序力又发生着怎样的互动？这些也成为本研究的中心问题。

确切地说，从农业社会而来，又在现代社会中以各种不同的形式仍在发挥作用的"传统因素"，既有完整性，又有不系统性。一方面，"不系统性"是指此处的这股现代社会的内生性秩序力，相对于传统社会系统中内生性秩序力的自成一体，显然是零碎的；但另一方面，保留于现代乡村社会深层的内生性秩序力作为一个文化系统，又必然是"完整的"，是文化要素之间经过磨合达成相互配套，以适应现代生活的结果。社会秩序，简单地说就是"社会得以聚集在一起的方式"。① 而其中，"组织"规定了"聚"的范围、"制度"规定了"聚"的形式与内容、"价值观念"规定了"聚"的过程中哪些行为规范被认为是合适的。

因此，在具体研究设计上，为使"内生性秩序力"这一仍抽象的概念具备可观察性，它被进一步分解为三个方面："乡村组织（组织）""乡风民俗（制度）""乡土观念（价值观）"，三者连贯了乡村社会事务中关于"何人参与""何时参加""如何参加"的整套社会规定。论证将分别在第四、五、六章结合经验观察详细展开。尽管讨论相对宽泛而零散，但并未超出上述三方面。对于这些决定抑或影响当下乡村秩序的非系统性因素，过往已积累的丰富的研究成果即使大部分并未明确将其研究对象框定为"内生性秩序力"，其中也不乏单一地从侧面切入，启发后人的精辟论断。

---

① 西摩·马丁·李普塞特：《一致与冲突》，张华青等译，上海人民出版社，1995，第12页。

"内生性秩序力"的延续性这一条讨论主线，是以"内生性秩序力"为核心讨论的第一条线索。第二条线索是内生性秩序力的现代变迁。正如范丽珠等在《乡土的力量——中国农村社会发展的内在动力与现代化问题》一书中所得出的结论——"中国的乡土社会不是被动地参与到这样的过程中，而是于有形与无形中释放着其内在蓄积的力量"，[1] 杨善华等对于"社会底蕴"这一社会运行内核的延续性进行讨论的同时，也提醒我们注意，在社会变迁的历史进程中，深具传统特性的社会底蕴并非以一种消极对抗的形式出现，而是不断与新的历史条件相结合，并由此产生建设性和包容性的面貌。[2] 内生性秩序力的变迁内嵌于其延续的过程中，因此，在借"乡村组织""乡风民俗""乡土观念"对内生性秩序力的持续作用力进行讨论的过程中，对其变迁的论述也在各章节中反复出现。除此之外，在最后的第八章，本研究也尝试对内生性秩序力的转化做出系统总结。

第三条线索是内生性秩序力如何与作为外在建构性秩序力的国家行政力、市场经济力发生互动。除了在第七章有一个集中的讨论，对于二者互动的关注也分散在本书多处。作为现代化的一个显著方面，建构性力量下行对村庄秩序的影响不可谓不深。由国家所搭建的科层制、由市场寻利牵动的经济开发，以及逐层下行对乡村秩序的影响，在现代乡村社会表现得更为显性而宏大，这是一个众所周知、不言而喻的事实。若以"台前幕后"来说明建构性秩序力与内生性秩序力各自的作用以及所获得的关注，我们看到，一出好戏离不开建构性力量和内生性力量的同时发力。为了演一出社会秩序的"好戏"，建构性力量控制着公开的"舞台"，而内生性力量虽然退居幕后却从未离开。台

---

① 范丽珠：《乡土的力量：从河北、浙江南部地区的田野调查中国中观察中国社会发展的内在动力》，载范丽珠、谢遐龄、刘芳主编《乡土的力量——中国农村社会发展的内在动力与现代化问题》，上海人民出版社，2014。

② 杨善华、孙飞宇：《"社会底蕴"：田野经验与思考》，《社会》2015年第1期。

前的建构性力量已经获得了掌声无数，相比之下，幕后的内生性力量同样值得我们关注。中国农村的社会秩序不能完全被归入"政治"或"经济"的范畴，而忽略那套百姓自身在日常生活中内生的自组织力的延续。正如梁漱溟的文化模式中对乡村建设所做的规划："要将一盘散沙、无组织的中国乡村组织起来，必须建立在中国的'老精神'和伦理关系的原则之上。"[①] 由此确立了在内外力兼顾之下偏重于内生性秩序力讨论的研究线路。本研究希冀结合正发生在中国东部发达地区的水村故事，以最新的农村现代化发展的田野经验，对"内生性秩序力"及其现代化问题予以再论证、补充与完善。

---

① 梁漱溟：《乡村建设理论》，商务印书馆，2015，第489页。

我们的故乡是泥土芬芳的平原水乡，沃土连绵，农作物茂盛，又是水的世界，舟楫往来如织，盛产鱼虾，男耕女织，晨扶锄而夕烟归来，终日事耕于水土上，皆为善良之辈。历史悠久蕴厚的乡村，在水上行，如在画中游，水回漾转，像活的映视，赏心悦目，百看不厌。

——沈孟祥（水村村民），《故土上的精灵》（未刊稿）

Rural Society

of Water Village

第二章　田野介绍与研究方法

▲图 2-1：水村东入口。村口东面的大樟树，是水村标志性的定位点。（拍摄：赵春兰）

▲图2-2：水村南入口。水村南面，02省道、杭徽高速从村头（高架）穿过。便利的交通带来了乡村与外部世界更为频繁的连接。（拍摄：赵春兰）

▲图2-3：水村的房产开放（一）。在被征用的土地上，房地产开发商建造的高楼拔地而起。（拍摄：赵春兰）

▲图 2-4：传统农作图。远处白鹭低飞，近处金柿高挂枝头。水菱塘里，采菱人在木桶内劳作，传统水乡的耕作场景仍可被见。（拍摄：赵春兰）

▲图 2-5：水村的房产开发（二）。被"开发"后的水村一角，虽然也很美，但那已经是"新杭州人"的家，而不再仅仅是传统意义上水村人的地界。（提供：陆晓霁，由闲林街道所有）

　　水村是江南水乡的一个普通行政村，地处杭嘉湖平原，位于浙江北部、杭州西郊，距离杭州市区 20 公里左右，属于西溪国家湿地公园延生保护区。

水村村域面积为 3.2 平方公里，下辖 18 个自然村（组）。至 2017 年底，水村户籍在册人口有 3349 人，共 760 户。历史上水村所在的余杭（今杭州）正好位于京杭大运河的最南端，纵横交错的水网让水村与大运河相连，北上直通涿郡（今北京）。传统社会中，水上交通比陆地交通便捷得多，一条条水路连接了村庄与外部世界的日常，也联结了外部经济与村民生计，其生产及交换活动早就已经被卷进与全国乃至与世界联结的市场体系当中。村庄发展的起起伏伏，完完整整地贴合着中国近代慢慢从传统向现代一路走来的路径。老百姓生活在历史中，历史就是百姓的生活。

一　内生性秩序力作用的村落背景：转型水村的"混合型"说明

下文将围绕前文已经规定的"水村模式"的三个条件——"内生性秩序力'非显性'恢复""长时段变迁""'混合型'社会结构"——来对水村这一个案的背景予以介绍，同时，也更为明确地确立水村内生性秩序力的存在方式。

（一）"水村模式"特征之一：村庄中内生性秩序力的"非显性"恢复

我们先从水乡传统社会中宗族内外的纠纷处理来看水乡社会的基本权力结构。如中国最普通的村庄一样，传统水乡社会秩序由内生的宗法秩序与礼治秩序主导。今天，水村还清晰地保留着根植于宗族组织的村庄权力结构的社会记忆，水村的老一辈还能回忆起小时候所见到的大祠堂的气派与感受到的族长的权威："大许家埭、阮家埭，以前有两个大祠堂，族长说的话比皇帝还顶用！"祠堂里的清明酒会让许家八九十岁的老人记忆犹新。"组内纠纷，大祠堂门开，理亏一方点一对蜡烛，祭拜祖宗，以示认错。""当着祖宗的面赔礼道歉"是调解族内纠纷最有效的方式。

在传统水村社会中，宗族之外，百姓同样认可以"礼（理）治"的方式处理社会纠纷。在水村做口述史收集时，笔者与老者们攀谈，多次听闻"茶店劈公道"的说法：据老者们回忆，直到 20 世纪 30 年代，何母桥头还有四家茶店，对于宗族外的乡邻纠纷——土地的边界纠葛、建房越界纠葛、婚姻矛盾、寡妇改嫁、虐待老人、斗殴、无故地谩骂邻里、奸谣和捉奸、偷窃等——地方人物凭"礼（理）"在茶店"劈公道"，处理纠纷。理亏的一方或被罚支付茶资，或被罚一两堂"小唱"，以娱乡邻。① 地方人物的社会担当与民众对"礼（理）"的认可是绅权施展以实现地方自治的社会基础，"礼是社会公认的合式的行为规范"，② "是经过教化过程而成为主动性服膺于传统的习惯"。③

民间信仰在水村一向繁盛。在今日重建的甘甜庙中，老一辈关于庙堂的记忆仍然一致："甘甜庙占地八亩，亭台楼阁，雕梁画栋"；"庙中的戏台更是一绝，戏班子的功夫真是了不得，吹拉弹唱，样样拿得出手"；"甘甜庙有株只喝'肉汤'的百年大牡丹，日本鬼子打进来了，这株牡丹被抢走了"……但是，这些"记忆"最终也只能被当作"传闻"，因为笔者查阅了大量档案与其他历史资料，都无法证明甘甜庙是否真曾如此恢宏。但是，乡间贤人沈孟祥（镇街会计，83 岁仍思路敏捷，笔耕不辍）所记录的 1946~1947 年亲眼所见的甘甜庙蜢将菩萨出会盛况，可信度就高很多：

> 蜢将菩萨由 4 人抬，共需 8 人轮换；流星呼呼……铜铳"砰—嘭"
> 开路，围观者纷纷让开；轻吹班 2 副，"宫参商、商参士……"清脆悦耳；
> 荷官菩萨由 2 人轮流背着走；拳灯队，包括滚灯、狮子、耍弄十八（般）

---

① 赵春兰：《茶店"劈公道"与地方社会自治——基于江南何母水乡地方史料的采集》，《农业考古》2018 年第 5 期。
② 费孝通：《乡土中国　生育制度》，北京大学出版社，1998，第 50 页。
③ 费孝通：《乡土中国　生育制度》，北京大学出版社，1998，第 52 页。

武艺，擎滚灯、跳狮子，约60人；高跷，脸上化妆成关公、包公、杨六郎等；18个红黑帽，手里拿棍子；龙灯有4条，100人，一路甩甩停停；十孤孀、十光棍、叫花子；应邀外地团队，"双会""桂肉蜻蜓"等表演，100人……逢着出会，家家亲朋满座，来自城乡的男女老少都要到这里走亲访友，观看庙会这热闹的场面。浩浩荡荡500人的行进队伍长5里，连观众大约3000人。

"1949年以后，国家权力全面深入乡村，取缔乡绅阶层和宗法制度，加强乡村文化秩序重建、实行土地改革、实行全面计划经济、建立行政村，通过文字下乡使得村民接受全盘的精神文化建设。这一系列的举措都折射出国家力量对传统乡村的进一步渗透和控制，重建了乡村社会秩序。"[①] "国家政权力量对于乡村社会渗透日益深入，国家权威在乡村生活中日益强大，此时的乡村社会整合于国家权威之下，村庄社会的运转是在国家建构性秩序的规划之中，村庄社会的整合愈来愈依靠外部力量的强行进入。"[②] 作为神权的集合之地，水村村庙——甘甜庙在1956年"大跃进"中被拆毁，各类出会（即北方的庙会）被全面禁止；1966年五六月间，水村最大的两个宗族——许、阮氏的宗谱在"破四旧"中被焚毁；作为绅权施展的公共场所，到了集体化时期，何母桥茶店开始式微。1966年之后的十年，茶店被视为资产阶级的专属品，全部歇业。

至此，作为传统社会中内生性秩序力主要表现形式的"族权""绅权""神权"在水村显性层面彻底没落。"水村模式"的特征之一，就是内生性秩序力

---

① 赵旭东、张洁：《乡土社会秩序的巨变——文化转型背景下乡村社会生活秩序的再调适》，《中国农业大学学报》（社会科学版）2017年第2期。

② 曹海林：《村落公共空间与村庄秩序基础的生成——兼论改革前后乡村社会秩序的演变轨迹》，《人文杂志》2004年第6期。

的恢复是非特殊的。首先，"非特殊"所对应的"特殊"，是指作为内生性秩序力在乡间表现最为突出的代表——宗族制度等在改革开放之后的华南、浙南温州、赣南等地被普遍恢复。但是，正如中国其他大部分普通农村地区一样，作为宗族文化及其权力的族谱、祠堂等象征符号，在水村并没有被恢复，作为内生力重要组成部分的宗族设置在制度层面从此遗失，族权作为社会秩序的强制力就此结束。"非特殊"即指中国农村内生性秩序力非彰显式的恢复形式。

行政力的最基层可精细到网格员的配置，在高度严密的行政组织约束体系下，乡村社会秩序看似丝毫不具"草根性"。但是，"一切进步的因素一旦进入村落，就被强大的传统势力所化解。尽管村落也在缓慢地发生变化，但是，村落特质未变，村落依然沿着传统的轨迹再生"。[①] 即使是在建构性力量强大的特殊时期，深层的内生性力量也在继续发挥作用。人民公社制度下，"原先的阶级划分转化为政治等级，它与血缘身份等级，在作为前现代身份社会基本要素的血缘、身份与权利的同一性上，则政治身份实属异曲同工。国家对人口流动的严格控制，比以往更加牢固地将农民锁定在土地上世代耕作、聚族而居"。[②] 虽然如上文所言，宗族已失去表面荣耀，但其在实质上仍有所保留：广大乡村基本上依然故我地持续着传统的乡土性，村民能够调动的基本资源仍然是血亲、姻亲、邻里；支配农民习惯的主要依据仍然是他们世代相传、十分熟悉的东西——传统。

（二）"水村模式"特征之二：村庄现代化经历长时段变迁

传统社会中，水村人享有安居乐业的良好生产生态基础。在农耕时代，

[①] 张乐天：《告别理想——人民公社制度研究》，上海人民出版社，2012，第 2 页。
[②] 林少敏：《从"乡土"走向"现代"——中国农村社会秩序的变迁与选择》，《东南学术》1999 年第 6 期。

水村是水稻主产区，兼种小麦、大麦、蚕豆、番薯、玉米等粮食作物。[1] 水村河网纵横、鱼塘连片，水产养殖历史悠久，每隔三五年干塘一次，是农民主要副业收入来源。可以说，水村人的生计是围绕"水"的循环收益，这不仅是指水村池塘多、水产产量大，"捻泥"[2] 这项关键农活，使整个农业自然生态一年四季处在良性循环之中："泥捻得起来，肥料足，竹笋蚕桑自然打理得好。竹地多，春笋产量自然就高；桑园大、[3] 桑树多、桑叶旺，茧子产量就多。"村民依靠水塘—桑竹—蚕茧的良性生态系统获得丰收，村中86岁的老书记仍记得，他在1958年所做的"四个一万"的报告："竹林春笋收入、水塘渔业收入、蚕桑收入、粮食企业收入，分别达到了1万元的产值。"蚕桑业一直是传统社会里水乡乡民的主要收入来源，乡民每年祭拜蚕花娘娘，祈求蚕花廿四分；当时不仅茧子收入可观，"竹笋等经济作物相较于粮食贵很多，价格好"。从清明到立夏这段出笋时季，别的村庄整村每天都只有1艘船的春笋量，"水村各个组每天都有3艘洋灰船3000公斤的笋，用黄篾做的竹箅，一箅装150~200斤笋，每天都要手摇船运到艮山门，送到大上海"。相对于水乡地区的其他几个村庄，水村向来更为物富民饶，传统水乡社会的经济结构不仅带来了丰厚收益，更成就了水村人的"村庄优越感"。它至今仍留在乡民老者的夸耀以及周边村庄村民的称羡中："集体化时期，水村的10工分可以有1块钱，而隔壁的几个村庄，同样出工出力，10工分只有3毛钱。"

改革开放后，水村是整个镇街经济发展最先起步的村庄之一。新的工业

---

[1] 以1985年的记录来看，当年水村粮食作物主产品产量如下：水稻（110535市担）、小麦（2691市担）、大麦（6810市担）、蚕（豌）豆（802市担）、番薯（630市担）。资料来源：《农业总产值计算表》，余杭档案馆，档案编号：130-1-157。

[2] 清理河道淤泥，将淤泥甩上河岸两边。这样，既清理了河道，又为河岸上的泥土增加了肥力。

[3] 以1985年的记录来看，水村的桑园面积为426市亩，是水乡其他几个村中最大的。资料来源：《蚕桑出产年报表》（一），余杭档案馆，档案编号：130-1-6。

秩序主要由增值的财富维系，但它依旧是土地的积淀。[①] 这样的结论在水村
也非常典型。经济的腾飞不仅得益于传统时期相对丰厚的资金积累，集体化
时期水村在乡村工业上的尝试，也为改革开放之后的工业发展奠定了干部、
技术人员、供销人员、关系网络、厂房、设备等各方面的基础，并为发展积
累了经验和教训。村内多家民营企业的老板当年都是村企的管理人员。乡村
工业起步后，民营经济开始发威，其中最著名的企业要数诺贝尔陶瓷厂。在
2000 年前后，水村人笑称："一个诺贝尔，大半水村人都在那谋职。"村民在厂
里成为一线工人、销售、运输、会计、审核……村里人都是亲戚、朋友与邻里，
亲缘与地缘重新在工业化的背景下建立新的联系。"宗族传统与宗族共同体在
现代社会的合理性的基础，不单纯来自文化与精神层面的理由，在很大程度上
是经济发展对于合作的需要。"[②]

　　随着乡镇工业化的大发展，农民的副业收入大幅度增加，农业生产——
土地耕种、水产养殖——逐渐退出主舞台。此时，水村已经基本完成"非农化"
转型，乡镇企业的大发展让村民可以"离土不离乡"，但水村人在户籍上仍然
保留着"农民"身份。虽然此时的水村也正在经历一种"非城非农—亦城亦农"
的中间型过程，但是，这种中间型与折晓叶等早在 20 年前以"超级村庄"为
背景所提出的"中间型"还是有明显的不同：在"超级村庄"中，已经形成
以乡镇企业为主的非农经济结构，村社区就是一个现代集团公司的模式。在
"超级村庄"中，工业和企业制度是直接进入村庄，而且在村庄中扎住了根。[③]
而在水村，工业化一直在村庄之外，因此农村村庄面貌也未发生彻底的城市

[①] 周怡：《中国第一村：华西村转型经济中的后集体主义》，香港：牛津大学出版社，
　　2006，第 128 页。
[②] 范丽珠、陈纳、赵文词：《传统的仪式与复归——温州南部乡村宗族传统的田野研究》，
　　载魏乐博、范丽珠主编《江南地区的宗教与公共生活》，上海人民出版社，2015，第 73 页。
[③] 折晓叶、陈婴婴：《社区的实践——"超级村庄"的发展历程》，浙江人民出版社，
　　2000，第 2、58 页。

化转变。

同时，水村是一个老"拆迁村"，但与羊城村这样的"城中村"整村快速拆迁又有所不同。水村拆迁历时长，早在 2000 年前后，杭州的城市中心扩展趋势就慢慢地影响到了水村，水村经历了为配合城市扩展而逐步拆迁的过程。近年来，水村人最大的感受是"水村的开发速度加快"，他们常常也想不通"这还是不是我们的村庄了？"在水村地界内，2008 年，占地 30 万平方米的"爵士之情"楼盘开售；2011 年，占地 20 万平方米的"乐山绿叶"楼盘开售；2012 年，占地 27.8 万平方米的"西溪大海"楼盘开售；爵士之情、乐山绿叶、西溪大海这三个小区中，分别入驻新杭州人 2083 户、1247 户、2813 户。在这类小区中，无论是入住的人还是对于他们的行政管理，完全与水村无涉。水村开发的过程，是水村从不断"卖地"到"无地"的过程。一座座高楼在水村内矗立，水村人自己的地盘不断缩小，若不从村道进入水村，靠近交通主干道的水村村貌已经因为房地产开发完全城市化了。

工业化时代中佼佼者的繁荣转瞬即逝，诺贝尔陶瓷厂因废水、废气排放问题被迫搬迁，联合金属厂因污染问题而关闭……建构性力量重新引入了新的发展话语，强调"环保"与"可持续发展"，水村确立新的发展方向迫在眉睫。在水村，乡村工业化进程才启动不多时，信息化时代已经接踵而至。2008 年，阿里巴巴正式决定在水村以外 5 公里处建立新园区，该园区成为杭州市政府全力打造的未来科技城引入的名片企业，科技城中的"梦想小镇""人工智能小镇"都是当今中国信息化发展的领航基地。原本，随着城市中心的扩展，水村只是一个杭州城西的普通村庄，但在"阿里巴巴"这一商业巨头的助推下，水村所在的城西板块从城郊跻身为城市多中心之一，作为"未来科技城"南门户被配套开发。虽然令水村人感到遗憾的是，20 多分钟的公交车程，并没有对高端人才产生多大的吸引力，水村人的租房经济收益并不高；但让水村人颇感幸运的是，商业开发带来了土地的大幅度增值，近几年，拆迁的速度明显加快。时至今日，除了5个组（自然村）270余户（近三分之一）未被完全拆迁，其余的村域都已经被征用。征用拆迁所启动的城市化过程，对水村的改变主要体现在三个方面：水村人的身份从"农民"转变成了"非农"；水村人的房子从"宅基地"变成了"高层公寓"；水村的地从"农业用地"变为"商业开发用地"。这几个方面的改变又构成了"水村模式"的混合型特质的物质基础。

（三）"水村模式"特征之三："城—乡"之间的"混合型"社会结构

现代中国社会，尤其是现代乡村社会中，普遍存在一种看似矛盾的传统—现代双向齐发展的特征：现代性的凸显与乡土性的留存共在。对此，陆益龙提出了"后乡土社会"的概念予以概括："乡村的结构基础是乡土的，但精神气质则是乡土与现代的混合。"[①] 区别于陆益龙以"典型农村"为背景所指的"后乡土社会"，水村的"后乡土性"表现为物质与精神方面较为平衡的"传统—现代"二维双向发展、互相重叠：当经济现代化带来了生活富足，较为传统的生活方式仍能使水村人保持心灵的安定。下文呈现了水村社会及水村人当下在"居住格局""身份认同""人际网络"三方面的样貌，拟从村落的外在物质形态与人之内在精神方面的状态，来说明水村独特的"后乡土"特质。

1. 村落聚态多样共存

从行政村的范围来看，水村是杂姓居住格局，村民多姓许、阮、甄、王、李、蒋、寿。但是，从自然村的情况来看，水村仍保留着地缘界限和亲缘界

---

① 陆益龙：《农民中国——后乡土社会与新农村建设研究》，中国人民大学出版社，2010，第97页。

限一致的单姓村格局，以全村最大的姓——许姓为例，村民分别以东西、南北河道为界，分为6个自然村。村民在宅基地上自建的"土别墅"多沿河而建、分排而立，传统社会中自然村聚族而居、凭水而居的居住模式在水村未拆迁的自然村（小组）仍可见。聚族而居，几代同堂，不仅保证了村落内较易形成充足的公共空间，也为家户内亲密的代际联系与交往提供了重要保障。

"我们要认识乡土中国的民情，首先要从空间开始。"[1] 当下行政建构力与经济建构力合力的拆迁成为东部乡村社会现代化改造中最为强劲的推动力。拆迁最直接的作用就是对空间的重塑，自建房被拆迁征用后，农民搬入高层安置房。拆迁带来了乡村外貌的巨变，导致了现代化进程迭起：今天，水村仍有270户左右的农户没有拆迁，这三分之一的家户保留着自建房；同时，水村现已建成高层安置点2处——乐山嘉苑与盈凤家园入住219户，正在建的高层安置点有1处，拟入住271户。拆迁之后，在水村出现了别墅农居点、安置高层点、商品房小区交错的村落聚态。同时，在家户之外、家族之内，拆迁带来了地缘重组。房屋的安置多以"摇号"为依据，不仅"聚族而居"的传统居住格局被改变，隔代人越来越多选择分开居住，世代同堂的居住习惯被抛弃，而且出现了明显的且从表面看基本无异于城市人的散居现象。

拆迁户搬上了高楼，同一自然村的村民分开居住。对于现代化的变迁对传统活动可能造成的冲击，笔者满心忧虑。以龙灯队"绕户收赏"为例，聚族而居时，讨赏路线是清晰的，"独门独院，只要一家一家绕过去就可以了"，现在则变成了"逐层收赏"。但百姓对于这些改变并不十分在意，他们总是说"这有什么关系""这有什么好担心的"。领头人喜伯解释说："就是速度慢了点。我们先到顶楼，然后一家一家下来。就是楼道口太窄，转起来确实是不怎么

---

① 应星：《农户、集体与国家——国家与农民关系的六十年变迁》，中国社会科学出版社，2014，第21页。

方便。"笔者又说:"那大家都分散居住了,这么多幢这么多层,要找到村里人住的房子也是不容易的。"喜伯笑笑说:"这个有什么问题呢?每个组(自然村)里都会有个人带的,那个人熟悉情况,我们只要跟着他走就行了。都是熟门熟路的。"两年多的田野调查,让笔者逐渐意识到,自己最初的担心着实有些多余,因为老百姓有足够多的办法去应对生活的各种变化。拆迁带来了村庄居住结构的完全改变,但是熟人社会原本彼此熟悉的状态仍在,这让传统活动的开展并未在很大程度上受到影响,只是,随着生活环境的改变,人们需要对仪式做出一些必要的调整。

2. "农—城"身份双重认同

"农转非"最初是计划经济时代的一种户籍制度。"农"指农业,"非"指非农业。这里的"农转非"有两层含义,首先,它是指一种生产方式的转变,这种转变在水村的"工业化时期"已经悄然发生。到 2017 年为止,水村的农林牧渔业收入只占到全部收入的 0.2 %。^① 在经济收入方面,水村人已经完全实现了从以农业为主向以工业和第三产业为主的转变。因此可以说,水村人已经完全脱离了土地,农业收入占总收入的比例微乎其微。即使是那些仍在常年耕地的家户,子女也只是将"耕田"视为有助于老年人"锻炼身体"的一种方式。

其次,"农转非"是指村民已经完成了户籍身份从"农民"向"非农"的转变:截至 2017 年底,水村户籍总人口(3349 人)中,农业户籍人口只有 1023 人,"非农"户籍人口占 69.5%。"农转非"户籍身份的转变,意味着村民能享受相对应的社会福利政策。在水村,具体的政策是:1 亩土地被

---

① 根据所在镇统计部门提供的数据,2017 年,全村收入为 81722 万元,其中农林牧渔业收入为 192 万元。

征用就产生 1 个"农转非"名额，农民以 2.5 万元一次性购买 10 年的社会保险，当达到退休年龄，根据各项指标核算，每月能领取 2000~3000 元的退休金。失地农民保障性政策让农民享受到了退休工人的待遇。

在身份转变上，对于"乡下人"向"城里人"的变化，李培林曾提出一个转变次序："一般来说，'乡下人'生活半径的扩展，基本上也是沿着从边缘到核心、从经济边界开放到社会边界开放的基本的次序。'乡下人'靠农业积累有本钱了，要出去做生意、办产业或者外出旅游开开眼界，无钱的又无法靠土地自养的年轻人，则出去打工闯世界，这是村落人生半径的经济边界的开放。城市的生活诱惑使他们以更多的时间留在城市生活和工作，这是自然边界的开放。而后举家迁到城镇，或者在城镇成家落户，甚至改变农村户籍，这是行政边界开放了。等到自己不再认为自己是'乡下人'，而是'城里人'了，就是文化边界开放了。最后，基本的社会关系网络也在城市里建立了，乡下的社会关系网络成为从属的网络了，社会边界也就最终开放了。当然，这个人生半径从边缘到核心、从经济边界开放到社会边界开放的次序，只是一个'抽象'出的、一个大概的基本次序。很多个案可能不符合这个次序，但作为群体，大体上符合这个次序。"①

但是在水村，水村人以群体实践给出了一个与李培林所提出的"乡下人"变为"城里人"的次序不一样的版本。一方面，水村的经济边界早已经开放，水村人在村外的各行各业工作。他们在生活方式上完全城市化，有些时候甚至比城里人更加国际化，以水村青年人生活方式的细节为例：结婚前，水村青年人很流行利用汇率差价到香港置办金器；也越来越流行花 1 万 ~2 万元，请月嫂来照顾产妇；水村人对于信息技术所带来的成果热情地接受，新潮的

① 李培林：《村落终结的社会逻辑——羊城村的故事》，《江苏社会科学》2004 年第 1 期。

生活方式蔚然成风。村民一手提着菜篮子，一手用支付宝付钱；青年人出行早就习惯用"滴滴顺风车"找同路人……

城市的生活方式和思想观念逐步渗透到村落，但是，水村人在身份认同上，仍以"农民""乡下人"自居。水村人自称"乡下人"，这里的乡是指"何母水乡"。① 水村所在的何母水乡依然保持着一系列独特的小区域文化传统，即使水村社会生活方式也在不断被城市同质化，水村仍不失为传统文化活动可观察点较为丰富的村庄。到如今，除了全国各地普遍欢度的各种富有民间信仰意涵的传统佳节，何母水乡仍保留了很多可资辨别的地方特有文化记号："小端午"在国家法定端午节后七天——农历五月十三；当全国各地欢度中秋佳节时，水乡人提前半个月——在农历七月三十这天过"小中秋"，这天也是地藏王菩萨诞辰，当地有"点岁烛"的传统；当商家将七月初七——七夕推为"中国情人节"，水村人在这天庆贺虫神蝱将菩萨诞辰……这些独具特色的小区域传统让何母水乡的民俗文化明显区别于周边的山区文化与集镇文化，形成边界清晰的水乡文化圈。在社会文化方面，水村所保留的相对隔离的、传统的乡村聚落文化特征依然明显。

3. "生—熟"人际网络的代际区分

社会学总是喜欢讲社会结构，背后更重要的是需要强调人与人之间如何保持联系。费孝通在《乡土中国》中不断地提及传统社会之"熟"："熟悉是

---

① 嘉庆《余杭县志》，"关梁"载："何母桥，在县东南二十里徐湖界新坝保。跨官河，东有斗门二座，抵防水患，有陈姓者居住于此。环溪绵流不绝，实名何母，方言曰'何母'也。"相传何母港东西各有一村子，河西有一座李王庙，村民经常去西岸的庙里烧香，河上无桥，过河得用船摆渡，十分不便。村里有一户姓何的孤儿寡母，何母辛苦地把儿子抚养成人。儿子十年寒窗，终于考取功名，并做了大官。儿子看到母亲去对岸烧香拜佛如此不便，加上年事已高，便出资造了一座五孔石桥。当地人为感激他的孝行，就把此桥取名为"何母桥"。

从时间里、多方面、经常的接触中所发生的亲密的感觉"[1] ;"在一个熟悉的社会中，我们会得到从心所欲而不逾规矩的自由"[2] ;"乡土社会里从熟悉得到信任"[3] ……其中，"熟人社会"是乡土社会最明显的结构特征，社会之中人与人的熟悉程度是内生性力量能否如愿发挥的关键要素。

在费孝通针对中国传统社会模式提出"熟人社会"之后，基于社会变迁的具体情况，学者们纷纷提出"生人社会""无主体熟人社会""半熟人社会"等概念。这些归纳性概念有所区别，甚至截然相反，但正好对应着中国不同地区、不同发展阶段的社会结构特征。阎云翔认为当代中国社会的流动性不断增强，由"熟人社会"逐渐向"陌生人社会"转型；[4] 魏乐博（Robert Weller）也指出，苏南乡村社会发生了"以社区模式为中心"的交往方式向"以生人模式为中心"的变迁。[5] 对于既不同于传统乡村社会又不同于现代城市社区的中间状态的处理，吴重庆以"农村空心化"为背景，提出了"无主体熟人社会"的概念。所谓无主体，是指农村中青年人大量外出务工经商，不在村里，村庄主体丧失；随着中青年农民这个社会主体周期性进城和返乡，村庄也周期性地呈现"熟人社会"的部分特征。[6] 贺雪峰则提出"半熟人社会"的概念，归纳了三个特征："第一，村庄多元化，异质性增加，村民之间的熟悉程度降低；第二，随着地方共识的逐步丧失，村庄传统规范越来越难以约束村民行为；第三，村民对村庄的主体感逐步丧失，越来越难以仅靠内部力量来维持基本的生产生活秩序，村庄越来越变成外在于村民的村庄，二者的

① 费孝通：《乡土中国　生育制度》，北京大学出版社，1998，第 10 页。
② 费孝通：《乡土中国　生育制度》，北京大学出版社，1998，第 10 页。
③ 费孝通：《乡土中国　生育制度》，北京大学出版社，1998，第 10 页。
④ 《道德底线的突破及其伦理意涵——阎云翔教授在"复旦当代人类学讲坛"上的讲演》，《文汇报》2012 年 11 月 19 日。
⑤ 魏乐博：《急速的城市化与宗教变化》，复旦大学讲座，2018 年 6 月 30 日。
⑥ 吴重庆：《无主体熟人社会及社会重建》，社会科学文献出版社，2014，第 188 页。

社会文化距离越来越远。"①

而在水村，以上关于"熟人社会""生人社会""无主体熟人社会""半熟人模式"的概念似乎都无法与其对应。由此，笔者提出"熟人社会的代际区分"，以对水村后乡土性社会的人际关系、行动逻辑特征的主要面向做出概括，即"熟人社会"和"生人社会"的特征在不同代村民之间同时出现。

通过前文的呈现，我们可以看到，村庄联系尚未断裂，在老一辈村民中，"熟人社会"模式仍在延续。村民们——至少是年长一辈，仍有在相对封闭的村落中居住的经历。集体化时期的共同劳动让彼此熟悉，他们能相互喊出对方的名字，即使居住在村子的东西两头，只要报上父辈的名字，彼此的联系就会自然而然地建立。在同一个自然村中，他们彼此都清楚谁最擅长干什么、知道谁是"软柿子"最好捏、知道谁是"刺毛头"不好惹；同村人之间，到处是姻亲、干亲、远房亲，总是能够通过各种关系攀附起来处理矛盾；邻里交往重叠着居住、休闲、工作、经济合作、利益分配、社会交往等社会关系。自然村中传统的邻里、亲属网络等组织结构，继续在现代社会中发挥着作用。所谓现代社会的原子化特征，并未在水村出现，这里还是保持了相当强的凝聚力。如果这样的分析没有太大差池，那么水村老一辈之间无疑仍然保持着"熟人社会"的联系。

另外，与中西部地区青年人"离土离乡"所带来的乡村"空心化"不同，水村青年不仅不愿意离乡，而且普遍不愿离家，"买房，但不单住"是大多数水村青年的生活选择。因此，很多青年人生活的重心仍在村中，水村是一个十足的"超实心社会"。但矛盾的是，虽然青年人生活的重心基本还在村子里，在地聚集现象明显，但是，"生人模式"的情况也在青年中显露：水村青年的

---

① 贺雪峰：《新乡土中国》，北京大学出版社，2013，第8页。

社会联系更多发生在社区之外，更多受到社区之外的影响。虽然仍有很多青年人保留传统信仰，有着传统担当，但我们也不得不承认，今天的青年人与他们的长辈已经完全不同：在社会心理方面，他们是更为独立、自由、自信、敢于表达的一代；在社会参与方面，水村的青年们虽然身在村内，但通过QQ、微信等发达的现代信息技术交流工具，与村外发生着频繁联系，互联网的海量信息让他们的视野在地球村而不是仅仅停留在水村；青年人的社会交往对象更多是在同事、同学这样的业缘、学缘联结上。如果遇到生活上的难题，他们能够调动的"社会资本"也更多来源于村外，不论是远亲还是近邻都已经无法成为他们的主要"求助对象"，甚至在有些集体活动——各类民俗活动组织得并不好的自然村中，青年人相遇而不相识的现象也不在少数。因此，称水村是"生人社会"也不为过。这就是水村代际区分并同时存在"生人社会"与"熟人社会"的人际网络关系。

二 研究策略

（一）观察乡民实践

"国家""民间精英""民众"是社会结构中三个基本的结构因子，由这三个结构因子所形成的较为稳定的互动关系，是社会结构的基本架构之一。[①] 谁应该被奉为乡村秩序维续的主体？这是研究视角的问题，也是一个研究对象的层次确立问题。在传统社会中，"农民的生存境况和由此导致的集体行动常常关乎整个社会的安定或动荡，甚至导致王朝的更名易主"。[②] 在当今，出于政治安全的危机意识，社会对大规模的抗争给予了不同寻常的关注。而对

---

① 孙立平：《改革开放前后中国国家、民间统治精英及民众间互动关系的演变》，《中国社会科学季刊》（香港）1994 年第 1 期。

② 詹姆斯·C. 斯科特：《弱者的武器》，郑广怀、张敏、何江穗译，译林出版社，2007，第 477 页。

"危机"反应的关注背后，是来自精英者立场的俯瞰，或者另一种所谓的"向下看"，即投向地方的乡绅、宗族或村干部等乡村精英的视角。对地方乡绅和宗族势力的关注显然不同于对普通百姓的关注，这也不是真正的"农民视角"，自然也不能做到对农民"感同身受"的理解，看到的也不能算是"农民眼中的农村实际"。[①] 在这样的关注眼光中，农民仍是被治理对象，而不是乡村秩序的主导者与主动参与者。

事实上，"上层国家虽然多变，但基层社会尤其是农村基层却具有相当的稳定性乃至自主性。研究的重点应该放在基层，以便从中发现社会自身运作的逻辑"。[②] 本研究力图从农民的底层视角出发，凸显农民的主体性地位，即从村民的日常生活领域入手，充分展现具体情境中的农民互动与民间智慧，挖掘农民作为主体如何成为村庄秩序恒常的民间力量。

"社会秩序总要通过社会主体的活动来实现。"[③] 因此，对水村村民作为社会实践行为主体进行观察，就是关注村落中的劳动和生活。但是，老百姓"都是生活在社会芯子里的人，埋头于各自的柴米生计，对自己都谈不上什么看法"。[④] 农村的人大多是不善于表达的人，除非有特别的经历，否则他们整天忙碌于家内田间，即使是问最经验层面的东西，他们所给出的答案也是零碎的、不成逻辑的、答非所问的。甚至，这些乡村里的被访者总是觉得研究者的问题有些莫名其妙，这种田野感受在前辈学者那里得到了印证：欧大年（Daniel Overmyer）在讲演中提到，村民常说"这是老祖宗传下来的规矩，谁

---

① 杨善华等：《农村村干部直选研究引发的若干理论问题》，载罗沛霖、杨善华等主编《当代中国农村的社会生活》，中国社会科学出版社，2005。
② Oi.J.,*State and Peasant in Contemporary China*，转引自徐勇《非均衡的中国政治：城市与乡村比较》，中国广播电视出版社，1992。
③ 沈亚平：《社会秩序及其转型研究》，河北大学出版社，2002，第28页。
④ 王安忆：《长恨歌》，人民文学出版社，2004，第210页。

也不敢违拒";① 魏乐博也注意到"他们祖祖辈辈就是这么做的"。②

"乡下人不擅长说但擅长干",他们虽然说不出什么,但是他们会毫不迟疑地做。就如同笔者惊叹于他们如此不善言辞一样,笔者惊叹于乡里人的精明实干:水乡长者关于鱼、虾水产的养殖、捕获技巧,关于"捻泥"与生态系统的精辟论断都证明他们是顶级的农业专家;每逢初一、十五,不管轮到哪个自然村,女人们早早地来到庙里,不到 9 点,已经把所有的菜都洗好、把庙堂打扫干净了……对"实践"的强调,即对作为主体的民众日常经验的关注。因此,所谓解释、表达的方式绝不仅停留在口头,完全也可以体现在行动上,对实践进行仔细观察和体验是很有必要的。所以,笔者对于水村的整个研究,其实只是记录"村民干了什么"。如果说笔者在其中有什么贡献的话,就是将其中原本已经存在的"乡民如何维续了乡村秩序"进行了一番解读,并希望通过对乡民实践的解读,获得少许不同于西方、不同于以往的理论弹性。

(二)聚焦日常传统

孙立平等学者倡导"过程—事件"研究策略,更多关注"有事情的时候"。因为相较于日常生活,"事件"更能展示事物逻辑的作用过程,让真的社会关系充分展示。③ 这种研究策略对于观察群体性冲突事件尤其奏效。但群体性事件只是农民全部日常生活的一小部分,社会的发展更多延续在日常生活之中。对于百姓而言,"生活"才是全部。社会科学研究如果不是从具体社会生活的连贯性上着手,而是试图从上而下对中国发展图景进行全局式、总领式

---

① 欧大年:《中国民间宗教的秩序和内在理性》,《通讯》1998 年第 3 期。

② 卢云峰:《宗教为中国提供了重要的社会资本——访美国波士顿大学人类学系主任魏乐博教授》,《中国民族报·宗教版》2008 年 9 月 19 日。

③ 孙立平:《"过程—事件分析"与当代中国国家—农民关系的实践形态》,载清华大学社会学系主编《清华社会学评论》(特辑),鹭江出版社,2000,第 7 页。

的概括，这样虽然可能获得新的理论发现以及发现理论之间的联系，但若要同时保证模型或理论有落脚之处，并随着社会的进步而发展理论更新，就有必要对日常生活予以关注。

费孝通在 20 世纪 40 年代有关社会发展的论述中提到，要注意从"社会进化"到"社会平衡"，"社会平衡"关注的是从具体的人群生活出发，设法去了解人类如何在某地、某时维持他们的生活。[①] 而本书所关注的核心——传统乡村秩序所依托的内生性秩序力至今仍作用于乡村，就是源于日常生活所需。探求传统资源如何支撑现代化生活秩序，就是本研究的分析目的所在。本研究以何母水乡水村为个案，从百姓的日常实践中观察现代社会中乡村民间信仰的现状，试图为中国传统文化在农村现代化发展进程中的地位提供一个佐证。从细节处观察传统活动如何成为与个人、家庭及社区生活密不可分的一部分，关注普通民众的一般信仰活动，关注自然村中的人际交往、事务组织，是本研究的重要出发点。同时，通过体验以民间文化生活为主要内容的水乡社会生活，从日常实践中积累的"手头库存知识"是写作不可或缺的素材来源。

另外，本研究对"传统"一词的使用还有两点需要说明。第一，现代社会中的"传统"具有明显的变迁特征。与过去相比，传统的东西必然会被添加新的内容。这里，维续村庄秩序的传统，不再可能是完全"古老的""未变更"的传统，生活的变化需要民众对众多的"传统"进行挑选。已有的出色研究中，无论是萧凤霞（Siu,Helen）对广东中山小榄菊花会的研究，[②] 还是景军对大川孔庙复建的研究，传统观念和活动并不是机械地返回到过去，而

---

① 费孝通：《"社会进化"到"社会平衡"》，载《费孝通文集》（第一卷），群言出版社，1999，第 220~229 页。

② Siu,Helen, "Recycling Tradition:Culture,History,and Political Economy in the Chrysanthemum Festivals of South China," *Comparative Studies in Society and History*, 32（1990）.

是与文化的创造相伴随，以过去的实践适应新的社会变革。① 刘铁梁提出"感受生活的民俗学"，就应关注生活中富有弹性变化的表达与呈现。② 第二，"传统"具有延续性。事实上，传统和现代的二分从未真正出现，老百姓从来没有将"传统"看作一种遗存的复归，它一直是以一种延续的方式存在于乡民的日常生活之中。研究传统，并不是对"传统/现代二分的现代性"的对立面——过往的关注，而是要转向对现代生活、当下生活中的传统的关注。"因为一切传统都是传到现代并统一到人们心理、习惯、风俗与制度中去的活着的因素。"③ "活下来的才是传统，活不下来的不是展品就是糟粕。"④ 那些虽然抱有遗憾却逃不过博物馆展示命运的传统，都不是这里的"传统"。

当笔者——一个外来研究者——对何谓"传统"穷问不舍时，被访者总会因为不知如何回答而迫不得已"搪塞"："老底子就是这样的！""老底子"该被如何恰当地界说？"老底子"作为民间自我定义的"传统"，虽然远远够不上学术意义上的严密，但中国农村社会中的村民们却有自己的标准，人们还是按照"老底子"的方式在思考、在行动。借此，笔者给"传统"下一个定义：本书的"传统"是专指那些作为"老底子"传下来的，仍在现代社会中对现代人应对繁复生活有指导意义的文化。或者，我们可以有一个更为学术的表达："传统"是仍对现代生活起着指导意义的组织安排、行为制度、价值伦理的"旧有"文化要素。因此，若从对生活的支持意义上看，传统与传统资源，以及全书的核心概念——内生性秩序力，可以理解为对同一所指的不同表述。

---

① 景军：《神堂记忆：一个中国乡村的历史、权力与道德》，福建教育出版社，2013。
② 刘铁梁：《感受生活的民俗学》，《民俗研究》2011 年第 2 期。
③ 曹锦清：《黄河边的中国》（增补本），上海文艺出版社，2013，第 30 页。
④ 邹振东：《流传千年的可能不是陋习》，新京报评论，2018 年 7 月 31 日，https://baijiahao.baidu.com/s?id=1607470682535633802&wfr=spider&for=pc。

（三）蹲点村庙中心

接下来的问题是：对于乡村中传统的内生性力量的观察落脚何处？弗里德曼（Maurice Freedman）的"宗族研究范式"[①] 与施坚雅（G.William Skinner）的"市场体系"[②] 是乡村研究层次的重要参考标准。但是，就水村个案来看，随着市场经济的发展，何母桥集市没落，水乡市场圈的社会印记已逐渐消失；同时，宗族标志也在显性层面消失，水村已经基本没有很严格的以宗族为界限的集体活动。相对来看，祭祀圈理论对于研究水村社会具有重要的指导意义，它是由我国台湾学者提出的研究乡土社会的重要范式，是对"市场体系"和"宗族研究范式"的重要修正。村庙所代表的是一个"祭祀圈"，将民间信仰作为一个独立实体进行研究。[③]

但正如林美容所言，研究祭祀圈的出发点不是研究宗教现象，而是将其当作社会组织来看待。这与宗教社会学创立之初，涂尔干（Émile Durkheim）研究宗教显著的旨趣无异：宗教生活必然是一种卓越出众的形式，它集中表达了整个集体生活。[④] 在《宗教生活的基本形式》中，借助对"宗教问题"的分析，涂尔干"研究这些力是从何处来以及由何造就的"。"这些力就是集体力、社会力，因为只有社会才具有超越个体的道德力量，而宗教就是集体道德的表现。"[⑤] 宗教作为"自成一类"的"总体社会现象"，[⑥] 本是整个社会理论考察现代性的核心问题，但是近代以来，宗教在

---

① 莫里斯·弗里德曼：《中国东南的宗族组织》，刘晓春译，上海人民出版社，2000。
② 施坚雅：《中国农村的市场和社会结构》，史建云、徐秀丽译，中国社会科学出版社，1998。
③ 林美容：《由祭祀圈来看草屯镇的地方组织》，《中研院民族学研究所集刊》1987年第62期。
④ 爱弥尔·涂尔干：《宗教生活的基本形式》，渠东、汲喆译，商务印书馆，2011。
⑤ 汲喆：《礼物交换作为宗教生活的基本形式》，《社会学研究》2009年第3期。
⑥ 马塞尔·莫斯：《礼物——古式社会中交换的形式与理由》，汲喆译，商务印书馆，2016，第4页。

中国社会、政治和学术领域却被边缘化了，很多人甚至认为中国是一个无宗教的社会。

但是，民间信仰传统不仅一直作为社会事实存在，"对于探讨中国社会现代发展所具有的价值，对儒家和大乘佛教所谓'大传统'，无论如何亦深深地根植于较不精致的民间宇宙观里面"。[①] 而且这一观点在水村田野经验层面也有充分证明。在水村，作为"大传统"——儒家文化载体的宗族文化并没有得到明显复兴，传统的复兴更多体现在"小传统"这一民俗文化实践层面。而其中，民间信仰作为一种"共有的遗产"，弥散于社会生活之中，被用于日常生活指导的"命运""缘分""善恶有报""今世观"……更多地存在于民间信仰这一"小传统"之中。

但是，对于村庄的日常生活，尤其是水村人的公共生活而言，村庙及以村庙为中心的宗教民俗活动仍然是其重心之一。在水村村庙——甘甜庙，一个全村层面的自组织与联结网络频繁地被观察到：农历每月初一、十五的日常祭祀日，斋饭能摆十五六桌；一到各种神诞日，会有上千名信众聚集到庙堂参拜，斋饭更是有上百桌。甘甜庙祭典活动办得好远近闻名，它的高人气让村里人也备受鼓舞。甘甜庙这一村落中的民间信仰神圣空间，更是一个典型的公共空间，在这里，从家户到自然村，从行政村落到村落之外，从个人到集体，道德生活与物质生活相交织的社会运作过程将被一一呈现。在社会学的观察视角下，甘甜庙作为社会组织，而不仅是被当作宗教组织观察，其中涌现的更多是"集体力""社会力"，而不仅仅是，或者说，并不是宗教"神力"。

为分析建构性秩序力与内生性秩序力的互动——这也是笔者重点关注村

---

① 李亦园：《台湾民间宗教的现代化趋势——对彼得伯格教授东亚发展文化因素论的回应》，载李亦园《李亦园自选集》，上海教育出版社，2002，第210~211页。

庙的原因，甚至可以说，水村没有哪一个社会组织能够比村庙更适合观察到
生动的内—外力的互动形式。庙里的"笔杆子"说："村庙办得好，一是有社
会基础；二是老百姓真喜欢。"民间信仰的自组织传统，让村庙以及传统民俗
成为观察内生性秩序力及其组织的一个典型方面。另一方面，甘甜庙复建的
20 年，从非法存在到灰色存在，再到如今获得合法地位的整个过程，也是行政
主体对于村庄内生性秩序力不断认识的一个过程。2017 年，甘甜庙获得了"浙
江省民间信仰编号证书"，被赋予了空间合法性，用老百姓的大白话说："有执照了，
庙里的事终于不用再像以前那样'偷偷摸摸'的了。"建构性力量与内生性力量
的"互叠"如何促成了水村的井然有序，这部分内容将在第七章被详细论述。

（四）关注村庄整体

在研究进入次序上，笔者与一般的社区研究似乎走了一条相反的路：先
关注村庙局部，再看村庙整体。在村庙，笔者逐渐积累了进入水村整体的人
脉关系，它成为笔者田野观察的一个出发点，为笔者提供了一个观察全村的
平台。对于笔者而言，从村庙走向村庄是个必然的又不得已的过程：作为宗
教社会学的专业研究者，一开始，笔者执着于将"民间信仰"当作自己研究的"一
亩三分地"，村庙自然被当作田野基地。但是，笔者很快发现，当观察乡村秩
序，思考呈现在眼前的较安定的秩序背后的维续力时，仅仅关注村庙并不充分。
也就是说，村庙里的"传统"表现很丰富，但它只是"内生性秩序力"发力
的一个局部。民间信仰作为"弥散性宗教"[①]的特点，即民间信仰与民间文

---

① "制度性宗教"和"弥散性宗教"的概念区分是由杨庆堃提出的。制度性的宗教具有
一种独立的社会制度的属性，即独立的神学观、独立的崇拜形式、独立的组织。制度
性宗教作为一个独立的系统运作，而分散性宗教则作为世俗社会制度的一部分发挥功
能，能十分紧密地渗透进一种或多种世俗制度中。作为一个独立的因素，弥散性宗教
可能并不那么引人注意，但它作为一种基层支持力量，对于世俗制度和整体的社会秩
序或许十分有意义。参见杨庆堃《中国社会中的宗教：宗教的现代社会功能及其历史
因素之研究》，范丽珠等译，上海人民出版社，2007，第 269 页。

化处于难解难分的胶合状态在田野中表现得颇为典型。作为中国最基本的宗教元素，民间信仰和实践充溢于中国社会生活的每个侧面，内化于中国乡村文化的最深处。民间宗教本身的生命力是与中国社会结构紧密地结合在一起的，蹲点村庙局部与关注村庄整体都不可或缺。

村庙是聚落或社区的位置中心，也是信息来源的中心。但在排篇布局上，本书并不是仅围绕民间信仰场所，而是在村庙与村落社会的对应关系中寻求民间信仰场所的定位。于是，在蹲点村庙近半年之后，笔者开始将观察视角放宽至村庙外的方方面面：既关注外在行政主体组织的各种活动——文化相亲、干塘节、年俗节、百姓日……也观察百姓自己操持并乐在其中的各种民俗活动——"小端午"、立夏、"点岁烛"……就社会秩序这一研究主题而言，建构性和内生性力量在此区隔又相通。需要补充的是，因为在水村所在的何母水乡文化中，有着许多不同于同一乡镇的山区片与集镇片的风俗。无论是从外部区分，还是从内部认同上看，包括水村在内的水乡范围是自成一体的。鉴于水乡片文化的一致性，笔者的田野范围有时会跳出"水村"。

对社区进行整体摸底之后，带着这样的整村、整体思维再进入村庙，笔者意外的收获是，关注点变得缩放自如，更觉得游刃有余。"民族志学者必须把社会想象成一个'整体'，并且通过对眼见的地方、耳闻的谈话、遇到的人的描述将他对'整体的想象'传达给读者。"[1] 因此，最后所确定的研究内容，除了在第四章——作为秩序载体的传统组织——论述了村庙作为公共生活中心的存在，以及在第七章，以村庙中村民的行为策略为例，试图说明国家—社会互动对于村庄秩序的影响，其他的研究内容基本在关注村庙之外的事务。但是，本书所有的研究又都没有离开民间信仰。社区研究要看待的是一个微

---

[1] 詹姆斯·克利福德、乔治·E.马库斯：《写文化——民族志的诗学与政治学》，高丙中等译，商务印书馆，2006，第14页。

观整体，关注村庄才能"在一个边界明晰、自成一体的社会单位里，才能比较清楚地看到各种文化要素分别怎样发挥功能，又怎样成为一个整体"。[①]

三 研究方法

（一）文献法

在未正式进入田野的研究前期，笔者使用文献法对田野点的发展历史进行了比较全面的了解。"社会学的调查关注最多的应该是当下的社会现实，但这决不意味着这是一个横断面的社会现实，而是有着历史感的社会现实。"[②]水村所在的余杭县自宋代就开始修志，直至清朝中叶，传承不绝。至今保留有康熙《余杭县志》、嘉庆《余杭县志》、光绪《余杭县志稿》。民国时期，水村曾有修志之举，但仅存单稿。1990 年，由浙江人民出版社编撰的《余杭县志》为最新版本。这些地方资料都为笔者理解浙北乡村的历史沿革提供了清晰的背景。但是，何母水乡的小区域材料相对缺乏。水村所在的镇街档案室的资料，除了一些土地和建房信息仍被保留，其余历史档案资料几乎完全遗失。何母水乡紧邻西溪湿地，因"西溪国家湿地公园"建设需要，对湿地文化挖掘较为深入，所出成果较多，如"余杭历史文化研究丛书"，这些都是有价值的参考对比材料。

乡间热心文化人的记载很好地弥补了官方记载的不足，尤其是当档案馆中关于传统社会百姓生活资料缺失的时候，来自民间的翔实记录尤其可贵。需要特别提及的是一位已 83 岁高龄的老人沈孟祥，他自称"常融会于乡老善

---

① 王铭铭：《功能主义与英国现代社会人类学》，载周星、王铭铭执行主编《社会文化人类学讲演集》，天津人民出版社，1997。
② 赵旭东：《否定的逻辑：反思中国乡村社会研究》，民族出版社，2008，第 312 页。

人间。二十余载，散记了不少民间佚事和民俗掌故"。① 他笔耕不辍，《瓜山蒙难记》《张梦麟之死及前因后果》等文章抢救式地保留了已逝的抗战亲历者记忆；②《八十回忆》《双抢——难于忘却的艰辛岁月》回顾了自己的一生，是了解传统年代、革命年代，再到改革开放的整体历史沿革的珍贵史料；《故土的精灵》《沈氏宗祠追忆及其前端集裔》《茅坑、垃圾与捻泥》《麦鸹时节》等关于传统社会百姓生活的描述，能让笔者更透彻地理解当下何母水乡现代化社会生活的变迁；以及他所记录整理的已故好友姚五宝的口述史——《我与南湖东岳庙》，与已故前辈宋天海、张乃坤一起考据整理的《何母桥小端午的由来》，都是关于民间信仰传统不可多得的文献资料。

尽管大量的研究成果显示了20世纪以来的文化演进与此前数个世纪的文化变迁性质不同，其起源更有内生与外生的巨大差异，但传统与现代的分野、时代的巨大反差都不能抹去农村文化的连续性。不论是认识20世纪农村文化的"变"还是"不变"，都需要我们把21世纪与以前的历史时期做一个纵向的观照，把近代以来的农村文化演进放置在20世纪之前的背景中加以考察。③各种官方文献以及民间热心文化人所做的记录，是笔者得以对何母水乡前现代社会有尽可能多地了解的重要依据。这些深入具体社群之前所掌握的文献资料，对于认知水村及其所在的水乡文化圈的历史产生了较大帮助，这些背景材料除了在前文关于水村的个案选取介绍中有所交代，更有助于通过对比，与当下民众的日常生活形成映照，从而成为整个研究过程中引发思考的背景支撑。

---

① 沈孟祥：《与乡老》（未刊稿），第1页。
② 参见沈孟祥《瓜山蒙难记》《张梦麟之死及前因后果》《八十回忆》《双抢——难于忘却的艰辛岁月》《故土的精灵》《沈氏宗祠追忆及其前端集裔》《茅坑、垃圾与捻泥》《麦鸹时节》《我与南湖东岳庙》《何母桥小端午的由来》（以上均为未刊稿）。
③ 董剑波、李学昌：《20世纪江浙沪农村社会变迁中的文化演进》，华东师范大学出版社，2010，第4页。

（二）实地考察法

欧大年将中西方学者使用的文化研究方法概括为："历史、文献和实地调查"（HTF，History,Texts, and Fieldwork 的缩写）。"从历史研究认识背景，由实地调查探究结构、功能及日常习惯；而宗教学者的一个通病是偏重于理论和哲学。对于大多数宗教参与者来说，与宗教最相关的是习惯、仪式与传统活动。实地调查促使我们关注这些活动，关注宗教'活生生'的社会形式；实地调查也可以让我们认识参与者如何诠释和运用他们的过去，这有助于调整我们自己的解说。"[①]

参与式观察能够对民间信仰传统的当下有一个直观认识，文献法则有助于了解事件的前期脉络，但是若缺乏对水村的实地考察，尤其是若缺乏对村庄整体概貌的实地考察，将如隔靴搔痒，无真实感。2017 年上半年，笔者承接了区政府课题"余杭区村落文化重构下的礼堂实践"，借助此次调研机会，笔者跑遍了区所辖的 20 个镇街的 50 多个文化礼堂，入村考察。即使作为余杭人，也让笔者对余杭农村地区的发达程度感慨万分，同时让笔者对水村之外的浙北其他村庄的发展状况有了一个真实的整体了解。它们如水村一般，传统文化的复兴与现代化进程的冲击相融合，这正是促使笔者继续本研究的原初动力。

实地考察法更是一个收集口述史的好机会。诚如上文所言，一如最普通的农村，何母水乡地区普通乡民生活的历史被官方记载并保留下来的极少，资料挖掘有一定的困难。幸而水乡地区的社会文化、生产生活基础仍然完整，村庄社会记忆仍强，父老口传的历史文化传承力健在。跑进村庄，总是会有很多意外收获，这是一个收集"旧闻轶事"的好机会。比如，笔者通过口述

---

① 范丽珠、欧大年：《中国北方农村社会的民间信仰》，上海人民出版社，2013，第 34 页。

史的采集以及地方资料的挖掘了解到，传统水乡社会，何母桥集市茶店内一直有乡绅"劈公道"的传统，宗族外社会纠纷多以此种方式处理。这为现代人了解传统水乡社会的礼（理）治秩序提供了极好的资料。

（三）参与式观察法

对于何母水乡而言，笔者既是"外来者"又是"本地人"，在观察的敏感性上有着"半生不熟"的优势与劣势。何母水乡所在的闲林镇由镇南山区片—中心集镇片—镇北水乡片组成。笔者自己生活在镇南山区片，虽然同属于一个镇街，山区文化和水乡文化还是有较多区别。前文中提到的一些何母水乡的区域性民间信仰活动，如"小端午"龙舟盛会、蜢将菩萨诞辰、七月三十"小中秋"与"点岁烛"活动、干塘节、送迎灶王等习俗，在笔者所生活的镇南山区片就不曾有。参与式观察这些活动，笔者可以相对自然地保有浓厚的陌生感与新鲜度。

其次，"半生不熟"中的"相对熟悉"的优势，除了让笔者对何母水乡地区的乡情已有一个比较全面的了解，好处还来自一些调查的实际便利：一是语言，访谈的亲近感，以及对"八卦"信息的收集；二是人际关系，做长期深入的访谈调查，没有熟悉的亲友关系，是十分困难的，光凭一纸介绍信和上级政府的批示，并不能使调查者与乡民间建立起亲切的信任感，而获得信任是完成田野考察的先决条件——笔者最初"进入田野"的"口子"就是在何母水乡的几位同学；三是距离近，便于调查的开展，省钱省力，也为笔者对不清楚的问题的随时追问与计划调整提供了可能。但是，"半生不熟"也有一定劣势，最明显的是感受，对比于笔者在自己所生活的村的村庙活动的参与式观察，笔者对于水村的一些活动没有办法对每一个参与者的个人背景做到熟知，这就会在研究思路的延展与判断方面造成一定的阻碍。

在参与式观察中，研究者如何出现在文中一直是个困扰。因为"民族志在很长的时间里都是记叙异民族的奇特或神秘的现象的，同时，作为保证民族志科学性的田野作业的过程对于圈外人来说是秘而不宣的"。[①] 似乎一旦"掺和"到了被观察的对象中，研究的客观性就无法保证。笔者承认，从正式进入村庄开始，笔者就在主动寻求"被利用的机会"，参与到各种"礼尚往来"之中，以建立与水村社会的私人联系，而不是做一个单纯的、孤立的观察者。当格尔茨（Geertz Clifford）进入巴厘岛观察"斗鸡"时，他与当地人共同逃离警察追捕的遭遇，不正是通过与当地人的一起行动才建立了很好的关系吗？[②] 在甘甜庙做"义工"蹲点近一年半的这段时间，每个月的初一、十五，笔者基本上都到庙里"烧香"，如一个真正的水乡人一样行事：烧香拜佛、洗碗洗菜、搬桌挪凳，跟着念佛老太太们念经、折纸钱……当笔者开始"利用"村里人开展研究时，显然，那些被研究的人并不只是被观察者，他们也在主动"利用"笔者，让笔者成为他们故事的最合适的记录者。笔者渐渐从一个谁也不认识的"外人"，到成为这里的"客人"，然后融为"庙里人"，在研究快要结束的时候，笔者顺理成章地参与到甘甜庙蜻将菩萨出会筹备事宜中，成为委员之一。需要补充的是，后文中出现的"三婶""美姨""舒妈""莲花奶奶""喜伯""洪发伯""阿二师父和师娘""三娃"……都是笔者作为"乡里人"，与村民在日常交往中的称呼。在下一章表述中，研究者都是以"我"出现，"我"不是置身事件之外的"笔者"。事实上，在实施田野调查的过程中，又有多少调查者能够避免成为"入戏观众"？

---

① 詹姆斯·克利福德、乔治·E.马库斯：《写文化——民族志的诗学与政治学》，高丙中等译，商务印书馆，2006，第12页。
② 克里福德·格尔茨：《文化的解释》，韩莉译，译林出版社，2008。

（四）无结构访谈法

在田野资料的获取方面，除了参与式观察，访谈应该算是获得信息最有效的方法了。无论是结构式访谈、半结构式访谈，还是开放式访谈，其实，研究者都为被访谈者预设了问题，让对方跟着自己的思路走。这当然有助于提高访谈效率，尤其是可以弥补某些部分的财力、时间、精力的不足。但是，一直到研究的后程，笔者都在为无法实施正式访谈而倍感挫折，最后不得不放弃这一被称为"访谈"的有效方法。因为，正如上文所言，乡民更擅长"做"而不善于"说"。为获取生活于乡间的人们的最真实的想法，这种"有效"方法的实际效果不仅不理想，甚至会适得其反。如此咄咄逼人的提问—索取答案的方式，不仅乡民不喜欢，也让笔者陷入尴尬：即使是那些被笔者归入"能说会道""热情肯帮忙"一类的备选访谈对象，只要一听说笔者想请求他/她们做一次访谈，反应往往是紧张与担忧。甚至，为了避免笔者再次提出这样的请求，笔者能感受到他/她们在刻意拉远与自己的距离。

后面笔者才渐渐意识到，对于普通民众的访谈，问题的预设往往会产生距离感，这种距离感既来自问题的内容也来自提问形式。即使真的开始访谈，即使笔者已经刻意追求问题的经验化，但是受访者——那些与笔者逐渐熟识的乡邻——常常会因为无法帮笔者解决困惑深感歉意。更糟糕的是，笔者在回放录音的时候会发现，为了完成笔者设计的问题，笔者常常不自觉地用"设计好的问题"打断对方的思路，然后，本该顺延的思路就此中断。

无结构式访谈的"闲聊"，相对于结构式访谈、半结构式访谈而言，其表面区别在于是否提前设置问题，更深层的是，无结构访谈完成了"思路倒置"：不是将访谈内容前期先放入研究者所预设的问题，而是进行倒置，先获得信息，然后将这些信息归类至研究者的具体研究框架中。进行访谈的过程中，学术问题的不切实际总是让被访谈者不知如何谈起，至少会有距离感。但是，当笔者试着放下所有的问题，从自己和被访谈者共同熟悉的人或物开始说起时，被访谈者总能侃侃而谈。其实，"在闲聊式的访谈中，'受访者'并没有意识到自己在'受访'而谈到许多社会现象而对此发表最真实的主观评价，这属于社会心理的调查范围。有时，社会心理比社会事实更重要"。[①] 通过这样的资料获取方式，笔者总是能够有"意外收获"。

在一次"闲聊"过程中，隔壁村的一位村庙主事感慨："我们村以前这批念佛老太太真的是很拼命的，现在，有了养老保险制度，都拿工资了，对庙里的事情也不那么上心了！"通过这一句"闲话"，笔者至少有两个方面的收获：其一，它补充了财务问题的敏感性所带来的资料不足，可以推断，部分农村老年人可以通过参与民间信仰法事获得一定的收入，这是其参与民间信仰活动的功能性目的；其二，现代养老制度的完善对于民间信仰活动产生了一定影响，这可能会成为论述"传统与现代互动"主题的又一切入点。赵文词早年在广东陈村做调查时，就敏感地发现："对于道德问题的谈论多数是在不正式的八卦闲聊中。"[②] 而且舆论能够将乡民们所认可的价值观与行为规范清晰地呈现。老百姓喜欢一边做事一边闲聊，笔者要做的，只是在与他／她们"一起干活"时努力让自己看上去像"自己人"，然后在不经意间抛出一个话题，接下来，就只需要"倾听"，并做好田野笔记，水村秩序的丰富性自然会被展现。

最终，笔者几乎没有进行正式访谈，所有的田野资料的获取都是通过这种不经意的"闲聊"获得的。在后文中，可见或大段或零碎的直接引用，这些文字都来自田野中笔者所接触到的水村人的直接表达。这些资料看似是不

---

① 曹锦清：《黄河边的中国》（增补本），上海文艺出版社，2013，第5页。

② Richard Madsen, *Morality and Power in a Chinese Village*, CA：University of California Press, 1984, p.1.

系统的、零碎的，但又是高度一致的。对于同一个社会事实的看法，水村男女老少的信息反馈一般都较为一致。事实上，在这样一个相对稳定、完整，社会结构仍然较为紧致的社会中，水村人仍能保持作为一个集体的统一性。不管是问三婶还是四伯，得到的回答是相差无几的。这些"闲聊对象"的叙述虽然是个人叙事的文本，但"这些个人叙事将可能组合为一个地方社会的集体叙事"。① 通过在不同场合中，水村人重复的类似叙述与评论，一个关于水村的故事得以慢慢地被拼凑完整。

---

① 刘铁梁：《身体民俗学视角下的个人叙事——以中国春节为例》，《民俗研究》2015
年第 2 期。

警察的存在固然有其必要，但公共的安宁，包括人行道上的和平与街道上的秩序，能在城市里得到维系，靠的主要不是警力，而是人群间一股细微到几乎难以察觉的自控力与规范，这种内在控制力与规范是民众自发形成并且推行的。那就是得有「人心」住在这里，要有人愿意看顾、守护这里。

——简·雅各布斯 (Jane Jacobs)，『美国大城市的死与生』

Rural Society

of Water Village

第三章　现代水村社会秩序观察

▲图 3-1：水村婚礼。"八人大轿抬进门"，传统婚礼又开始流行。这不仅是传统婚礼形式的流行，更是传统观念的重新回归与被认可。（拍摄：阮晓霁）

▲图3-2：拆迁标语。"政策暖心春风化雨，和谐搬迁万象更新"，拆迁标语越来越柔性化的趋势，显示了建构性力量强大却趋于柔化的进入变化。（拍摄：赵春兰）

　　从社会学创立之初，"社会秩序问题"就是社会学学科的中心问题之一。[①]首先需要说明的是，说一个社会"秩序井然"，并不是说社会中没有矛盾。正如杨善华和赵力涛早就提出的那样："秩序并非一种静态平衡的东西，不存在'无序—有序'的简单二元对立。在社会转型的新背景下，利益主体趋于多元化，主体意识不断增加，某种程度的冲突必然发生，因此重要的是将冲突控制在一个稳定的制度与价值框架之内，不使其危及基本的社会结构与正常的社会生活。"[②]下文将通过对"水村村民应对拆迁不适""水村人灵活调整婚姻生育制度"的观察，对现代水村村庄层面、家户私人层面的社会秩序予以呈现。希望以此说明，当秩序无法保持完全意义上的和谐之时，乡民如何在日常生活的紧张和冲突中化解难题，进而维持秩序一如既往的相对安定。而在村庄

① 雷蒙·阿隆：《社会学主要思潮》，葛志强、胡秉诚、王沪宁译，华夏出版社，2000，第66页。

② 杨善华、赵力涛：《中国农村社会转型中社区秩序的重建：制度背景下的"农户—社区"互动结构考察》，《社会学研究》1996年第5期。

的急剧变迁过程中，内生力仍是一股可供村民寻求稳定的恒常力量。

一　从"拆迁"看村庄层面的社会秩序

拆迁所引起的集体抗议，以及"钉子户"的个体抗争，常见诸报端，成为社会热议的话题。2000 年 2 月，10357 名拆迁户联名提起行政诉讼，这一著名的"万人诉讼案"，在北京的拆迁户中几乎家喻户晓。[①] 征地拆迁一直是易使社会矛盾激化的集体行动之一，是司法监督的重点领域。在 2018 年人民法院"征收拆迁典型案例新闻通气会"上，最高人民法院行政庭庭长黄永维介绍了近年来的行政执法情况：据统计，2015 年、2016 年、2017 年，全国法院一审受理征收拆迁类诉讼分别约为 29000 件、31000 件及 39000 件，占当年行政诉讼案件总量的 13%、14% 和 17% 左右。[②] 近些年来，由于征地拆迁所引起的社会矛盾和社会问题不断增加，不仅"兄弟姐妹拳脚相加、对簿公堂"，有的还有进一步激化的趋势。这是不容否认的事实。

如今是一个流行为自己的利益奋力争取的年代，如果没有讨价还价就顺利拆迁，确实是咄咄怪事，因为这样实在是"太老实了""吃亏了"。"拆迁的钱，一般人辛辛苦苦一辈子都赚不到"，拆迁对老百姓而言就是获取巨额利益的机会。利益的公平分配又是一件难事，于是，"一拆迁就乱""一拆迁，亲情、友情、爱情便荡然无存"，"拆迁"的确是社会秩序紊乱的导火索，是多数拆迁地的"魔咒"，"拆迁"无疑增加了维持乡村社会有序的难度。但是，让如我这般"等着看好戏者"颇为失望的是，在水村近两年的田野调查中，水村拆迁缺少"新闻看点"。不管是老百姓还是负责拆迁的政府工作人员，抑或是进驻拆迁项

① 施芸卿:《机会空间的营造——以 B 市被拆迁居民集团行政诉讼为例》，硕士学位论文，清华大学，2007。
② 最高人民法院:《最高法召开人民法院征收拆迁典型案例新闻通气会》，最高人民法院网，2018 年 5 月 15 日，http://www.court.gov.cn/zixun-xiangqing-95892.html。

目组提供咨询服务的律师们，都认为："水村人不会来（找）事。"2017年底，水村2、3、5组290户的征迁任务提前完成。在水村，拆迁的各种纠纷没有"如期"发生，是因为"个体的原子化"导致集体主义缺席，造就了水村人的"懦弱"、不团结，这是我最初的猜测。

但实际上，水村的人丁兴旺、"捏得起拳头"，也是远近闻名的。每年农历五月十三——"小端午"，水村行政村的18个村小组，组组都要摆上二三十桌龙舟酒；甘甜庙的香火旺盛也是我早已见识过的——七月初七蟕将菩萨诞辰，水村每家每户都会到村庙里参加祭祀，这是每年例行的全村范围的活动；九月十八，"西方三圣"开光，预备的一百多桌斋饭都不够吃，也就是说，前来祭拜的村民超过千人，原本300人以上的群众集会就要报派出所备案，这让一些新上任的政府工作人员猝不及防……这类"集体事件"在水村的一年四季轮番上演。一方面是拆迁所表现出来的"安顺"，另一方面是民俗活动参与的"活跃"，我好奇于现代化进程中，水村如何能够保持这种既安静又热烈的乡村社会秩序？个人主义和社区集体主义看似矛盾，而且在水村都有朝各自方向发展的明显证明，实际上又被完美统合。

（一）拆迁之上的利益选择

水村经历了近20年的"逐步整村拆迁"，这为我提供了一个观察拆迁与社会秩序关系的长视角。拆迁所带来的影响，在整本书中会被不断提及。作为当下最热门的社会话题之一，行政力和经济力所形成的合力——拆迁，是外在的建构性秩序力进驻乡村的最强势行动之一。拆迁所引发的矛盾冲突，大致可以被分为两个层面：一是在国家—家庭之间；二是在家庭内部。2017年，与水村2、3、5组拆迁基本同时，水村所在镇街的老街区块也在拆迁，兄弟之间为了争夺父母的分房指标而拳脚相加的，大有人在。相比于城镇居民，水村农民之间兄弟成家之后就分家清楚，对父母的养老责任清晰，以及农民的拆迁政策更为优惠，这是水村拆迁纠纷少的客观原因。但是，拆迁过程中的"情谊"也值得被说道：

> 国明是难得的算能说会道的村民。他父亲早年去世，国明还有个哥哥，母亲户口一直跟着大哥。拆迁之前，哥哥主动向国明提出："到时候老妈的80个平方，我们兄弟俩各40个分开。"国明却有自己的想法："母亲在，是我们的福气。母亲的拆迁房，让她自己拿；母亲的拆迁款，让她自己开销。等到母亲百年了，房产我们两兄弟再商量！"国明常挂在嘴上的一句话是："兄弟之间何必分得这么清楚呢？"这句话在提醒自己，也在提醒哥哥。比起拆迁利益，兄弟情谊虽然"不值钱"，但还是照样有人将其视若珍宝。

中国人向来"安土重迁"，这是乡土情怀最踏实的落脚点。正如传统社会中，"中国人的地域观念和彼此之间的地域联系非常强烈和紧密。因此，当新的家庭建立时，他们总是将房子盖在离所分化出来的'老家'最近的周围地方"。[1] 情怀可以理解为一种地域联系的安全感，这种安全感的丢失，使得老年人成为拆迁中最难以重新适应的人群。老人对"老宅"的万般不舍，绝对不只是对于"老房子住得宽敞"的满足，一遇到拆迁，老人们确实有一大堆"生活难题"：在农村，儿子们都比邻建房，"拆迁了，两个儿子分开租房，我到底是跟谁去住""住进商品房，等于被关进了鸡笼""老头子的遗像要是跟着去出租房，是带不进去的"……

① 何天爵：《真正的中国佬》，鞠方安译，光明日报出版社，1998，第61页。

但是,在现代社会,"择利舍义"是更为普遍的处事原则。这种"安土重迁"的乡土情怀与拆迁收益一比较,往往就变得一文不值。老一辈在谈论征用款时,总是喜欢将现在由拆迁带来的殷实生活与过去的苦日子比较:"那个时候,每天割草、放羊,起早摸黑,还天天吃不饱饭,借'储备粮',现在呢?存折里都有几百万元,谁能够想得到?"拆迁后,当日子重新安定,老人们会拉着我的手,絮絮叨叨地夸耀:"商品房到底是好,一进门,脱掉鞋,清清爽爽。"从大房子搬进商品房,很多家庭放弃了原来"世代同堂"的居住模式,"隔代分开住"成为越来越多水村拆迁户的选择。在经历了最初的不适应之后,父母与子女之间也开始觉得这更加自由,也乐得自在,"不住在一起了,隔三岔五见面还愈发亲热""前两天,我孙子捧着大西瓜来看我们,那个西瓜啊,大得我搬都搬不动"……拆迁带来了生活的巨变,但生活终究会归入平淡;拆迁带来了生活的波澜,但终究没有引发秩序波动的洪流。

关于国家—家庭之间的关系,老百姓对于两者势力不均衡的事实倒看得一清二楚:"国家要拆,又有什么办法呢?"事实上,从"暴力拆迁"到"文明拆迁"的转变,是维持当下村庄秩序的一个重要保证。"文明拆迁"并不是一句空头白话,一部分说的就是实实在在的利益保障。水村老百姓都能算得清一笔"拆迁账":依照水村所在区的征用政策估算,一套宅基地上的自建房一旦被征用,征用款大致在200万元。"一般靠上班的,拆迁的几百万,一辈子都赚不回来,靠征用才能讨上老婆的,大有人在。"每个农民可以获得80平方米的安置面积,独生子女按照双人头安置。以5口之家为例来核算,通过拆迁至少可以获得400平方米的安置面积。如果按照1.5万元/米2的市场价估算,扣除购买安置面积(按照1500元/米2左右的价格内购)的款项,还多有结余。也就是说,农户可以用一幢已经建了二三十年的老房子,换得几套商品房和100万元左右的现金。中国农民习惯一辈子省吃俭用,造房子讨老婆，而现在对于水村农民来说，拆迁不仅让他们省下了重建房子的钱，安置房拿到手之后，除一两套自住，空余的房子还能有租房收益。更为重要的是，相比于无法在市场上买卖的自建房，三证齐全的安置房让农民的房产也成了可交易的"资产"。建构性力量主导的拆迁，为村民带来了眼下的即刻收益。

（二）拆迁之下的阴阳矛盾

在水村，拆迁以及快速的城市化进程并没有引致太大的矛盾和冲突，村庄对于市场的冲击、行政力的外来建构多以积极的态度容纳、迎合，甚至在善加利用中获益颇丰，新旧生产方式、生活方式之间的转换带来了村庄的活力与繁荣。拆迁之下的社会秩序如此平顺，让我颇感意外。但是，在田野中，除了听到拆迁户们对于富足生活的夸耀，"祖未得敬""魂不得安"的各种"担忧"也越来越多地被听闻。神鬼世界的失序，又反映了怎样的社会现实？

根据在云南楚雄地区的调查，缪格勒（Eric Mueggler）认为："大跃进"时期的经历成为塑造彝族今天仪式实践的根本力量。改革开放以来，当地人举行大量仪式，送走亡灵，重建社区秩序。[①] 受到这样的思路启发，我开始思考：在平稳的拆迁过程中，会不会仍然有长久以来都没有得到化解的紧张关系，隐而未发？"鬼神叨扰"所表现出来的不适应，是不是盘踞于水村周围、藏匿于水村人欲念之中的某种现实？当拆迁的利益成为多数水村人的选择之时，拆迁所引发的社会不安定因素似乎选择了通过阴阳矛盾显现，并继续体现着"趋利避害"的自然选择原则。

"中国人的信仰中有许多内容令人难以理解，但就其祖先崇拜而言有一点却是非常清楚的。这就是，它表明中国人的确相信人死后其灵魂依然存

---

① Eric Mueggler, *The Age of Wild Ghosts: Memory, Violence, and Place in Southwest China* , Berkeley：University of California Press ,2001.

在。这种信仰观念使中国人在其他事情上的做法得到了解释，并使人们知道他们那普遍盛行的祖先崇拜是出于必然的需要而不是无意识的选择。"[1] 祖先崇拜，即祭祖，尤其是冬至祭祖在水村向来隆重。乡下人常说"有钱冬至夜，没钱冻一夜"，这是因为人们相信，祭祀时所烧的纸钱会以某种无法解释的神秘方式在阴曹地府转换成那里的硬通货，祖先们就是以它进行日常的开销。如果没有那些供品，它们便无法安然度过冬至。祖上与后代建构着一个互利共赢的共同体，如果祖先无法在阴界殷实生活，子孙的生活自然无法顺达。毫无疑问，直到今天，这些观点仍然具有生命力，激励着绝大多数包括水村人在内的中国人一丝不苟、乐此不疲地照做，即使是那少数几位在外地工作的本地人，也要在这天特地赶回来，妥善履行完冬至祭祖的事宜后，再匆匆赶回工作的城市。

对于祖先的殷勤也如现实生活中那样，是需要竞争的。"乡下人有儿子女儿的，因为有些女儿也要去娘家扫墓的，所以家里的儿子要提前一天祭，怕好运给女儿家抢走了。"这种竞争也存在于兄弟之间："弟兄多么，都是中午晚上分开祭的，要不然阿太们来不及吃。我公公有四兄弟，所以我们都分开祭的。"祭祖过程中所不允许的行为都通过"禁忌"表现出来："这碗缺口了不能放供桌上""菜的左右摆放也有讲究的""蜡烛点亮了就说明'阿太们'已经上桌吃饭了，这时候凳子是不能碰、不能再移动的""乡下冬至去上坟，还要带稻草。冬天了放点稻草在上面暖和一点啊"。在现代化的条件下，大部分年轻人也都清楚家里的仪式禁忌，一些观念是如此根深蒂固。

拆迁让祭祀祖先遇到了新问题。以前，村民世世代代都居住在祖宅中，少有迁动，祖先回来享用祭品的地方，就是他生前生活的地方。祖先是认路

---

[1] 何天爵：《真正的中国佬》，鞠方安译，光明日报出版社，1998，第92~93页。

的。即使水村人搬到了新的住所，"落叶归根"的乡土观念仍然指导着现实生活中的仪式操作："祭祖我们回老家做的，那里我爷爷奶奶住过。我们搬新家后，也在新家里祭拜过我爷爷奶奶，也跟他们说过，这里是新家，要回这里来的。但是，新家我爷爷奶奶不认识啊！一直摸不着路。上次我妈问了菩萨，到墓前做也是可以的。下次我们就打算直接去我爷爷奶奶墓前祭了。"

拆迁让祖宅不复存在，不仅生者需要适应这种改变，这也涉及如何更好地安顿逝者的问题。水村老百姓遵循着生活的改变，对很多祭祖方式进行了非常灵活的调整，比如越来越多的人去公墓过冬至。"我婆婆说他们以前不去墓地的，都是在家里请阿太们吃饭。后来不是很多地方都拆迁了，租在别人家房子里，祭祖总是不方便，所以现在冬至跟清明节，大家差不多都去公墓了。家里没有的吃么就去公墓给他们吃啊。"

水村人依旧相信，死去的人的灵魂依然游荡在他们原来住处周围，并将其视为自己的领地，拥有绝对话语权。就如现实世界中，租客获得房东允许才能居住其内一样，房东的祖先也有权力表示允许或否定，其表现方式就是"相安无事"或"降临灾祸"。对于诸类不顺，老百姓有自己的办法应对与破解。乡间灵媒指导的一套做法逐渐流行："准备双份祭品，先给房子的主人——东家阿太享用祭品，东家阿太'吃人的嘴短'，就会放租客阿太进来享用子孙的祭品。"这与现实生活中寻求通融的方法无异。由此，在实现了拆迁对物质追求的平衡后，水村人通过"阴阳调和"也实现了一种精神上的平衡与安慰。

二　从"两头结婚"看家庭层面的社会秩序

分析中国社会秩序，家庭是一个非常重要而且必要的观察对象。不仅因为从各个社会来看，"社会分子的新陈代谢都是维持社会结构完整和绵续的机构，抚育孩子不是一件个人可以随意取舍的私事，而是有关社会生产和安全的工作"。① 而且，家族制度在中国社会制度中更有其特殊性。传统乡村社会秩序是以家庭为单位来衡量其生命价值和社会文化意义的。"传统中国把社会关系归纳为五种，即君臣、父子、昆弟、夫妇、朋友。在这五种关系中，三种是家庭关系，另两种虽不是家庭关系，却也可以看成是家庭关系的延伸。譬如君臣关系，被看成是父子关系；朋友则被看作是兄弟关系。"② 这就是说，在传统中国社会中，家庭关系以及由家庭关系产生的价值扩展到社会的各个层面。甚至，无论是生产还是生活的社会安排，都遵循着家本位的原则。③因此，家庭作为最小的社会组织，社会秩序在此缩小至个人生活的最私密角落，但也可以被扩展到整个社会层面加以讨论。在水村，家庭制度的最特殊之处是流行着一种不同于单系婚姻、生育的安排——夫妻"两头结婚"、孩子"两头姓"。

（一）婚姻制度："两头婚"

关于婚姻家庭制度，费老很早就谈到过单系、双系的抚育安排对于社会秩序的影响。"为了社会秩序和社会团结，社会继替不能不从单系，可是为了双系抚育中所养成的感情联系，单系继替也永不能彻底。因之，在我们亲属体系中虽不能抹煞父母的任何一系，但也永远不会双系并重的，于是形成了单系偏重的形式。在财产私有制的社会里，这些是社会结构上的普遍特征。"④因为"社会的秩序和团结也永远受到继替作用的威胁，社会上许多纠纷就出于这个抚育和继替的矛盾上"。⑤ 单系婚姻的必然性不仅在于控制资源上的

① 费孝通：《生育制度》，商务印书馆，1999，第80页。
② 冯友兰：《中国哲学简史》，赵复三译，民主与建设出版社，2017，第17页。
③ 梁漱溟：《中国文化要义》，学林出版社，1987。
④ 费孝通：《生育制度》，商务印书馆，1999，第198页。
⑤ 费孝通：《生育制度》，商务印书馆，1999，第196页。

稳定性最强，在文化的名义上也最具稳定性。中国社会就是典型的父系、随父居与父权的单系婚姻、生养安排的社会，"伦理关系是以父子关系为'主轴'而展开出去的，所有在这伦常关系中的人的行为都以父子关系为准则"。①

但是，中国在 20 世纪七八十年代开始严格推行"一夫一妻一子"的生育制度，对婚嫁距离及婚嫁模式产生了重大的影响。独生子女政策，让水村独女户家庭的"传宗接代"变得普遍困难，甚至面临"绝后"困境。在传统时期，强烈的传宗接代、延续香火观念，构成了中国农民的终极价值关怀，构成了他们的人生目标和最为深沉的生活动力，构成了农民的生命意义，最终构成了他们安身立命的基础。面对西方的个体主义价值观汹涌进入农村，贺雪峰断言："今天，来自农民的理念没有了，接续子孙传宗接代的理念被宣传为一种错误，留下来的，只有农民为现世生活的努力，只有享乐主义和消费主义可以平息心中涌动的无根感。"② 但在水村，人们当然首先关心自己活得好不好；同时，"失地农民养老保险"让农民领取养老金，养老不再全靠养儿，这在政策上缓解了"传宗接代"社会安排的必然性。但是，"传宗接代"的"落后观念"并未就此被村民抛弃，在自己这一代完成祖宗与子孙的接续，仍被水村人当作这一辈子必须完成的事情。

计划生育导致家庭的顺畅延续在此出现了一个漏洞（独女户），为了让生活顺利地继续，村民就得设法打一个"补丁"。传统的解决策略是招赘，是以"单系"替换的方式来解决独女户所面临的尴尬社会境况。毕竟，"单系嗣续密切相关于世代间地位、权力、职位、及财产传递的性质。在社会继替作用中，秩

81

---

① 李亦园：《文化与行为》，转引自金耀基《从传统到现代》（第一卷），法律出版社，2010，第 31 页。
② 贺雪峰：《新乡土中国》，北京大学出版社，2013，第 77 页。

序和简明是维持社会团结的重要条件"。① 但是，独女户也有现实困难：当地男方家庭也基本是独子，加上经济条件的改善，"家贫子壮则出赘"的情况越来越少，在本地人中招赘几乎变得不可能。而且"总体上来讲，独户招赘婚的稳定性较嫁娶婚要低很多，原因在于，在父权制的主流家庭化下，'招婿'这样的身份在文化上面临着尴尬的身份认同，并且招赘婚在实际操作中一般也都伴有婚前协议，这些协议的履行靠的是传统乡村社会的礼俗与个人的诚信"。② 水村人也担心"'招赘''倒插门'，最后很可能会竹篮子打水，人财两空"。

于是，面对外在行政建构性力量主导的"计划生育"政策对内生性秩序的破坏，水村开始流行用夫妻"两头结婚"这种双系婚姻制度来调节社会安排。"两头婚"，也称为"并家婚"，或者"两家并并"。"两头婚"的通常做法是：男女双方结婚，男方不说娶，女方不说嫁，男女双方家中各自装修新房；婚后，小家庭在双方父母家轮流居住；愿意生两个孩子的，男女双方经协商，各有一个小孩跟其姓；夫妻有义务赡养双方父母，也有权利继承双方财产；称谓上，夫妻的子女称双方长辈为"爷爷奶奶"，从此再无"外公外婆"。事实上，这样一种双系婚姻安排并非水村所独有，"两头婚"虽然并未在全国范围内取得普遍认可，但这种"两头走"的婚姻习俗已有很长的历史，古时称"两头挂花幡"。当下，除了浙北，这种婚姻形式也在中国大范围内的小区域——苏南、江汉平原等地越来越流行。

在《生育制度》中，费孝通介绍了"三灯火煌""红丝牵经""转米囤""牵蚕花磨"，以及祭祖、拜天地等宗教性的结婚仪式，以说明两性—个人关

---

① 费孝通：《生育制度》，商务印书馆，1999，第 193 页。
② 黄亚慧：《独生子女家庭的资源稀缺性与婚姻形式》，《广东工业大学学报》（社会科学版）2012 年第 4 期。

系如何转变为社会举动，可见人类在文化上不得不费一番苦心。① 同样，为了追求"两头婚"的社会认可及其合理性，在仪式安排上，当地人也是做足了功夫，费尽心思：男方不提彩礼，女方不置办嫁妆；各办喜宴——各有一天新郎与新娘互相迎娶；两边都要举行"拜堂"仪式……当然，上述具体的结婚形式在各个家庭会有差异。因为"两头婚"的一个非常大的特点，即从婚姻的缔结到日常生活的安排都表现出很强的协商性，所有这些安排都十分灵活，甚至被认为"没有统一的规定"。但是，不管是何种婚姻形式，仪式细节上有一点仍然在延续单系偏重："不管是嫁娶婚还是两头婚，婚烛不能点两边"的规定，一直被水乡人反复强调。这是从单系偏重向双系继替的转变过程中，被普遍保留的单系制度安排。

对于"两头婚"，精明的水村人不仅有"传宗接代"的价值追求，而且为了满足"女儿在身边"的情感陪伴需要，更有对"是招赘还是'两家并并'"的经济算计——这是更现实的经济考虑。将女儿嫁出去，资产很可能被男方家庭控制，这是独女户的最大担忧："如果不是姓自己的，就等于征用掉的房子，这么多家产，白白地给外姓人了。"在家产的归属问题上，两家本地人的结合则被视为"强强联合"。而且，"两头婚"的安排也意味着节省了大笔人情往来开支：两头结婚，就等于女儿扮演了儿子的角色，父母与女儿不分家，这意味着所有的人情开支只要出一份……水村人在婚姻家庭问题上的实用主义，体现了民间"智慧"对于社会秩序的合理安排。正如前文所述，水村在拆迁过程中不仅表现出较强的集体稳定性，在家庭、婚姻形式这一较为私人化的层面上，这种集体稳定性仍在延续，社会秩序通过较为普遍的"两头婚""两头姓"的双系安排争取了稳定。

---

① 费孝通：《生育制度》，商务印书馆，1999，第78~79页。

有学者认为，"并家婚"是本地人面临尴尬处境、在双方僵持的局面下，无力左右局面时的无奈之举。的确，招赘或"并家婚"都在一定程度上与传统的嫁娶婚相背离，是对主流的婚姻形式与内容发起的挑战，并更改了父系家庭制度的某些重要内容，如单系继嗣、从夫居与随父姓等。[①] 而我认为，在主观态度上，作为"两家并一家"这样一种双方妥协的做法，双系婚姻及养育安排是水村村民对于建构性力量之下婚姻安排的一种主动争取，而不是被动接受。近些年"两头婚"在当地流行开来，甚至成为当地小区域的主流婚姻形式，"80 后"及"90 后"们有 70%~80% 的人选择这种婚育形式。随着"两头婚"在村中的流行，对于独女户选择"两头婚"的社会认同也在不断加强。在这里，"嫁出去的女儿不再是泼出去的水""女儿，不管是嫁出去的，还是两头结婚，你父母在的，那还是算一户的。喝龙舟酒，嫁出去的女儿也可以回来的""女婿也可以跟儿子一样划龙舟，这些都不再有什么区别"。

（二）生育制度："两头姓"

儒家价值在民间最典型的存在，就是以"孝道"为核心的家庭价值，通过日常生活和各种仪式活动得以体现。不同于基督教徒将神圣性托付于跟上帝的关系，中国人将个体生命与家族命运的延续结合在一起，个体生命有限，家族功业无涯。沿袭传统儒教"慎终追远"的祖先崇拜传统在现代社会仍然以各种方式为民众所实践。子嗣继承之所以重要，是因为中国人有"延续香火""开枝散叶"的说法，个体通过成立家庭，诞下子嗣，实现代际的传承与香火的延续。而其中，"姓氏"是"香火"延续的最有力证明。

[①] 黄亚慧：《外来青年在苏南农村婚姻市场中的地位——文化分析的视角》，《理论与现代化》2015 年第 2 期。

对于姓氏嗣续这一单系安排，水村人协商出了"两头姓"的双系生育安排予以应对。所谓"两头姓"是夫妻生育两个孩子，根据婚前协议，一个孩子跟父亲姓，另一个孩子跟母亲姓。水村三里埭自然村许姑父家的独女就是"两头婚"，婚前，许家与其亲家"开诚布公"地协商：将来出生的两个孩子不管男女，第一个孩子跟着女方姓"许"，第二个孩子跟着男方姓"汪"。但在外人看来，许家的"两头婚"并不典型，甚至可以称为"入赘"：因为女婿不是本地人，户口都已经迁入了许家。这样看来，出生的孩子理当先为女方"传宗接代"。但是，婚前关于孩子姓氏安排的口头协议在婚后还是被"篡改"了：大孙子是随女婿姓了"汪"，小孙女姓"许"。在其他水村人看来，"许家吃了大亏了"。

85

面对外人对于许家"两头姓"被"临时变卦"的传言，许姑父显然承受着不小的舆论压力。"隔壁邻居问我，这样你们肯的啊，"姑父也有些无奈，"我老婆想不开，你知道我爸怎么说吗？他说，你真的同意姓他们（指孙女婿）那边吗？不对的呀，断种了！"对于老父亲的不理解，他有一套"完美"说辞加以宽慰："我跟我爸说，你要老派，我就跟你说老派的事情。我们生下女儿，已经算断代了。原来的时候，造谱，两代之间，都是用红线相连的。但是，你这户人家，如果是生了女儿，女婿入赘的，就是挂绿线了，绿线已经断代了。按照老底子的做法，他入赘进来了，他姓汪都是不对的，要改姓许的。我跟老爷子说，你还有什么办法呢？"的确，即使水村老一辈有强烈的生育意愿，但并未转化成将直接带来冲突的超生实践。但"只有一个女儿"，也成了"许姑父们"一辈子的遗憾。

"文革"之后，"许氏族谱"并未被重修，但大曾孙不再随自己姓"许"，许家人的墓碑上，后世如何留名？这是老爷子更现实的担忧。姑父继续解释："哎呀，现在墓碑没有姓了，只要名就可以了。你看呀，墓碑上，儿子、媳妇、女儿、女婿，这么摆上。之后，这么下来，阿琴（女儿），下来之后，生两个好，还是生三个好，这么排过去。没有姓了，只要名就可以了。"但是，老爷子继续纠结说："毕竟是姓汪的了。"姑父只能继续安慰："那我这么说，小孩现在还小，他以后长大了，拿着元宝到你坟上大把大把地烧，很尽力地拜，然后说，这是许家烧给你的元宝，这是汪家烧给你的元宝。两家烧给你还不够？就算他们以后到美国去了，还是汪家和许家的血脉。""然后，我爸说，好像也是对的。"

作为家里的当家人，许姑父并不是如那些顽固老派那样只是单方面地考虑如何"传宗接代"。作为父母，他显然更多地顾及女儿女婿的现世幸福。相比于当下生活的幸福与否，因传统观念作茧自缚并不明智："其实，在我大脑中，人的名字真的只是符号。只要女儿和女婿过得好，这是做大人的开心。如果姓氏都归你，到了晚上，小夫妻在吵架，闹离婚，婚姻不幸福，那有什么意思呢？做大人，巴不得小孩好。做大人的，也要体谅小孩的。我是想做父母的应该尽量满足他们的要求，如果即使这样，他们两个还是不和，那就不能怪我了。这一点我是看得很重的。"不能回避的是，在子嗣继承的问题上，两家人一直有磕磕绊绊，但从当下的处理结果看，水村人给予了自己充分的理解和说服。这是对生活无奈的妥协，但这种主动的妥协对于矛盾的处理是有效而平稳的。

通过对"拆迁的利益选择与矛盾彰显""双系婚育制度安排"的观察，前文分别对村庄、家庭两个层面的秩序予以铺开，我希望在此对水村的整体社会秩序予以小结。正如前文一直强调的，社会秩序是社会科学最重要的论题之一，但是，秩序不等同于稳定。"稳定是被动的，秩序则是主动的；稳定是静态的，秩序则是动态的；稳定往往是与活力矛盾的，而秩序则是与活力兼容的。"① 在水村，我们可以看到，不管是村庄层面、组织层面还是家庭层面，因为现代化变迁，人们总是会因为生活环境、生活条件的改变遇上各种不顺心、不适应的事，水村社会的整体秩序就是在各种矛盾的处理中得以勾勒的：虽然拆迁进程平顺，但是，拆迁所引发的"祖不得敬""魂不得安"仍然是现实矛盾的折射，民间信仰所提供的一套解释和做法对此给予了有效应对；通过双系的婚姻制度安排，水村人延续着"传宗接代"的传统观念，成功化解了独生子女政策的影响，虽然在这个过程中也不乏如许家这样的无奈。

由此可见，内生性秩序力对于社会整体秩序的支持模式，并没有随着现代城市化进程的推进而逐渐变得松散无力。日常生活中社会秩序的"乱与不乱"与世道的"变与不变"有关，又无关。有关，是因为社会秩序必然会受到"世道"这一整体社会环境"变"的干扰；无关，是因为在"变"的环境中，人们总是能够通过自我调节以维持社会秩序中各个要素的稳定，达到一种相对平衡的稳定状态。现代水乡社会生活中有着明显的传统遗留，表现在乡村气质向城市气质转变的过程中，夹杂着水乡地方特色的一种"城—乡混合"的状态。水村人有足够的智慧、忍耐力和自我安慰精神来化解生活所出的各种难题，使水村秩序延续着一贯性。更不用说，这些所谓的"难题"，可能只是研究者一厢情愿的理论预设。

---

① 笑蜀：《用新的思维重建社会秩序——孙立平访谈录》，《南方周末》2007年12月13日。

由于经济上的独立，在日常生活中，邻里之间不再需要互相依靠，不再需要互相借酱油或借钱了。换言之，互相信赖，互相感谢的关系不复存在。互相分担悲伤和分享快乐的机会也逐渐消失了。当感到拘束或腻烦时，独处的情绪就会占据主导地位。在这样的时代风潮中，孩子们逐渐不再一起玩耍。同样地，父母们也越来越不擅于和邻居们交流。想交朋友的不仅仅是孩子们，其实，为了保持一种更好的精神状态，大人也需要有亲切的、可以互相分享快乐分担悲伤的邻居。

——佐佐木正美，『关注孩子的目光』

Rural Society

of Water Village

第四章　乡村组织：内生性秩序力的运行载体

▲图 4-1：老邻居偶遇。图中的房屋已经被征用，人去楼空，自然村村民分居各处，难得见面。初一回村庙烧香，路上碰到以前的邻居，驻足攀谈。（拍摄：赵春兰）

▲图 4-2: "小端午"祭龙王。"小端午"龙舟赛结束之后,每个自然村都要举行"谢龙王"仪式。(拍摄: 倪明伟)

▲图 4-3: 村庙日常。初一、十五的村庙,老人们骑着三轮车早早地来庙里转转。(拍摄: 赵春兰)

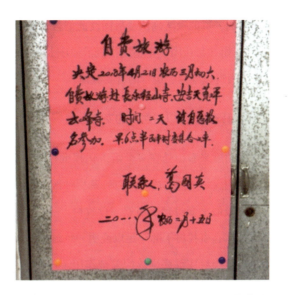

▲图4-4: 敬香团告示。张贴在甘甜庙门口的敬香通知。没有旅费说明、没有具体行程、没有其他很多关键信息。但这丝毫没有影响出行当天两辆大巴车92人的敬香团顺利出行。（拍摄: 赵春兰 ）

在第一章已有说明,"内生性秩序力"这个抽象概念可以被进一步分解为三个可观察的具体方面——乡村组织、乡风民俗、乡土观念。在本章以及接下来的第五、六章中,这三个方面将被分别论述。对于乡村组织的观察,多数村庄个案研究报告会以行政村所划定的界限为基础展开调查和分析,但需要说明的是,本书并没有将地域约束于行政村这一级别,而是选择了自然村、村庙、"林里姐妹帮帮团"这三个看似没有严格层级关系的组织作为观察对象:先是下到行政村之内关注更小的自然村;继而跳出行政村,通过观察村庙来考察略超整村层面的联系;而"林里姐妹帮帮团"则是水村秩序在村庄外部的一种延展。为什么它们被认为是观察内生性秩序力的十分合适的对象? 这些传统组织都是严格意义上的村民自组织,它们规定了交往的界限,并不断通过各种自传统而来的一贯的做法确认、巩固彼此"自己人"的关系。因此，自然村、村庙、"林里姐妹帮帮团"完整地代表了村庄上下、内外不同的联结层次，是内生性秩序力得以维续、运行的首要载体。

一　乡村运行的基础网络：以自然村的交往为例

从社区的组织化角度来看，处在一个组织化程度较高的全国性政治结构之下的中国农村，再加上"并村撤村"的落实，基层社区的关注点由"自然村"上升为"行政村"一级似乎变得理所当然。行政村，一直是以外部角度看待乡村的一个标准级别，"有事找村干部"足以说明一旦村庄秩序偏离正常轨道，行政村及其村委会对整个村庄秩序维续的关键作用。这一范围选定也反映在相关的学术研究中，中国农村研究多从围绕"自然村"的叙述扩大到"行政村"观察的转变。在建构性秩序力的强势驱动下，在社会整合机制方面，连接社会的纽带从自然纽带向人工纽带转变，行政村之内的其他组织往往会被视而不见，这从基层研究中多强调"居委会（村委会也是同理）这样一个组织而不是社区本身"的研究思路偏差中可以间接看到，[①] 但实际上，社区维续的因素更多被保留在自然村中。

"自然村"是一个学术专用词，它并不出现在今天百姓的日常用语中，乡民更习惯称呼"自然村"为"小队"（人民公社时期）或者"小组"（家庭联产承包责任制之后）。自然村常常是经过了单姓或杂姓的几代人分家之后所聚集的独立家庭集合。当然，"独立"具有相对性，"经济上他们变独立了，这就是说，他们各有一份财产，各有一个炉灶。但是，各种社会义务仍然把他

---

① 转引自桂勇《城市"社区"是否可能？——关于农村邻里空间与城市邻里空间的比较分析》，《贵州师范大学学报》（社会科学版）2005 年第 6 期。

们联系在一起，他们经常在生产生活上互相帮助，关系十分密切"。[①] 这种聚族而居，或者是两三个姓氏杂居的现象，是水村中自然村内的普遍居住形式。乡村社会秩序就是在自然村这样一个被滕尼斯称为"天然的共同体"的空间中得以维续的。自然村（小队、小组）内以及各自然村间的联系，仍是行政权力管理全村内外事务的组织基础，仍然是村庄范围内日常秩序的运行依托。

（一）自然村内的邻里情谊与矛盾化解

"作为熟人社会的乡村则是一个命运共同体。在这个共同体中，在共同的信仰、价值观的支撑下，人们分享生活的利益，也分担生活的不幸。"[②] 正如前文介绍水村背景时所言，传统水村正是这样一个血缘共同体—地缘共同体—精神共同体的结合体，是一个典型的熟人社会。共同体内"感情"建立的基础，首先在于物质生活上的互通有无，这是村中人与人之间最基本的相处之道。在这里，我愿意首先聊聊这个"情"字。虽然这个"情"字在大多数大场景叙述中常被忽视得看不到任何踪影，但最为乡下人看重。邻里情谊从何处来？古华在《芙蓉镇》开篇那段关于街坊邻里交往的描述可谓"经典"：

> 一年四时八节，镇上居民讲人缘，有互赠吃食的习惯。农历三月三做清明花粑子，四月八蒸莳田米粉肉，五月端午包糯米粽子，喝雄黄艾酒，六月六谁家院里的梨瓜、菜瓜熟得早，七月七早禾尝心，八月中秋家做土家饼，九月重阳柿果下树，金秋十月娶亲嫁女，腊月初八制"腊八豆"，十二月二十三日送灶王爷上天……构成家家户户吃食果品的原料虽然大同小异，但一经巧媳妇们配上各种做料做将出来，样式家家不同，味道

---

① 费孝通：《江村经济》，江苏人民出版社，1986，第59页。
② 岳永逸：《行好：乡土的逻辑与庙会》，浙江大学出版社，2014，第178页。

各个有别，最乐意街坊邻居品尝之后夸赞几句，就像在暗中做着民间副食品展览、色香味品（评）比一般。便是平常日子，谁家吃个有眼珠子、脚爪子的荤腥，也一定不忘夹给隔壁娃儿三块两块，由着娃儿高高兴兴地回家去向父母亲炫耀自己碗里的收获。饭后，做娘的必得牵了娃儿过来坐坐，嘴里尽管拉扯说些旁的事，那神色却是完完全全的道谢。①

这是一个多么平常的邻里交往场景，只是芙蓉镇换成了水村，"花粑子""米粉肉""土家饼""腊八豆"换成了"南瓜饼""立夏饭""乌米饭""柿饼""鱼干"……在水村尚未拆迁的几个自然村中，我们还可以看到沿河而建的一排排"土别墅"，以及其间孩子在各家串门玩耍的热闹场景。贺雪峰曾经讨论村庄的内生秩序，他把内生秩序定义为村民个体之间的联系，认为强社会关联可以由深刻的社区记忆、频繁的人情往来产生。② 无论是孩童还是大人，他们就是在邻里最日常的沟通、交流、互赠有无所产生的人际关系中获得了社会交往的满足。

自然村情谊不仅在于日常交往的帮衬与互通有无之中，每一个水村人的人生大事——婚丧嫁娶，同自然村的人也都会参与其中。2018 年立秋，水村 12 组阿耀的父亲过世（去世）。虽然口信还被保留，但人们也在积极利用现代信息手段勾连相互的联系。户主们都收到了一条短信："阿耀父亲过世（去世），请大家现在到会所（会所是高层安置房建成之后，专门给拆迁户举办筵席的配套场所）白事点帮忙。"而这条消息也同时出现在了 12 组的微信群里，微信群里的成员更多的是家里的年轻人。不论是那些还没被征用土地依然聚

---

① 古华：《芙蓉镇》，人民文学出版社，2015，第 2 页。
② 贺雪峰、仝志辉：《论村庄社会关联——兼论村庄秩序的社会基础》，《中国社会科学》2002 年第 3 期。

族而居的自然村，还是那些已经被征用了土地在高层散居的自然村，都仍是一个共同体，边界清晰，责任明确。这种责任首先体现在：不管水村谁家办事，同组人都是要赶来帮忙的。

在办事之前，东家是否需要到各家各户去请求帮忙，是依红白事而有所区分的。就像阿耀家的白事一出，同组人会自发前去帮忙；若遇到喜事，东家则需要做出正式的邀请。与往常的婚丧嫁娶一样，这回阿耀的父亲去世，金爸从上海赶回来，"既然东家叫了，总是要去的。不去的话，东家肯定会多想的，这就是不给人家面子"。虽然长年在上海工作，同（自然）村的人如果有各种大小事，他每次都得赶回来参加。不管是主动前去还是受邀前往，"每家必须去一个人"，这是一种责任；"每家只能去一个人"，这是对东家邀请的回应。对于邻里的参与与出力，东家在事后还要隆重举办"谢事酒"，准备好烟好酒作为答谢。这不仅是众人评价东家在此次大事中礼数是否周全的标准，而且这种评价会延续很多年，甚至会成为该户在乡里口碑好坏的重要依据。人生仪式的邀请、受邀与参与，不仅是村里人证明自己是否归属共同体的最好机会，水村人也会举出许多例子强调：多年前因生活矛盾争吵而不搭话的邻居，常常会借助这样的机会寻求冰释前嫌。

虽然在婚丧嫁娶中村庄共同体意义上的封闭、紧密与内聚的关系在现代社会中延续，但传统社会的文化场域在当下的农村社会的确已经越来越松散，甚至可以说，农民对自然村这一共同体的依附很多时候仅仅是象征性的。前几年，金爸总是被宴席的"临时主管"派到各家各户借长条凳、圆台面、大小方桌……除了人要去帮忙，每家每户也都有出借碗碟桌椅的义务。近几年，由于市场化进程加快，桌椅租赁生意在农村市场越来越兴旺，婚丧嫁娶的"一条龙"服务在农村越来越流行。只要肯出钱，就会有专业的服务队伍把红白事办得妥妥帖帖，完全可以减少甚至是不需要自然村成员的协助。因此，自然村内的互相帮忙越来越在象征意义上被保留：妇女们只需要帮着理菜、洗碗碟，男人们帮着上菜、搬桌椅……

其中的交往、交流和互惠已经退居其次，但是，社会交往的规定本质并没有改变。至今水村仍保留着"婚丧嫁娶，同组人每家每户派人头"的规矩，让村里人都有了参与彼此人生大事的机会，这使得现代水村人在追求个人主义的同时，并没有完全脱离家庭、邻里、村落共同体而成为"单个的人"。自然村就像一张散开的人际关系网，以血缘、地缘关系为纽带，以亲情、乡情关系为依托建构起了社会联系。从更现实的角度来看，这种社会联系无法被轻易取消，是因为无论是东家还是客家，无法也绝不愿意承担被说三道四的舆论压力。人与人交往的各种规定，即使是象征性的，于可预见的未来，也并不会在水村社会消失。

（二）散居的同组人与未解散的共同体

"邻里是在村庄里共同生活的普遍的特性。在那里，居所相近，村庄里共同的田野或者仅仅有农田划分你我之边界，引起人们无数的接触，相互习惯，互相十分熟悉；也使得必须有共同的劳动、秩序与行政管理……"[1] 在拆迁之后，水村自然村原来作为地缘共同体在空间交往上的便利性不再：摇号安置之后，原来的"聚族而居"变成了"高层散居"，住在隔壁的不再是自己的兄弟，对门往往是同一个拆迁项目附近村庄的村民，抑或是租客。如水村一样的城郊拆迁村，是否仍可以以"共同体"来描述？这一问题的答案变得不再如此明确。

---

[1]　费迪南·滕尼斯：《共同体与社会——纯粹社会学的基本概念》，林荣远译，商务印书馆，1999，第53页。

实际上，要回答"已经住进高层，缺少自然村落聚居格局的村民是不是共同体"的这个问题，既需要从理论上提出判断共同体的准则又需要有足够的经验证据的支持。共同体的准则有两条——一是"实际的"，二是"想象的"。在实际利益共享层面，未解散的共同体体现在契约之利方面。如果从经济利益角度考量，当下村庄"共同体"的概念在是否共享利益方面，甚至比以往任何时候都要清晰：由于城市拓展的需要，如水村一样的城郊村的土地急剧增值，村小组的集体土地享有自主经营权，自然村成为一个经济共同体，组长对组内的资产管理负有重大责任；虽然组员在拆迁后散居高层，但是，以"自然村"（村民小组）为基础的组织框架未变，其仍是各类农村事务的行事基础——经济共同体内，诸如年底分红、失地农民养老保险的购买名额等各项权利行使、利益分配都强调主体是集体成员。而除了出生、婚嫁，要想成为"组里人"几乎没有可能……有学者称之为"利益性内聚"："以村籍为边界的高收入、高福利强化了村民的内在认同……这里的村籍身份不仅不具有传统意义上次于市民身份的内涵，而且还有一种优越于周边市民的象征。"[1]而在"想象的"共同体方面，抑或是通过信息技术组建的"虚拟的组"，自然村作为共同体也还是明确的。

阮家畈是水村尚未被整组拆迁的仅剩的三个自然村之一：没有被拆迁的8户，还留在原址；而被拆迁的15户被安置到了新高层农居点。邻居散居四处，居住空间的变化，首先带来了邻里关系的变化。拆迁之后，邻里之间串门不再像往日那样稀松平常，每次见面都多了一份对彼此近况的关心与问候。美姨与阿华都是水村阮家畈（自然村）的居民，阿华家被拆迁，安置在高层农居点，而美姨家则还在老宅基地上生活。临近中午，阿华会骑着摩托车来

99

---

① 周大鸣：《中国乡村都市化再研究：珠江三角洲的透视》，社会科学文献出版社，2015，第18页。

美姨家串门。邻里之间的互动与联系既是互惠和信任的载体，也是农村社区共同体赖以存在的基础。

> "你妈最近身体怎么样了？"美姨问。
>
> 阿华很无奈地答道："不太好！"
>
> "现在都走不下来了吧？"

美姨之所以这样关心，是因为拆迁前，家家户户都是落地的自建房，门口就是道地（晒谷场），老人在家或者出门溜达，都有宽敞的地方。不消说，老房子敞亮、舒坦、自由。阿华抽签抽到的安置房在 17 层高楼的 4 楼，阿华的母亲总是喊着被关进了"鸡笼"，即使有电梯，进出还是不方便。

> "走还是能走下来。我昨天还扶她下楼在小区里转了一圈。但下楼了，也没地方可去啊！"
>
> "90 多了吧？年纪大了，还是要小心，最怕摔着了。"美姨关切地叮嘱。

在传统乡村社会中，最稀松平常的"串门"具有很强的社会学意义，它意味着社会资本的产生。简·雅各布斯（Jane Jacobs）在 20 世纪 60 年代，用社会资本来称赞美国现代都市里的邻里关系，[1] 在这里，社会资本所具有的正面意义首先在于它"是社区前进车轮的润滑剂，在人们能够相互信任、以及在社会成员可以重复互动的地方，社会交往的成本降会大大降低"。[2] 事

---

[1] 简·雅各布斯：《美国大城市的死与生》，金衡山译，译林出版社，2006。

[2] 罗伯特·帕特南：《独自打保龄：美国社区的衰落与复兴》，刘波等译，中国政法大学出版社，2018，第 4 页。

实上，"社会资本"、"社会信任"与"邻里情谊"，按照中国学者的本土表述，就是长期以来，生活在乡村的农民以乡土为根基、以乡情为纽带形成的难以割舍的恋乡情结。恋乡情结不仅是指对土地的依赖，更是一种由人际网络所兜牢的生活支持。彼此熟悉所产生的亲密感觉是无言的、是契洽的，可以通过心理建设过程带来对于生活的持续安定感。

"没征用的时候，我们23户人家，都是在一起不分开的。小组里的事情，都是小组长一家一家跑过去的，很快的。"但是，比起以前同组人之间"抬头不见低头见"的情形，现在大家散居各处各楼，联系起来颇为不便——尽管"带口信"还是传递消息的主要方式，证明着熟人社会原有的社会结构依然健在。同时，随着互联网社交工具的普及，组里的人自发组建了微信群，"这样，住得七零八落的组里人至少有个地方可以聊聊天"，美姨的女儿阿兰是微信群群主，这是她建群的初衷。但是，这个自然村群的活跃度并不是很高，自然也没有引起我的过多关注。

某天，阿华特意过来要让美姨的女儿解决技术问题。"我找不到大家了！"阿华着急地说。在乡间的"熟人社会"中，大部分人都有对居住空间的强烈归属感，"我属于哪个村、哪个组"的意识是非常明确的。阿华换了个新手机，"阮家畈"组群却不知去了哪里。这让我突然意识到，可能对于那些有着二三十个群的年轻人来说，社会交往中有各种各样的社群——同学群、同事群、家族群、党员群、代购群……这些群满足了经济消费、文化娱乐、政治表达、情感表达等各种社会交往需求，而且是高度分化的。物质与精神需求更多地来自社区之外而不是社区之内，邻里关系也只是其中一个很小的部分，自然村的近邻群可有可无，有时甚至让人不堪其扰。但是，对于那些并没有太多在外关系的"阿华们"来说，阮家畈的群、邻里交往对他们的重要程度是完全不同的。

现代社会中，无论是现实还是虚拟世界，人们的活动空间不断扩大，社会交流日益频繁，所有的现代乡村都不可能再像传统社会中那样保持绝对的亲密无间、与世隔绝、排外的共同生活。社会成员已经突破了原有的狭小空间，实现了普遍化的社会交往。但是，对于大部分仍把农村视为生活重心的"阿华们"而言，邻里关系仍然是重要的交往网络与支持网络。"邻里这一狭小的空间范围内浓缩了居住、休闲、工作、经济合作、利益分配、社会交往等众多的功能。"[①] 正如我们在所分析的场景中看到的那样，与现代城里人不再喜欢麻烦别人不同，阿华并没有将请阿兰重新把自己拉进微信群视为给她"添麻烦"。事实上，村里人并不把相互的帮忙看作"麻烦"。毕竟"远亲不如近邻"，在传统社会关联主导的社区中，一旦因为"冷漠"而丢失邻里的"好口碑"是不小的损失。更何况，相互有了"麻烦"就有了交换，有了交换，就有了"人情"，而且在亲密的共同生活中，各人相互依赖的地方是多方面和长期的。"麻烦"所带来的另一个好处，就是村里人相互因为"麻烦"，即使居住的地缘联系已经被重组、隔离，彼此的联系也不会隔断。恩情，对于中国人来说，无论大小，都是要"报"的。遇到邻里之间鸡毛蒜皮带来的生活摩擦，村民总是会说，彼此的过往是如何相互帮衬的，想到"恩情"就不容易"记仇"，这时候矛盾就会自然而然化解，秩序也就被维持了下来。

　　"走了！"阿华起身告辞。他安心于重新回归了自然村的微信群——一个虚拟的共同体。

---

① 桂勇：《城市"社区"是否可能？——关于农村邻里空间与城市邻里空间的比较分析》，《贵州师范大学学报》（社会科学版）2005 年第 6 期。

"慢慢来,摩托车小心点开。"美姨还不忘提醒。

再回到"如水村一样的城郊拆迁村,是否仍可以被视为'共同体'"这个问题上来。拆迁最直接的影响就是对空间的重塑,虽然拆迁带来了地缘重组,但是"村里人"入住的农居点,与周边的新开发住宅区显然是不同的。开发商的住宅区内,来自全国各地的人一下子住进来,大家都在独立的名义下过着孤立的生活,邻里之间并没有习惯上的互相依赖、互相支持的关系,甚至"价格标签被贴在不同的人群身上,每一个按照价格被分离出来的人群生活在对周边城市日益增长的怀疑和对峙中"。[1] 相比之下,在散居的高层之中,居住者之间的关系远未如此原子化,村民世代积攒下来的关联还在继续,村民依然相信并习惯于彼此的支持。虽然,相较于过往的"实质性"支持,如今的相互依赖更倾向于仪式性的、象征性的。在韦伯(Max Weber)看来,共同体与社会的区别似乎并不在于社会结合方式,而主要在于参与者的主观感受:"参与者主观感受到的(感情的或传统的)共同属于一个整体的感觉,这时的社会,就应当称为'共同体'。"[2] 由此可以判断,如水村一样的城郊拆迁村作为一个共同体仍然没有解散。

二 整村联系的加持:以村庙日常为例

在社会组织结构中,民间信仰在传统中国社区的组织和生活中起着举足轻重的作用。在韦伯看来,中国村庄自治组织多以村庙为聚集点,其职责囊括修路、疏浚、防卫、治安、办学、诊治、丧葬诸事。[3] 事实上,根据杜赞

---

① 简·雅各布斯:《美国大城市的死与生》,金衡山译,译林出版社,2006,第3页。
② 马克斯·韦伯:《社会学的基本概念》,胡景北译,上海人民出版社,2000,第62页。
③ 马克斯·韦伯:《中国的宗教:儒教与道教》,康乐、简惠美译,广西师范大学出版社,2010。

奇（Prasenjit Duara）的观察，直到晚清时期，许多村庄除了以村庙为中心的宗教组织，再无其他全村性的组织。在庙会、公共危机时的宗教仪式以及节日场合的集体庆典中，民间信仰的基本功能就是提供一个可以超越经济利益、阶级地位和社会背景的集体象征，为把众多个体联合成一个社区创造条件。因而，来自生活各个阶层的人们可以在社区中凝结成一个多元的群体，其背后是共同的乡土和广为接受的信仰。[①]

村庙甘甜庙是全村性的代表性组织，也是我观察水村社会的一个中心点。甘甜庙的神域范围并不仅限于水村的行政区域，其"佑下"还包括隔壁两个行政村的九曲湾和干家塘两个自然村。神域范围的确认并不是一个完全关于信仰的主观问题，也有其客观依据，其中最明显的有两条：其一，是否有参与庙堂事务的义务，如每月农历初一、十五是否需要轮流到甘甜庙帮忙；其二，是否有得到护佑的权利，如村里人过世后是否能通过甘甜庙完成"报庙"，也就是甘甜庙是否能成为其灵魂顺利进入阴间的关口和通道？对于自己是不是"庙里人"，老百姓是一清二楚的。原本，"同亲属关系一起，民间宗教为中国社会提供了一种重要的社会资本"，[②] 但在宗族文化并未恢复的水村，村庙其实是代替了宗祠，扮演着一个大家长的角色。1999 年 5 月，水村人自发筹资复建村庙，村里人试图将革命时代被冲散的大家庭逐渐找回。

（一）一庙之主

1. 庙里的主神

同任何民间信仰场所一样，甘甜庙供奉着各路佛教、道教，以及民众

---

① 范丽珠：《公益活动与中国乡村社会资源》，《社会》2006 年第 5 期。
② 卢云峰：《宗教为中国提供了重要的社会资本——访美国波士顿大学人类学系主任魏乐博教授》，《中国民族报·宗教版》2008 年 9 月 19 日。

自己所创造的神仙。这种情况，"越在基层乡村，越芜杂混乱，人们也不以为怪"。[①] 如何给如此众多且来源各异的菩萨排行？杜赞奇在讨论关公地位的文章中，引用过这样一个问答：

"哪个地方更高，土地庙还是关帝庙？"

"关帝庙更高。土地只管本村的事。而关帝是个大人物，不只是管本村的事。他不光是这个村子的神。"[②]

对于菩萨的位置高低，水村人也有自己的排列逻辑。其中关于观音菩萨与灶王爷的辈分关系，水村人有一段十分有趣的解说："虽然'灶王爷'这个名号是观音娘娘封的，但是，灶王爷的确是观音娘娘的老爹。观音娘娘知道她家这个老头子贪吃，就说，那就做个灶头上的神仙吧，别人烧什么东西，你总是有的吃的。"在乡民观念中，那些在佛教或道教的宗教系统中位列谱系高位的神明虽然可敬但并不可亲，他们都是乡里人从外面请来的客，与他们的生活息息相关的各位"俗神"才是村庙里位置更高的主神。

主神，即"当家神"，是与地方文化有特别联系的甘甜庙自己的神祇。一些底层的、地方性的神，在此享受着特别崇高的地位，乡民将其视为"自己人"。我们从腊八节的一则"小插曲"就可以看出主神是如何被特别优待的。某年因为第一碗腊八粥供给了观音菩萨，莲花婆婆连连责怪："你们这批小的，真是不懂事！甘甜庙，甘甜庙，当家菩萨当然是甘甜菩萨。你们腊八粥烧好，第一碗不供给甘甜菩萨尝尝，罪过罪过。"旁边 50 多岁的，也已经是奶奶

① 赵世瑜：《狂欢与日常：明清以来的庙会与民间社会》，北京大学出版社，2017，第 47 页。
② 杜赞奇：《刻划标志：中国战神关帝的神话》，载韦思谛编《中国大众宗教》，陈仲丹译，江苏人民出版社，2006，第 103 页。

级别的阿姨们，像犯了错的孩子般讨饶："菩萨莫怪、菩萨莫怪，我们小辈不懂事。"

这里，"一个或多个地方保护神，作为集体的象征，对这些神灵的崇拜仪式成为社区宗教生活的中心"。[①] 村庙作为全村的宗教场所，"报庙"的功能是村里老人最在意的。何谓"报庙"？水村人介绍："就是人去世后，要到庙里来绕一下。"为什么要进庙呢？"好比是，人出生后，要报个户口，要登记，否则就是黑户口；人去了以后，也要到阴间登记，相当于去阴间地府报个名。报庙，就是说上路了，到阴间报到去了。"报庙的社会意义在于：逝者在村庙中完成阴阳间的合法身份转化，社会秩序不仅要在阳间保持稳定，也需要在阴间保持稳定。革命年代的疾风暴雨，让甘甜庙被毁，这是中国乡间小庙的普遍命运。"报庙"无处可去，引起了百姓的不安。实际上，主神与其"佑下"之间的权利义务关系是对等的：通过与超越人类的力量打交道，主神对村民有庇佑保护的职责；同样，当主神流浪四方，难寻栖身之所时，村民对主神同样负有保护责任。

"庙被拆了，庙里的菩萨没地方去，一直住在寡山上，孤苦伶仃！"莲花婆婆是庙里的"老人"，她总是喜欢与人絮叨甘甜菩萨如何流落在外，又如何被他们千辛万苦接回庙里的往事："那个时候甘甜庙还没有在这里重新建起来，但是我早就开始初一、十五来这里上香、烧元宝了。我是知道的，甘甜菩萨喜欢这里，已经在这里住下了。你想，要不然阿水家，儿子多，想买这块地造房子，为什么4个风水先生来看，都看不上，说这块地不合适呢？""还有可怜的甘甜娘娘，也要去接回来的。我们跟学校（庙堂旧址上建的学校）的人说好了，你们门不要锁好，我们五更要来接菩萨的。"村庙的重建动力来源

---

① 杨庆堃：《中国社会中的宗教：宗教的现代社会功能及其历史因素之研究》，范丽珠等译，上海人民出版社，2007，第86页。

于民众对于"知恩图报"的道德认识，基于甘甜菩萨和甘甜娘娘是"自己人"的关系界定，根植于人和社会组织通过神与人合理关系的再确认。

这种拟亲属关系也因为甘甜菩萨的"外漂寄生"经历而有所延伸。在2018年，邻村的梧桐小庙因为拆迁被合并到了梧桐寺（开放性佛教寺庙），甘甜庙的主事们应邀朝贺，庙里人跟我这样介绍："甘甜菩萨当年曾被寄放在梧桐小庙，梧桐小庙就是甘甜菩萨的舅舅家。这回搬家了，是应该去喝酒的。"这是一种集体期待，是一种延迟的互惠性关系。梁永佳用"朝贺"关系来概括：邻村有义务以客人身份参加本村庙宇的庆典。此时，本村信众会通过"服侍香火"替神灵做"主人"，但他们一定要向外人强调：你们不是我们的客人，而是神灵的客人。[①]

2. 庙里的主人

国英是"民间信仰登记编号证书"官方指定的负责人，我在人群里常常能听到这样的评论："国英这个带头人，精忠报国""国英这个头带得好，后面的人跟得牢"。一开始，我将国英看作甘甜庙的女主人，将甘甜庙视为"国英的庙"。我一度认为，没有这个"女主人"的允许，我将无法进入村庙这个"田野现场"。我费尽心思找中间人，想方设法争取到去庙里做帮工的机会，我想当然地认为，在这个空间里的所作所为，都必须经过国英的同意；我想当然地以为，所有庙里的人、庙里的事、庙里的物，都应该在一个精明的乡村能人的统筹下才能够有效运转。这不是现代组织应有的特征吗？但实际上，更准确的描述应该是，国英是主人之一，但绝对不是唯一的主人；甘甜庙是"国英的庙"，但更是大家的庙。确切地说，国英的角色是"当家人"，而不是庙

---

① 梁永佳：《地域的等级——一个大理村镇的仪式与文化》，社会科学文献出版社，2005，第90页。

堂的主人。庙堂的主人是全体水村人，这一点在村里是十分清楚的。

庙里的初一、十五，村民以自然村为基础单位轮流来帮忙，云凤湾、九曲湾、高地上、阮家畈、阮家田畈……各组轮流。除此之外，村民也会以各自的方式——不是直接的钱款，而是庙堂日常所缺的及时补充——来供养庙堂：斋菜里的青菜和芋艿是农户从家里拿来的；碗筷都是百姓捐助的，新的旧的、大的小的，甚至都能从不同种类的锅碗瓢盆中看到庙堂各个时期的印记；乡民的自建房被征用了，多出来的柴火，一车车地往庙里搬；快过年了，三婶把家里的破衣服撕成条，扎了把拖把，来庙里拖地，"自己的家里要清扫干净了过新年，庙堂里的菩萨也要干干净净过年"；洪发伯每次都早早地来到庙里，不管轮到哪个小组，煮饭这件事情总是他来干，其他人择菜、烧水、劈柴，各司其职……

事实上，只需要对村庙日常进行最基本的考察，我们就可以十分自信地得出这样的结论：虽然地方性民间信仰的经验性活动千差万别，但村民作为主人，以自组织—扁平化的形式参与了村庙的日常管理，往往十分高效。在这个过程中，虽然也有非体制精英的领导，但对于什么时间、做什么事情、怎样做一件事情、由谁来做这件事情等问题，大家都是心知肚明的，不需要太多地过问。没有人指手画脚，没有明确的组织结构是因为不需要组织结构。事实上，民间组织中的高效率早已获得研究者的重视与认可："寺院和民间社区的祭祀仪式都是与以家庭和乡村生活的秩序为基础的组织、结构相关的，根据家庭和寺院的传统，他们精心地安排各种计划，组织各种活动。"[①]

与制度性宗教十分不同的是，传统社会的民间宗教虽从未有形式上的"入

---

① 杨庆堃：《中国社会中的宗教：宗教的现代社会功能及其历史因素之研究》，范丽珠等译，上海人民出版社，2007，第13页。

教"要求，但是庙堂内外人的身份界限、责任区分是十分清楚的。从我作为甘甜庙"客人"的角色体验中，我们就更能够理解：为什么说生于斯、长于斯的村民会自然地与该村宗教传统和发展责任融为一体。农历除夕前的一个星期，是甘甜庙"分岁"的日子。在庙里蹲点大半年，我不再把甘甜庙当作一个陌生地，我搁下包，套上皮手套，开始洗碗、洗菜。不仅是我已经将自己归为与其他村民一样的"庙堂人"，大家也不再像一开始那样，因为"陌生"而"客套"，在干活时与我谦让。甚至很多外村人都已经把我看作水村人，会对我说："你们水村……""你们甘甜庙……"。正当我也把自己看作与其他人一样的"自己人"时，我又很敏锐地发现：一个非水村人要想成为真正的"庙堂人"几乎是不可能的。水村人会以"主人"的口吻感激道："辛苦你这个客人了""你真是个大好人，还到我们的庙里来帮忙"……不仅主客体的称谓区分未发生转变，在这期间我也一直受到"客人"的优待：在"老玉皇"的生日筵席上，虽然没有设人情台账，大家都心知肚明有送礼的义务，但是，国英却坚持不肯收我的"礼"。显然，她把我当作客人，我与"老玉皇"、与甘甜庙并没有固定权责关系，也就没有送礼的义务了。

与我苦心经营却始终无法改变与庙堂的主客关系形成对比的，是好友阿阮的经历。村庙与村里人因天然关系形成的联结，就算年轻人再无视，它也是如此牢固地存在：阿阮是水村人，但她从小就搬离水村居住，也几乎不踏入村庙。但只要报名是"兆云的孙女"，大家就都不再多问什么，自然地将她视为"自己人"。庙，是水村人的庙，乡土性的水村社会仍然是一个亲密社会，村庙里的水村人之间都是知根知底的、来路清晰的，这是一种建立在天然联系之上因曾经或现在的共同生活产生的彼此熟悉。因地缘而结合起来的一个共同体，无论村民是否意识到，无论年轻村民是否积极参与，这个共同体就是这样的存在。

村庙共同体的界限明晰可辨,让我这个"外人"无法成为庙堂"主人"之一。但村庙实践并不排外,我在村庙里的融入足以说明民间信仰的包容性:里面的人迈不出,但外面的人走得进。用更为社会学的话语表达则是:内聚性与外联性兼具。内聚性与外联性是普特南启用"社会资本"概念时的重要区分:内聚性社会资本,又称为黏合性社会资本,有助于加强特定的互惠原则和成员间的团结;外联性社会资本,即连接性社会网络,能够更好地连接外部的资产。[①]"黏合性社会资本可以称为一种社会学意义上的超级强力胶。这种社会资本创造出一种组织内部的忠诚感,但也可能会导致成员对外界的敌意,因此,这种社会资本的负面作用也会比较普遍。无论如何,很多情况下,两种社会资本都能够产生积极的影响。"[②]正如范丽珠团队对于浙南温州地区宗族回归的考察分析所言:"新的生活形态没有导致宗族结构中'内聚性'的全部消失,而对于宗族和宗族共同体的责任则促使了人们对于'外联性'的拓展。"[③]在甘甜庙内,我们也能观察到极为类似的情况,内聚性和外联性是可以同时加强的,这是水村健康社会得以维系的重要基石。

(二)村庙内的公共生活

甘甜庙除了雅名——"甘甜古社",在铁门右边的围墙上,还有一块铜牌,上面刻着"水村老年俱乐部"。高丙中提出"双名制"概念,认为河北范庄一处庙宇的地方名称和正式名称体现了民间力量在公共事务领域中的一种政治

[①] 参见魏乐博、范丽珠等《对话宗教与社会资本》,《世界宗教文化》2011年第5期;范丽珠、陈纳、赵文词《传统的遗失与复归——温州南部乡村宗族传统的田野研究》,载魏乐博、范丽珠主编《江南地区的宗教与公共生活》,上海人民出版社,2015,第59页。

[②] 罗伯特·帕特南:《独自打保龄:美国社区的衰落与复兴》,刘波等译,中国政法大学出版社,2018,第12页。

[③] 范丽珠、陈纳、赵文词:《传统的遗失与复归——温州南部乡村宗族传统的田野研究》,载魏乐博、范丽珠主编《江南地区的宗教与公共生活》,上海人民出版社,2015,第59页。

艺术。[1] 虽然很多学者认为，村庙很流行打"老年活动中心"的招牌，这是民间信仰恢复的一个有用的策略，但在水村，这并不是一种政治艺术，社会活动中心甚于宗教中心，是对甘甜庙现实情况更为贴切的定位。作为社会学意义上的公共空间，这里参照曹海林的界定，将它"作为社会内部业已存在着的一些具有某种公共性且以特定空间相对固定下来的社会关联形式和人际交往结构方式"。[2]

老年人喜欢去庙堂，甘甜庙香火旺盛，这首先要依靠对"神迹"的回忆来巩固。

> 蜢将菩萨，7 岁孩童，每年出会的。传说，他是九曲湾人，看到蚱蜢吃稻谷，就去抓虫。蚱蜢一跳，他一扑；蚱蜢一跳，他一扑；到了河沿上，蚱蜢再一跳，跳进了河里，他一扑，也扑进了河里，就淹死了。也因为这样，他成菩萨了。

水村百姓为了纪念这位神灵，为其塑金身，并称之为"蜢将菩萨"。为了颂扬他的功德，甘甜庙每年农历七月初七都会举办大型出会。

> 我们小时候，1936 年、1937 年、1938 年，看到过出会。出会过后，人群散去，然后都会下瓢泼大雨，然后，蚱蜢就全死了。所以是很灵验的，老百姓都很相信的。

---

[1] 高丙中：《一座博物馆—庙宇建筑的民族志——论成为政治艺术的双名制》，《社会学研究》2006 年第 1 期。

[2] 曹海林：《村落公共空间与村庄秩序基础的生成——兼论改革前后乡村社会秩序的演变轨迹》，《人文杂志》2004 年第 6 期。

蟒将菩萨与甘甜菩萨一起成为社区守护神。

对于蟒将菩萨是否真的灵验，水村人大多会表示："说我信呢，我又不是全信；说我不信呢，我又有一半信。"当农作物由农药保护而不再依靠农业保护神时，蟒将菩萨保护农业生产的责任不再。事实上，人们对于所信奉的神灵到底能起什么样的作用，并没有十分理性的追究。如在二月初八——释迦牟尼出家日，即使是被大家认为最有文化的庙里的"笔杆子"，还有"二把手"喜根，都只知道这天是菩萨生日。很多的信息都在表达着：烧香拜佛的宗教信仰功能已经非常弱化。那么在信仰之外，是什么让村民愿意来村庙？在中国文化的氛围中，"宗教参与的头等标准不一定是相信，而是归属一个社区"。① 归属，代表的是一种社会交往的需要。在对中国北方社会的民间信仰考察过后，范丽珠等对民间信仰中人们对神灵"浅尝辄止"的信奉有过说明："人们相信神灵是真实存在，也相信他们会显灵，但并不会从神学的角度深究下去。与这些神灵有关的传说故事帮助人们理解它们在满足现实生活中的诉求时所能发挥的特殊作用。在这里，传说故事与仪式紧密相连。而在人们的心目中，对神灵的信仰仅仅为仪式提供了一种正当性，并不存在一个脱离仪式行为的，仅仅涉及神学和理念的独立空间。"②

所以，在水村，村庙更像是一个社会生活的中心而不是宗教生活的中心。③ 村庙真是一个社会交往的热闹场所：天气好的时候，老太太们就坐在右翼念经堂外晒太阳，拿着麦秆念佛经，或者折些元宝，闲聊各种话题；在前院里，老爷子们坐在条凳上随意聊天、抽烟；在斋堂里，有两桌老头，每

---

① Vincent Goossaert, "Religious Traditions, Communities and Institutions," in David A. Palmer, Glenn Shive, and Philip L. Wickeri, eds.,*Chinese Religious Life* ,Oxford: Oxford University Press, 2011, p.172.

② 范丽珠、欧大年：《中国北方农村社会的民间信仰》，上海人民出版社，2013，第142页。

③ 刘铁梁：《作为公共生活的乡村庙会》，《民间文化》2001年第1期。

次都是才早上 9 点，他们就已经拖出方桌和长条凳，开始打纸牌，一边还在念叨"菩萨莫怪，小赌怡情"；每次桌子旁边都能吸引两大圈人围观，总是有那么一两个轮不到上桌的"老赌精"手痒、口痒，忍不住要"指点江山"；旁边另一张方桌上放着一台小影碟机，播放越剧《梁山伯与祝英台》《五女拜寿》与其他名剧，虽不擅长表演，但是听戏一直是水村人悠然自得的享受方式……村庙如此实实在在地成为一个百姓自组织的老年活动中心。

赵旭东在南庄的研究表明：改革开放以后恢复的村庙，不仅是村庙仪式的演练场，而且是村里一块重要的公共场所。在这里，人们既可以交流日常生活的经验，也可以讨论对生老病死的个人理解，更可以对时下的村政提出批评。[①] 而在水村拆迁之后，当其他的公共空间不存在，或暂时不存在时，村庙作为日常生活交流的公共空间属性更加凸显。拆迁后，每个月初一、十五，村庙成为村民得以定期重新聚集的地方。葛大爷显然是更加享受当下小区生活带来的舒适："小区总是好的，清爽。想出去了，门一锁，就出门了。洗的都是热水，用的都是天然气。天然气常年供应的，不像以前在老屋里，煤气用完了还要换。"虽然住在小区舒服，但是小区里的人是来自各个地方的"陌生人"，一些生活习惯的不一样也常常能成为"庙里人"的谈资："你知道小区里的城里人怎么打牌的吗？真是狗屁倒灶（意为小气，斤斤计较），一个人赢好了，马上不来了，换一个人来。打得实在是不过瘾。"于是,在小区里"憋坏"的老爷子们一到初一、十五，一大早便急匆匆往庙里赶，村庙所提供的更少变化的交往方式，无疑是老年人更为熟悉与适应的。

拆迁也为庙堂的发展带来了积极影响。这种影响不仅是经济支持上的显性体现，更重要的是，随着村里人在拆迁之后搬到村庄外面居住，传统上界

113

---

① 岳永逸：《灵验·磕头·传说：民众信仰的阴面和阳面》，生活·读书·新知三联书店，2010，第 267 页。

限清晰的村庙神域范围跨出了村落的地理空间界限。正如喜伯所言："我们甘甜庙管的地方更宽了。为什么？拆迁了，很多人搬出去住了，但是，不管他搬得多远，还是水村人，还得归甘甜庙管。"在主事们看来，村庙管辖的地理范围无疑是扩大了。但是从村庙活动的参与来说，拆迁带来的不利影响也很大。寿奶奶是拆迁户，房子拆迁后，跟着儿子、儿媳妇搬到了邻镇，她说："现在远了，过来一趟不容易。坐车到公交站，还有很长一段路要走。而且现在房子拆了，其他房子又建起来，变化太快，不认识了。"

三 现代性团体的内在依托：以"林里姐妹帮帮团"为例

"林里姐妹帮帮团"是水村的一个志愿组织，成员的年龄从 40 多岁到 70 多岁不等，每个星期天早上 6 点多，只要天气允许，水村女人们都会穿上荧光色志愿者马甲准时出现在水村村头，拿着钳子和红色水桶，沿着村道前行捡拾垃圾。"林里"微信群有成员 84 人，加上那些年纪大的不会使用微信的成员，组织人数在 120 人左右。水村的各个自然村几乎都有自己的小队伍和小队长，每周的活动以自然村为单位进行。从 2017 年"林里"成立伊始，志愿服务已经持续 2 年多。

这两年，水村附近其他村庄也跟风成立了"巧妇团""护村队"……但都只是徒有其名。以"巧妇团"为例，发起时有成员 30 余人，但在两次活动之后，其成员只剩不到五六人，其发起人尴尬地表示："再组织活动，我上哪里去喊人呢？"而在水村，村里人也想不通这群女人长年累月捡垃圾的傻劲从何而来？而我所疑惑的是：志愿服务精神真的已经深入乡间？从后文的分析中，我们可以看到，在"林里姐妹帮帮团"如此典型的妇女现代性公共参与中，领导人的组织魅力、妇女队员的参与动力，仍离不开内生性秩序力的支撑。事实上，"在我们自以为摆脱了传统纠缠的变革年代，自以为进入了一个全新时代的今天，猛然回头，历史依然在我们的身边，在我们的观念里，习惯行为里，甚至在用新的形式装潢起来的语言与制度里"。① 这又和后文中关于"敬香团""年糕节""性别观"等多个分主题的分析形成对照：不仅现有的传统组织中出现了很多现代资源和现代化践行方式，现代化的志愿组织也是基于传统联系的保持。

（一）组织：围绕亲缘、地缘、神缘的聚合

许姐姐是我在水村接触到的第一位"林里姐妹帮帮团"的志愿者，她是自己的自然村——太家庄小分队的队长。许姐姐经营着一家水管配件店，衣着时髦、精明能干，旁人很难猜到她的儿子已经在上大学，更难将这样的一个精致女人与环保志愿者钻进花丛、捡完垃圾出来后"蓬头垢面"的形象联系起来。后来我才慢慢了解到，在姐妹团里，像许姐姐这样的参与者并不能算意料之外，甚至以"亿"来计算身价的多个水村老板娘也都参与其中。林里姐妹的身份，成为穿越社会分层界线的统一媒介。当我问："为什么你们肯牺牲周末的时间，一大早起来去'捡垃圾'？"许姐姐不假思索地回答："国英有权威，大家信得过，就愿意跟她干。"

国英是"林里姐妹帮帮团"的发起人，也是我整个田野调查中最为核心的人物。国英在水村多项事务中扮演着领导角色：民间信仰场所甘甜庙的负责人、龙灯队幕后推手、敬香团组织者、三里堘自然村的妇女队长。但其中两个社会角色的冲突感格外强烈：国英是现代志愿团体的发起人，也是被"老玉皇"选中的"灵媒"。如此分属传统与现代的两个角色在同一个人身上集结，最初让我颇感意外。但其实，在西方，慈善事业是志愿服务的最初载体，而最初从事慈善事业的主要代表是宗教组织。由此，国英的宗教领袖身份与志

---

① 曹锦清：《黄河边的中国》（增补本），上海文艺出版社，2013，第24页。

愿团队领导者身份重叠，围绕宗教人物发展而来的乡间志愿者队伍，也就不足为奇了。

在现代乡村社会中，建立在家庭、亲属、邻里的共同生活基础之上的原生纽带仍然在起作用。很多"林里姐妹帮帮团"的成员不仅相互是邻居、亲戚，有着基于地缘、亲缘的密切联系，而且很多是"老玉皇"契子的母亲或祖母，她们自称和"老玉皇"是"老姐妹"。"老玉皇是国英的附体神，老玉皇塑好，有了正式的地方，国英才算安顿下来。"阿二师娘这样回忆道。她家在拆迁之前，与国英家同属一个自然村，国英高兴的时候，也和她的两个女儿一样，喊阿二师娘"老妈"，母女三人都是"帮帮团姐妹"。阿二师娘说："那个时候我们住得近，我记得'老玉皇'第一次过生日，那个时候'老玉皇'的道场还在国英家里，她叫我去帮忙，后来我们就一直有走动。等到甘甜庙弄好之后，你看到东侧那个观音菩萨旁边，不是有88个小观音吗？这些都是'老玉皇'的干儿子干女儿'坐'（募捐）的。那个时候我的大孙女儿体质不好，娇气，就过继给'老玉皇'。我们当时也去'坐'了个小观音。""老玉皇"的干儿子干女儿们到底有多少？阿二师娘说："那得有几百个了。每年农历三月十五，还有十二月十九，都是'老玉皇'诞辰，这些干儿子、干女儿都是有来往的，每次都得摆上四五十桌。"

国英凭何吸引大家参与到志愿组织中来？虽然未被挑明，但是，作为"灵媒"是国英的一个特别优势。国英擅长将层层关系相叠加，通过"老玉皇"，编织了一张私人的"拟亲属关系网"。虽然得到"老玉皇"神力护佑的是"松散的组织而且是非常地方性的团体，但它们提供了动员地方社会关系的具体网络"，[1] 正如许姐姐所言，"大多数参与'捡垃圾'的女人们最初是卖国英

---

[1] Robert Weller, "Civil Institutions and the State"，转引自范丽珠、James D. Whitehead、Evelyn Eaton Whitehead《当代世界宗教学》，时事出版社，2006，第166页。

面子，对国英'忠心'"。儒家强调的"忠"——至少在早期——只是臣子对国君的私人道德，依据的也是私人道德维系的差序格局，并首先关注私人间的道德。[1] 由此可见，姐妹团的内在联系还是以私人关系为基础的。这一志愿组织的联结仍然在费老所提的乡土中国人对世界的差序化理解之内。

周越（Adam Chau）关于陕北黑龙大王庙的精彩研究，揭示了庙宇重建的主持人如何尽力靠近国家范畴，最终使该庙宇获得了道教宗教场所的合法地位。[2] 显然，在本个案中，"美丽乡村"是被国英意识到并认为容易靠近的官方概念。国英说："我去年参观了这么多的美丽乡村示范点，怎么扣分，怎么加分，我都是清楚的。这就是我要组织姐妹帮帮团的原因。"国英毫无避讳地说："我是要把政府现在所倡导的'美丽庭院''环境保护'结合起来，然后再组织村里人捡垃圾、清河道。昨天政府让我录宣传片，我就说，'社会在进步、人生在发展，我们要尽自己的一份努力，为乡里干些好事'。如何把政府的想法和我们老百姓结合起来，大家都过得去，才好。"通过在现代社会发展的语境下的转化和利用，神缘联系与当下的政治和经济等各种因素得以配合。

"国家与这些重新崛起的地方势力、宗族势力在当地磨合，必须由这些能够在两边进行沟通的人操作。这些双面人可能受到某种势力的否定，也可能成为国家在地方上实行治理的依托。"[3] 作为乡间"灵媒"，国英是这类双面人的代表。但是，她们与正式精英相比，地位是特殊的，只是"另类权威"。所谓"另类"，是众人谈及她时，评价意见并不完全一致，有时甚至有鄙夷之感。但是，在现代乡村社会中，正式精英更多是"自顾自的""眼光向上的"，

---

① 苏力：《较真"差序格局"》，《北京大学学报》（哲学社会科学版）2017 年第 1 期。

② Adam Chau, *Miraculous Response:Doing Popular Religion in Contemporary China*, Stanford：Stanford University Press,2006.

③ 高丙中：《民间的仪式与国家的在场》，载郭于华主编《仪式与社会变迁》，社会科学文献出版社，2000，第 336 页。

与此相比，反倒是这些"另类权威"将更多心思和眼光放在了村庄本身。乡村中这些特殊的、非正规的领袖，利用乡村尚存的传统文化网络，迎合国家乡村治理的需要，完成外在秩序要求与内在秩序延续的结合。"灵媒"国英通过热心参与公益活动，扩大了其在水村一方的影响力，亦完成了华丽转身。

（二）参与：家庭主义的村内实践

"林里姐妹帮帮团"一直以"现代环保志愿团体"自诩，通过清理垃圾，达成保护环境的组织目标。但是，水村妇女的社会参与真的是对现代环保志愿服务精神的践行吗？当现代志愿服务精神甚至还未在水村受过高等教育的年轻一代中获得普遍认同时，40~70岁这个年龄段的农村妇女的知识结构中显然没有足够的关于"环境保护"的知识与意识。看似不容置疑的价值宣扬，其实遮盖了在乡村社会中社会组织的真实运作过程。

2018年的"五一劳动节"，国英召集了十多个"林里姐妹"到水村村域边界的02省道边捡拾垃圾。这块区域一直都不是各个小分队的包干区，但国英向其他人反复强调："都是水村的地方，我们都要来打扫的。"水村范围之内，是姐妹团一贯强调的地域界线。就现代慈善的发展趋势来说，"大范围的慈善活动大大增加，也就是说慈善活动希望能帮助更多需要帮助的人。而不仅是那些与施助者存在特殊的地域关系、亲属关系甚或是相同的宗教信仰的人"。[1] 这是当下志愿活动、慈善事业的一个突出变化。但是在此，"林里姐妹帮帮团"志愿服务的地域界线十分清晰——水村之内，受惠的对象也十分明确——仅是水村成员。因此，相较于服务陌生人的现代慈善与志愿服务，与其说"林里姐妹"的行动是在环保理念下的驱动，更确切地说，现代志愿

---

[1] 魏乐博、汪昱廷：《中国社会的宗教和公益》，《北京大学学报》（哲学社会科学版）2009年第4期。

团体中的行为仍是妇女更为传统的社会参与形式：水村妇女只是将对"家"的爱护责任，从私家领域外延到了家户之外、村庄之内。

从广义上来说，"志愿者是指那些具有志愿精神，能够主动承担社会责任而不计报酬的人，狭义上指通过社团、组织或机构参与社会事务，不计报酬地自愿承担社会责任的人"。[①] 真正的现代志愿组织的核心，是指没有任何附加条件的单纯付出行为，是基于志同道合的聚合。而在水村的"林里姐妹帮帮团"中，我仍认为成员并没有产生西方团体格局中的那种"笼罩性的道德观念"。从对田野的观察来看，水村妇女是求回报的，回报的方式并不是对于志愿服务精神实践后的满足，而是带有明显的工具理性色彩，也不能排除功利主义的嫌疑。

毋庸讳言，对物质实惠的期待是"林里姐妹帮帮团"能够一直保持活力的一个方面的原因。2017 年，水村所在镇政府组织"林里姐妹帮帮团"参观附近的"美丽乡村"；2018 年，志愿者队伍又有机会去乌镇参观。所谓的参观学习，不管是在"林里姐妹"还是团外的其他百姓看来，都是"公费旅游"的机会，是"公家"对水村妇女持续社会参与的一种回报。虽然这种回报和给予并不是确定的，但仍受到姐妹团成员的预判。这里，我绝不是说，参与志愿活动的水村女人们是"势利"的，事实上，上述的物质回报与她们的长年付出相比，真是微乎其微。与每年一次的"旅游"相比，有些回报方式更为日常与不经意。"余杭百姓日"当天，村干部为"林里姐妹帮帮团"预留了20 个帮忙名额，能来参加这样的村庄活动被视为一项"福利"：不仅可以看热闹，有饭吃，而且很可能是有报酬的。"村里干部让我们把名单统计上去。说是发不发钱，到时候看。"哪些人能被叫来帮忙？"是电话叫的，如果都叫，肯定

---

① 丁元竹、江汛清：《志愿活动研究：类型、评价与管理》，天津人民出版社，2001，第 2 页。

是叫不好了，人太多。"是否收到邀请来帮忙，是基于好人缘的选择，而参与公共事务无疑是积累好人缘的好机会。这种水村妇女所看重的"认可"方式，温和而隐晦。

2017 年的时候，国英获得了"街道最美妇女工作者"的荣誉，她还推荐其他 7 位团里的姐妹获得了"最美巾帼志愿者"的称号。"虽然没有什么好处，但是大家总归是高兴的"，国英还特别强调："如果今年再评奖，我要换几个人了。毕竟大家是要轮轮的。"只听说有"争荣誉"，这个"轮荣誉"的想法让我倍感新鲜，却也实实在在表明了国英在如何苦心经营。参加"林里姐妹帮帮团"，对于骨干们——小分队（自然村）的队长来说，也象征着荣誉，荣誉也是另一种回报。而对于其他普通的成员来说，"拆迁散居"之后，人们常常遗憾："高楼内，大家之间不再串门，现在见个面都难。""每个星期相约去捡垃圾，大家也算有个碰头的理由。"在团体维护的过程中，帮帮团的各个小分队常常自发组织聚餐。个人所得到的"实惠"，是一种交往的需要。

分析妇女志愿团体的回报期待可以发现一个矛盾而有趣的现象：妇女们知道有回报，这区别于纯粹的现代志愿服务精神；但是，这种回报是不明确的甚至是微不足道的，这又区别于理性人的算计。这恰好回应了上文中关于水村妇女参与的志愿服务的实质——一种家庭主义的村内实践，社区意识的自我维护。正如韦伯所言，社区意识唯独不是那种想把社会结合形式作为追求个人利益最大化的手段来利用的观念。[1] 在社区生活中，大量的根据直接收益加以解释的理性交换关系，将由人们之间以相互预期的行为为基础的持续关系来替代互惠，或者说普特南所特指的"普遍的互惠"是这种关系的最完整的体现。互惠不是一系列间断的交换，而更像是一段时间内连续的"交换"；

---

[1] 马克斯·韦伯：《社会学的基本概念》，胡景北译，上海人民出版社，2000。

它也不是相互之间明确的补偿，而是在相互期待基础上的应尽义务。在互惠关系中，每个人都为他人的福利做贡献，并期待他人也如此，但并不是完全有条件的对等补偿。[①] 期待"公费旅游"、被邀请参与暗含福利的其他村庄事务、获得荣誉、弥补日常交往的不足，这些都是水村妇女参与志愿团体的动机所在。这些与村庄事务紧密联系的、更为随意的"日常回报形式"，虽然缺乏明确的规则，通常是以"即兴""意外"的方式表示相互"关切"，却实实在在地维持了惯常秩序的通行。[②]

---

① 冯钢：《现代社区何以可能》，《浙江学刊》2002 年第 2 期。
② 汲喆：《礼物交换作为宗教生活的基本形式》，《社会学研究》2009 年第 3 期。

小时候，年糕是一曲「年年高」的童谣。

我在旁边咧嘴笑，邻里热情把客邀。

长大后，年糕是一顿暖融融的早点。

我在学堂把书念，你来做伴解温饱。

后来呀，年糕是一个沉甸甸的石臼。

我与亲邻抡捶腰，只叹青春岁月老。

而现在，年糕是一本写不完的书。

我在闲看童稚笑，风俗传承路遥遥。

——喻建松（水村村民），『年糕』（未刊稿）

Rural Society

of Water Village

第五章　乡风民俗：内生性秩序力的制度框架

▲图5-1:龙舟竞技。何母水乡，农历五月十三，"小端午"盛会，各村各组出船竞技现场。（拍摄：阮洪明）

▲图5-2：立夏称重。水村人至今仍保留给小儿"称重"的习俗。（拍摄：孙青）

　▲图5-3：七月三十"点岁烛"。地藏王菩萨生日，水村有"点岁烛"的习俗。曾祖母在烧纸钱，五岁的曾孙在一边为其"点岁烛"。代际延续的不仅是传统，更是平稳的乡村秩序。（拍摄：阮晓霁）

▲图5-4：年俗（一）。年俗节，杀年猪。（来源：水村所在镇街公众号——闲林发布）

▲图5-5：年俗（二）。年俗节，打年糕。（来源：水村所在镇街公众号——闲林发布）

　　听闻水村要拆迁，熟识的朋友托我问问能不能买到水村人家里的旧八仙桌。"毕竟以后安置都是商品房了，'笨重'的八仙桌总是不太适用的。"但是，当我向水村村民打听这事时，他们都说："八仙桌不能卖，旧的八仙桌最好也别买！"见我一脸疑惑，村民道出了其中的"讲究"："乡下人要祭祖，八仙桌不能丢，否则以后神仙来访、祖宗回家，坐哪里吃饭？旧的八仙桌——原来主人家老祖宗们吃过饭的桌子，新主人想祭祖，神仙、祖宗是上不了供桌的。"
这下我才明白，即使土地被征用、房屋拆迁，老百姓搬进了现代化高层公寓，
生活环境发生了变化，但是，一年四时八节围绕着八仙桌完成的各种仪式并
不会停止。八仙桌上各种"守时"民俗所串起的各方联系规定了秩序的一如
既往。

秩序就是人的"聚合"方式。如果说上一章关于"乡村组织"的讨论规
定了"聚合"的框架，那么，本章关于乡风民俗的讨论，则是填充了乡民"聚
合"的内容。节日是传统的最集中附着之处，一年四季轮回，水村人的各种
祭典可谓繁复。水村人向我细数各类民俗庆典：家内四大节——清明节、中
元节、冬至、年三十，少不了祭祖；按人的生命周期安排的各种庆祝，满月、
周岁、10周岁、16周岁、20周岁、30周岁、39周岁、50周岁、60周岁、
70大寿、80大寿……再加上"婚丧嫁娶"的人生大礼；已故先人的各期诞
辰与阴寿庆贺；这还没有算上各类国家"大节"和年轻人中间日益流行的"洋
节"……

本章中，对于作为传统资源的民俗活动的分析，并不面面俱到，甚至没
有将春节、中秋、清明这些中国人的"大节"包括其中，而只是选取了水乡
文化圈中三个小节庆："点岁烛""小端午""年糕节"。其中，"年糕节"甚至
只是水村的一个自然村——姚家头村村民自己新近创造的节日。借助对这三
个典型代表了村落地方性民俗传统节日的分析，本研究希望呈现乡风民俗如
何在现代社会中延续着仪式与价值，以及民俗如何适应时代的要求以寻求新
的改变。

一 乡风民俗的现代延续："点岁烛"与社区联结

"节日是决定社会价值的标志，因为节日庆典发挥了不断重申社区价值的功能。比如新年庆典强化了乐观、和睦以及美好愿望的道德价值。清明节的扫墓意味着对祖先供奉的责任。七夕是女孩们祈求今后婚姻幸福的日子。鬼节象征着社区对那些无后的孤魂野鬼有香火供奉的责任。"[1] 依照上述的意义找寻框架，"点岁烛"则是通过公共习俗重申与强化了"孝道"。这里的"孝"不仅是家庭私人层面的代际联系，在同一时间内公开的仪式活动也统合成了整个社区的价值宣扬。同时需要注意的是，"点岁烛"仪式又因为地方特殊性，在与外部产生区隔的同时反而强化了内部的价值认同。

129

（一）孝道的尊奉与传承

在水村，晚辈给长辈送月饼不是在农历八月十五——传统中秋节，而是在农历七月三十——地藏王菩萨生日这天，这是水村的"小中秋"。"小中秋"除了日期上与"大中秋"有所区别，意义基本上是一样的：追求阖家团圆的一种人伦境界。但是在水村，和月饼一同送来的，还有一篮子红香烛，当地人有"小中秋点岁烛"的习俗：从女儿出嫁那年开始，直到父母去世，年年都要"点岁烛"。老习俗有"一岁一烛"的说法，老人几岁，就要沿路点几支蜡烛。若家中没有女儿，就由出嫁的侄女、干女儿、孙女代替。

绝大多数中国人的祖先崇拜是被学者们普遍承认的中国宗教的"核心"。杨庆堃认为，"中国家庭生活中最重要的宗教内容还是祭祖，一种有助于中国社会基本单位——家庭整合和延续的仪式"。[2] 史华慈注意到在中华文明中

---

[1] 杨庆堃：《中国社会中的宗教：宗教的现代社会功能及其历史因素之研究》，范丽珠等译，上海人民出版社，2007，第99页。

[2] 杨庆堃：《中国社会中的宗教：宗教的现代社会功能及其历史因素之研究》，范丽珠等译，上海人民出版社，2007，第42页。

"我们称之为祖先崇拜无处不在",他提醒我们,祖先崇拜就是这个文化宗教整体的一部分。[1] 人类学家弗里德曼对中国东南地区的宗族组织进行考察研究后发现,不论是家户祭祀还是宗族的祠堂祭祀,都说明了东南地区汉人宗族的结构是根据祖先崇拜的仪式来界定的。[2] 以"孝道"为核心的家庭价值是作为大传统的儒学在民间最典型的存在,"孝"不仅通过日常生活中的照料服侍来实践,也需要通过各种仪式活动来体现。在传统的水村,社会对于"孝"有一整套更为完整的制度安排。但是,在祠堂改为公社、族谱化为灰烬之后,这些传统留存并未被重建、重修。全社区的活动,只有"点岁烛"被完完整整地延续了下来。

在漫长的历史进程中,透过民间组织活动,我们可以观察到各种带有宗教实践色彩的精神取向——祈祷、仪式以及道德表现。这种源远流长的文化取向在日益世俗化的现代社会显得更加有意义,故而我们将民间宗教的信仰部分视为中国文化的"共有的精神遗产"。[3] 现代社会里,传统祖先崇拜在国家层面通过法定的公共节日——清明节祭祖进行了统一安排;在民间层面,从北到南较为一致的是农历七月十五与冬至日祭祀祖先的活动……而在水村,作为孝道的践行方式,"点岁烛"被如此完整地保留下来。但是,我们细细体会就会发现,"点岁烛"所强调的祖先崇拜与上述的宗教仪式都有所不同。"点岁烛"对于祖先的崇拜与供奉,不是在其去世之后,而是强调一种现世主义、当下的表达。上座部佛教有这样的传统:子女要出家修行一段时间为在世的父母积德。在"点岁烛"中,我们也可以看到,子女对父母的供奉并不是在其"百

---

[1] Benjamin Schwartz, *The World of Thought in Ancient China*,Belknap Press,1985, p.20.

[2] 参见莫里斯·弗里德曼《中国东南的宗族组织》,刘晓春译,上海人民出版社,2000,第104页。

[3] 范丽珠、赵春兰:《作为民众生活方式的中国民间信仰》,载彭希哲、范丽珠主编《新时代中国特色社会主义的社会(发展)体系》,复旦大学出版社,2019。

年"之后，而是在生前就已经开始践行，实现了孝道的安排从今生向来生的
延续。

华琛（James L. Watson）曾强调："在这些仪式中，有一个非常重要的准
则去判断参与者是不是一个完全的'中国人'，这就是：参与者是否在认可的
次序下进行恰当的动作。换句话说，动作比信仰更重要。"[①] 的确，今天很多
水村人不会深知他们年复一年在照做的大多数习俗后面的意义，准确地说，
他们并不关心这些。他们只是说："老底子就是这样做的。"但在"点岁烛"的
仪式参与中，水村村民对意义的解释尤其充分，这是一个例外。村民们赋予
了"点岁烛"仪式丰富的解释内涵："点岁烛"是以佛教宣扬的"三世轮回"
的观念来指导对孝道的践行；给家里的老人"点岁烛"，一为沿路供奉地藏王
菩萨，二为期盼家中老人能长命百岁；"点岁烛"，也被称为"点长命烛"。

家庭成员们按照自己在家庭中的年龄、性别和地位，有秩序地参与仪
式。每个人都在仪式中扮演角色，这些角色转化将贯穿他们的一生。孩子
们兴奋地拿起蜡烛跟着大人，沿着道路两侧，点过文明桥、创新桥，一路
点到村庙甘甜庙。孩提时代，在夜幕之中，与家里长辈一起，挎着装满香
烛的竹篮，在烛光伴随之下一路前行，再到村庙的地藏王菩萨面前叩拜，
这几乎成了每一个水村孩子暑假里最深刻的记忆。所以，当水村年轻人被
问及关于水村的传统习俗时，"点岁烛"总是被提及最多，这就不足为奇了。
国学大师钱穆曾经在《灵魂与心》一书的序中这样描述他幼年时所生活的
乡村："余生乡村间，聚族而居。一村当近百家，皆同姓同族。婚丧喜庆，
必相会合，而丧葬尤严重，老幼毕集。岁时祭祀，祠堂坟墓，为人生一大
场合。长老传述祖先故事，又有各家非常奇怪之事，夏夜乘凉，冬晨曝阳，

131

① 华琛：《中国丧葬仪式的结构——基本形态、仪式次序、动作的首要性》，《历史人
　类学学刊》2003 年第 2 期。

述说无衰，遂告鬼世界与人世界，紧密相系，不可相割。"[①] 正是在仪式的参与过程中发展出来的价值观念，使孝道价值观完成了传承，让这个社会不断地绵延。说农村生活秩序是基于耳濡目染的自然生成，我想就是这个道理。如果在水村这个拆迁村庄这样的场面能够一直存在，就没有人需要再担心诸如传统民俗活动的代际传承问题。

（二）文化的统合与区隔

"社会秩序"与"社会的统一性"是一个话题的两种表述。关于中国社会的统一性，科大卫（David Faure）在否定了西方学者的三个方向——社会秩序源于政府控制、士绅阶层与朝廷联手、"公民社会"的讨论后，对于中国古代社会秩序的一致性，科大卫将其归因于共同的礼仪。[②] 礼仪在现代社会中，集中表现在民俗之中，这些重要的习俗是南北相通的礼节。虽然"点岁烛"是极小的地方性节日，但是在水村文化圈内，一致的传统习俗及其配套仪式，同样可以昭示水村这一小区域内的文化的高度统合性。这一统合性首先体现在同一时间段的家户仪式之中：晚饭后，水村家家户户都会在门前的晒谷场上各自举行祭拜仪式——八仙桌祭台朝南，上供月饼、水果、一杯绿茶、一杯净水。点上两对红烛，一对放在祭台上，意为敬天；一对放在祭台下，意为供地。成年男性在祭祀中履行类似神职人员的职责，带领全家人虔诚地叩拜。祭拜结束后，村民相信净水可明目，会将净水涂抹在眼睛上。各个家户各自分开的仪式，配合一套在水村人看来是正确的、标准化的仪式动作，这个过程就是一个水村文化的整合过程。

根据参与仪式的社会单位不同，王斯福（Stephan Feuchtwang）总结过四

---

① 钱穆：《灵魂与心》，广西师范大学出版社，2004，第1页。
② 科大卫：《明清社会和礼仪》，曾宪冠译，北京师范大学出版社，2016，第3页。

种民间仪式的特点，分别以"家""神的诞辰""最小地域社区""迎神"为中心，它们构成了两类互补的仪式空间体系。其中，以家为中心的年度仪式周期基本上在整个中华文化的各个角度都可以看到，它是"泛中国"的仪式体系，但它的社会单位是"家"，而不是"国"，因为仪式的参与者和仪式围绕的社会空间焦点均是以"户"为单位的"家"。其他的三类仪式则更多地表现为村落社区公共体的组织面貌。[①] 但是，杨庆堃的解释则完全不同，在他看来，同一时间段的看似在私人领域的家户仪式，是与社区甚至是与国家的整体统合紧密相关的。

家中的"点岁烛"祭拜结束后，村民各自从自己家里出发，每隔几米，将已插上竹签的红烛，或近或远，从自己门前的小路起始，"遇桥点过桥，一直点到庙"，一路叩拜至村庙的地藏王菩萨前，才算功德圆满。当各路而来的红烛汇集到村庙时，庙堂烛光闪闪。外在私人化的信仰活动与宗教实践在村庙内统合，这是对孝道价值观的重申。村庙如在其他很多情景中一样，成为承担此类公共信仰活动的主要场所。"大多数节日庆典已经在家中举起。但并不意味着这些活动彼此间毫无关系，它们是在一种共同的宗教传统下，由整个社区全体成员虔诚地在同一时间、分别地举行同一模式的仪式。"[②] 由此可见，现代乡村的一致秩序仍可以通过每家每户的民间信仰活动体现。

对于他们自己来说，水村人之所以是水村人，是因为有这些区别于周边的小地方的仪式。水村文化的内外区隔表现得尤为明显，对于一种仪式的接受，水村内外如此不同。我曾询问过母亲——一个非水村的农村妇女——是

133

---

① Stephan Feuchtwang，"Domestic and Communal Worship in Taiwan," in Arthur Wolf ed., *Religion and Ritual in Chinese Society*, Standford：Standford University Press, 1974，pp.105–130.

② 杨庆堃：《中国社会中的宗教》（修订版），范丽珠译，四川人民出版社，2016，第76页。

否需要为她"点岁烛"，得到的答案却是："听听都是阴森恐怖的，还是算了吧！"在非水村人看来是如此"阴森恐怖"的仪式安排，在水村人眼里，却有一套中国传统仪式背后的价值坚持：待老人"百年"之后，子女孝顺他的"红烛"能为其照亮去阴间的路。让圈外人无所适从的"点岁烛"仪式及其背后的解释，在水村有很高的地方认同一致性。社会整合正是在与文化圈外的区分，以及在与文化圈内的统一中显示出效果。

二　乡风民俗的现代转型："小端午"与村落变迁

"通过共同的信仰、道德规范加强社会成员之间的内在团结，就为人们共同生活在各种组织得井然有序的社会关系中提供了条件。任何社会都需要一套共同信仰和实践来加强社会成员间的联系。"[①] 龙王的信仰是水村最突出的信仰规范。"自己内部秩序的特殊性，也来源于外部环境，包括社会、经济、文化的处境，也包括自然环境，因而反映出村落'生态'位置的特点。"[②] 龙舟的设计，是和当地的农业生产息息相关的。赛龙舟每个环节的设计，都是与传统社会中，水乡的自然环境、风土人情相配合的。一条小小的龙舟，是村舍、家户相互合作的小演练场、小展示台。这种配合的延续，对于现代水村社会生活的延续仍具有重要的现实意义。

（一）"小端午"的传统实践

"小端午"是何母水乡地区最隆重、最特殊、最大规模的传统仪式活动，它被安排在端午节——五月初五的后七天——农历五月十三。"小端午"扮演了规定水乡生活日程计划的角色，"过了'小端午'，年头就大致过了一半"。

---

① 刘易斯·科塞等：《社会学导论》，杨心恒等译，南开大学出版社，1990，第496~497页。
② 刘铁梁：《村落庙会的传统及其调整——范庄"龙牌会"与其他几个村落庙会的比较》，载郭于华主编《仪式与社会变迁》，社会科学文献出版社，2000，第305页。

更恰当的说法是，"小端午"是水乡的"新年"，这一天水乡人会邀请乡外的亲朋好友来家里做客，客人越多越热闹，越显得家户兴旺发达。四面八方赶来的观众，都在"小端午"的午后聚集在李王庙前的何母桥上观赏龙舟盛会。前来竞渡的龙舟主要来自何母水乡的四个村的百余个自然村，除此之外，还有隔壁镇街的"客舟"。每个自然村至少有一条"赤膊船"，多的自然村有三四条。再加上最兴旺的那几个自然村准备的装饰一新的彩龙舟，一百多条船从各条支流浩浩荡荡驶来，以何母桥为中心，在相对宽阔的水面上上演的不仅是龙舟竞技，也是各个自然村的村民的大聚会。

水乡人都是看龙舟的行家，不仅看热闹，还要看门道。这门道，用行话讲，叫"拍头档"。所谓"拍头档"，不仅要求船要划得稳，龙头要往水里扎，要压出水花，水花上来最好还要没过龙头，好似龙王在水中叱咤。这是水乡乡民评价赛龙舟水平的最高标准。要达到"拍头档"的效果，少不了大家相互配合：船前后共五档，左右各二人，共十人；压水面的催艄在后面，前面还有个避艄的，也就是掌舵的，再加上敲锣打鼓扛旗的，一条龙舟总要配个十五人……头档的两位，负责压水，桨划下去，要把水挖空，这样龙头就有下水的空间；与此同时，催艄的人要跳起来的。船前、船中、船后要相互配合，形成一个节奏：等到后面的人跳下去了，前面的人就收桨了，龙头就上来了。

一般的龙舟，船身上只有自然村的名字，或者是描上"龙舟盛会"。若有资格标上"浪河"两字，则是自然村极大的荣耀。"浪河龙舟"是水乡公认的"头档"拍得好、风头最劲的龙舟。"何母桥地区的'浪河龙舟'有5条，我们水村的第8、9、10组，还有大、小许家埭的两只，都是要齐聚东星桥头一起出发的。白条船齐聚何母桥之后，'浪河龙舟'如果没有到齐的话，是不会散场的。'浪河龙舟'有时故意最迟去，这是要大牌、摆威风的姿态。""竞争、对峙、炫耀、追逐富贵、贪图利益，这就是支撑着以上行为的各种动机。"①

"小端午"龙舟队的出征，绝不仅是图个热闹，更是一种对"人丁兴旺"的炫耀与证明。按照乡民的说法，每个自然村（组）一条龙舟，这是最起码的，如果一条龙舟都派不出的话，那真是组里的奇耻大辱。这种证明的重要性，不纯粹是为了"面子"，更是对家族荣誉的捍卫。因为在拆迁前的水乡，聚族而居的传统被基本保留，当以宗族、族谱为载体的集体象征消失，龙舟竞技的表现自然被视为捍卫本族荣誉的最好机会。水村有 18 个自然村，我所重点关注的是许家埭，这里以许姓村民为主。"我们小队里都是姓许的，说我们小队，就相当于说我们许氏家族。就说，'你们这么差的，这么一支龙舟都凑不出来的啊'！我们许家人怎么能受得了这样的嘲笑？""小端午"通过应对被外部挑起的竞争加强了内部的联系与团结。

农历四月三十前，各自然村的龙船要准备"拔船"。"拔船"是指船在下水之前都要刷层桐油并修缮一番。等到农历四月三十，"馋牢龙王"已经迫不及待地要下水了。这时就要将去年收放在"头人"家房梁上的龙王取下来，连同船桨、铜、锣、鼓一起在八仙桌上放好，供奉，祭拜，鞭炮齐鸣，这年的"小端午"就算是正式启动了。从农历四月三十龙舟下水，到五月十三"小端午"节后的整组龙舟酒，水乡乡民要为准备"小端午"忙碌大半个月。谁来组织？怎么操办？各自然村有各自的办法，但其中的金科玉律是"大家商量着办"。我抱负满满地准备了一大堆访谈问题，想来探究自然村里的组织机制："是谁来定几号要开始联系了？""大家都知道的。"我越发糊涂："那是谁把大家召集起来的？""不用叫的，大家都会来的。"我尝试另辟蹊径："你们组里的钱是谁管的？""谁带头谁管的。"我仍不甘心："那谁带头呢？""谁愿意带头，

---

① 马塞尔·莫斯：《礼物——古式社会中交换的形式与理由》，汲喆译，商务印书馆，2016，第 34 页。

谁带头。"……所有的问题似乎都没有答案，我因为得不到"有价值"的信息而沮丧不已。

但是，"小端午"当天，当130多条龙舟在何母桥下宽阔的水面上竞技，近2000名水手随着鼓声、踩着鼓点齐声奋进时，当这种似乎没有组织的有序组织生动地出现在我眼前时，我之前那些没有被满意回答的问题变得不解自明。"生活在以自耕农和亲族为主导的村社，乡民们融入相同的社会关系中，也受制于相同的规则，这些规则规定了村民在合作行为中的相互义务……生活在彼此亲近和熟知的环境中，作为邻居、朋友和亲戚，村民们彼此也都十分了解——他们的实际能力和潜在能力，他们行为的目的、可能选择的策略，以及想要实现的结果。这种客观条件的同质性产生出'惯习'的同质性，使他们的实践和表达都易于被彼此理解。"[1]"你们读书人，想问题太复杂了。其实，村里做事情，都有一套社会基本（规则）在的。不管是组织事情（还是别的），很多事情都是顺理成章的。"村里人的一句话点醒了我这个"糊涂人"：作为传统习俗，"小端午"仍然保持着农村传统组织惯有的"无须组织性"，因为历史沿袭下的"配合"有其一贯性。

"小端午"是全员参与的，当了"头人"，就是今年整个"小端午"赛龙舟的负责人，从龙王下水开始到龙舟酒结束，各种七零八碎的杂事——吃饭、收支、配人……都得"头人"来负责。"四月三十开始了下水，五月初一、初二、初三、初四都要去收赏的。傍晚回来，太阳小一点了，我们又要下水操练的。这样，这大半个月，大家顿顿都要在'头人'家里吃的。"谁来当"头人"，实际上并不完全是"自告奋勇者上"，而是各组不同：有的是各家各户轮流；有的是

137

---

[1]　Pierre Bourdieu,*The Logic of Practice*,Calif: Standford University Press, 1980，p.58.

小组长即"头人";有的是自荐来当"头人",而自荐的那位大多在这一年完成了诸如结婚添子的大喜事。

水乡的自然村一般不大,差不多三十来户人家,喝龙舟酒,都是满门出动,另外,村外的打赏人,都是要下帖子请过来吃饭的,所以一般总要打算一两百人。虽然办龙舟酒大家都是熟门熟路的,但是,前后也得折腾大半个月。在我看来,未免太耽误工夫,我疑惑是否大家都愿意来参加?"大家确实都上班,但一般都在周边。很多老板就是本地人,自己都要去了,更不用说员工了。老百姓宁可不去上班,也要去划龙船的。"这足可见"小端午"龙舟盛会在何母水乡地区牢固的社会基础。但是,"小端午"组织动员参与的过程也并不总是那么理想。积极分子也有自己的小心思:"龙舟酒是全体成员参与的,但是赏钱却是龙舟队队员辛辛苦苦讨回来的,给其他人白吃,也不是件情愿事。"虽然"一家出一个人"还是约定俗成、不言自明的"老规矩",但在现代社会中,"自愿原则"还是会受到一些阻碍。"划船讨赏,说是说一家一个,但是,有些不高兴去,就不来了。前几年,我们组里就有那么两户人家不参加的。"我问"头人":"对那些不愿意来参加的人,你们劝说吗?""不做工作,更没什么好强迫的。到后来,他们也觉得不好意思了。因为,虽然他们不来划龙舟,但是办龙舟酒吃饭,全部叫上他们的。他们也都全家来的。所以,后来他们也觉得难为情了,就回来了。"这样的回答在我的意料之外,却实实在在寄寓在水乡生活的情理之中:民间习俗从未有形式上"参加或不参加"的询问,但是"自然村"作为老百姓日常生活普遍的社会基础,村民会自然地与村内的社会事务融为一体。梁永佳提到过大理Z村村庙复建中的一个细节:"最后,就连未参与捐款的五户人家,也被列在功德碑中。"这个细节说明,重建庙宇并非单纯的经济行为、政治行为,甚至不一定是宗教行为,而是"社会行为"——旨在重建社会，重新塑造共同体与神之间的互惠关系。① 中国农村幅员辽阔，但对于"追求共同体完整"，以邀请而非惩罚的形式使脱离共同体的成员回归的做法却是如此一致。

（二）"小端午"的现代转型

划龙舟是一项在全国范围内较为普遍、一致的传统仪式活动。随着城市化进程的推进，以及城市景观再生计划的施行，划龙舟越来越被政府、媒体作为突出城市特色的工具使用，慢慢地从传统性的民间仪式活动变成近代性的象征资本。② 这一过程也发生在水村周围。2009 年，仓前（国学大师章太炎故乡）——水村隔壁镇街端午龙舟盛会成功申报省市"非遗"项目。在"非遗"名号下，各路商业机构纷纷前来赞助支持。同年，仓前镇政府就给附近各村下帖，邀请各支龙舟队来余杭塘河上共襄盛举，作为回报，每条龙舟能领取 1000 元补贴。当时，"见有人发赏，大家都高兴去凑个热闹"。但是，十年后的今天，物价翻倍，而赏钱不变，其经济驱动力越来越弱，"越来越少的船会愿意为了 1000 元，划 5 公里去参加'非遗'大端午"。我本来联系了许家埭自然村，计划大端午跟着龙舟队做参与式观察，但最后还是被遗憾地告知："大家不愿意去大端午了。"对于乡民来说，"大端午是国家的节日，而'小端午'是自己的节日，有味道、大家高兴"。当然，利益驱动力减弱是一大原因，但更重要的是"他们"和"我们"的区别。与端午节这一具有泛中华意义的传统习俗不同，"小端午"有更为特殊的地方意义。"五月十三，何母桥"，时域与场域上的特殊安排让"小端午"成为水乡最有个性的文化符号。

---

① 梁永佳：《庙宇重建与共同体道德——以大理 Z 村空间差异为例》，《社会学研究》2018 年第 3 期。

② 河合洋尚：《城市景观再生下的民间仪式——广州划龙舟仪式的象征资本化》，载陈进国主编《宗教人类学》（第五辑），社会科学文献出版社，2014，第 279 页。

从全国范围看，作为一股现代化塑形力，"非遗"不可谓不成功。但是，用非物质文化遗产的现代标准框束水乡"小端午"显然并未获得成功，国家启发下的"标准化"显露败象。虽然强大的行政建构性力量并没有令其乡村时令发生改变，但村庄更为现代化的日常生活的趋向，带来了更强的变迁力，文化自己选择了另外一条调整之路：通过连续的自足与变通相交替的过程而形成一个个鲜明的自我，作为表达村落自我标志的"小端午"，在端午节经历"国家化"之后并未轻易失去地方性特色。伴随特定村落的历史，"小端午"发生着延续与变化的双重过程。下文中，对于"小端午"现代转型的论述，将集中于龙舟队"收赏方式"以及"参与者性别改变"这两个方面来具体分析。

传统水乡，河道如织，农家都是傍河而建，一条河道进去，一般都是一个自然村。一条龙舟，一般都要配一条收赏船，一大一小两条船相互配合。在传统社会，收赏要特别讲"规矩"："收赏凭本事，必须三进三出，可不是糊弄糊弄就过得去的。"懂行的乡民，只要听着音乐节奏，就知道讨赏进行到哪步了：第一趟进去，慢慢地划进去，让人家知道龙舟来了；第二趟进去，要划得很快了，敲的声音要不一样了，得"拍头档"了，这时候，收赏船跟着一起进来，收一圈就走；第三趟进去，龙舟还不能偷懒，要继续表演。划完第三趟，才算结束。竞争是与合作相伴的。"小端午"是各自然村之间的竞争、对抗，但也有相互打赏的义务，各组之间的馈赠是双向的。家家户户沿河而建，一般几户人家共用一个河埠头，至于比较远的人家，一户人家一个河埠头。每家每户打赏给龙舟队的东西会用盘子放在河埠头的石板上。"老底子的时候，盘子里多放米，有些么，也会直接在那放钱，1块、2块、5块。如果娘舅家的龙舟过来了，照理是要多打点赏的，啤酒啊、糕点啊这种放在里面犒劳舅家人。这样，娘舅有面子。"一般来说，一屉盘的米，不会收光，要特意剩下一些，也讨个"年年有余"的好兆头。龙舟水会被主妇们拎回去洗门槛，也有"洗去晦气"的说法。

十几年间，水乡最大的变化是河道越来越少，房子越来越多了。自然环境的改变，让收赏这一筹款方式从过去的"讲究"变为如今更为"偷懒"的旱地龙船收赏办法：收赏已经不需要再如上文所提到的按照"老底子"那样"来回三趟"地折腾，而是背着龙头，拿着帖子，直接到家里去收赏；后来，连龙头都懒得背了，直接带上帖子、鞭炮去收赏；最近几年，"连这样都嫌麻烦，人家家里不去了，索性都是打电话的，大部分赏钱都是认识的厂里给的"；甚至这两年随着支付宝、微信的流行，收赏都不用跑出门了，直接转账完成。企业、房产商占了村里的地，或者村里人当老板的，他们都有发赏的责任。如此，多的 3000~5000 元，少的 300~500 元，一两天下来，办 20~30 桌龙舟酒的 3 万 ~4 万元也就凑齐了。若不够，组里一般都有些集体经济收入，可以拿来补充。所以，办龙舟酒，各个家户一般就不用出份子钱了。

传统向现代转型的另一层含义，是指民俗参与的性别规定被逐渐改变。女子不能上龙舟是历来的规矩，说是怕被沾染了"晦气"。但是，自 2011 年开始，政府开始在水乡附近的水域——西溪国家湿地公园举办"大学生龙舟赛"。"女娃上龙舟"让水乡的老年人觉得太不成体统：在水乡，按照"老底子"，只有村里的男人能上龙舟，除了入赘，女婿一般都不允许上船，更别提女人了。外面的龙舟赛虽然是一种表演，但是水乡的女人们显然是看到了"先例"，接受了新教育、看到了新世面的水乡女人们便萌生了组建女子龙舟队的想法。但是，20 世纪三四十年代出生的老人们，否定的态度依然坚决，"这是绝对不行的"；五六十年代出生的叔伯辈则开明得多，经过了计划生育的"洗礼"，生儿生女对他们而言虽然不可能完全一样，但是性别的观念差异已经没有那么明显了。

　　面对长辈的"死脑筋"，年轻人虽有抱怨，但还是表示了对长者的尊重，年轻人并没有一味地坚持自己的想法，也从未想将这种对传统活动传承的改变争执推向白热化，而是将新的替代选择安置在了"候补席位"，等待世代的交替，等待自己能说了算的时候，"我们肯定要组织一支女子的"。但对于成立女子龙舟队，就算支持者也有安全方面的担忧："一是女人们水性不如男人好，万一沉船，怕不能自救。赛龙舟第二个危险之处在于，百来条船挤在河道上，万一前面的船翻下去了，人在下面，别的船划过来，每次划桨，都是拼尽全力的，桨下去，撞到头上，要死人的。"所以，年轻人想要做出改变的不仅是观念，还有相应配套上的周全考虑："我们以后打算给女人们弄条长船，长船翻不掉的。"对传统的新改造——来取代旧的、被年轻人认为是不合时宜的价值观与安排——在等待实现的机会。

　　水乡人关于"小端午"的起源说有两个：一是小青龙降雨说；二是纪念明朝官吏李若铭。虽然不同于纪念屈原的端午节起源解释，但毫无疑问，"小端午"的宗教本源色彩仍是非常浓厚的。作为现代社会中的传统节日，"小端午"的宗教性意义越来越弱化：水村人普遍不同意把参加"小端午"看作在进行宗教活动；祭拜龙王的仪式也不太讲究。民间信仰的各种本为建立良好的"人神关系"的仪式，变成了更为"一般的社交活动"。传统节日在此完成了现代化的转型。费孝通对于文化的演进有过这样一段阐述："人类创造文化为的是增进他们生活的价值，他们并不会以维持文化为目的而牺牲生活的。所以拉长了看，一个对于生活没有用处的文化要素，不论是物质的器物或是社会的制度，甚至信仰的教条，绝不能长期保留。一个活着的文化要素因此必然对于他的人有他的用处。"[1] 现代化水村社区中，"小端午"龙舟盛会起源于地方神祭祀，已发生"祈福敬神的宗教功能"向"社区聚合之世俗功能"的转向。

────────────────

[1]　费孝通：《乡土重建》，岳麓书社，2012，第129页。

在现代化的变迁中,在个体原子化、交往虚拟化的当下,内生性秩序力的作用在于它提供了一个现实的、真实的、热闹的氛围——在"龙王"的名义下,人们打破了平日各自不同的生活界限,完全投入社区活动中,让乡民之间继续保持一种联系,创造一个为了本组本社荣誉而团结在一起的机会。若说在现代力的作用下,个人遭遇原子化的区隔,按此逻辑,传统节日在适应与调整社区整合方面发挥着更大的作用。

三 现代新节的传统资源:"年糕节"与村社再联结

节日将人们从单调、高压的现代生活中脱离,这与传统社会中借助节日犒劳自己并无差别。但是,随着生活水平的提高,从物质享用来看,人们越来越感叹"过节和不过节一个样",抱怨"过节越来越没有味道"。事实上,与其说是传统节日的味道在变淡,不如说是其文化内涵没有跟上时代需求,于是,各种"有节过节,没节造节"的创新层出不穷:淘宝造出了"双十一"、京东造出了"618·年中购物节"……在商家"造节"之外,作为建构性力量的政府文化礼堂也在不停地做着示范:西溪湿地管委会将以前养塘人的"干塘"过成了节,水村文化礼堂举办了"鱼汤饭""丰收节"……但是,完全由村民自组织而没有任何外来行政力参与的姚家头"年糕节",比各种经济力与外在行政力创造的"新节"更能引起我的兴趣。

(一)新创造的节日

姚家头自然村是九曲湾的一部分,按行政区域划分并不属于水村。但是,我在分析水村个案时,可以很自信地拿姚家头来"说事",是基于前文已经提到过的两点理由:一是九曲湾在水村村庙的佑下范围之内,二是它属于较为统一的水乡文化圈内。也就是说,姚家头与水村的其他自然村具有文化统一性。

姚家头全村共有 40 户，以姚姓村民为主，也有孙姓村民。如说这个村有什么特殊之处，自然村内"账务清楚""组员精明能干""爱折腾、会折腾"是水村人公认的。

虽然家庭联产承包责任制后，集体经济所剩无几。但近年来，村庄整体的经济发展以及与外界经济联系的增强，为"集体"的再造提供了丰厚的物质条件。早在几年前，姚家头就用搅拌厂给的经费组织起了集体活动。村头的搅拌厂肯出经费是因为："搅拌厂的污染不会没有，我们组里是受他们影响的。但是，我们从来没有去闹，不去找他们事情。"怎么用这笔经费？是继续"分"，还是让它成为"公"的一部分？显然，后一种处理办法更为简单。"其实我们每年组里都有结余的。搅拌厂，每年都有钱打给我们的，这些钱都是不分的。本来就只有 1 万多块钱，分掉，每家也分不到几块钱的。还不如大家一起用。"前几年，商量之后，村里人决定把这笔钱当作旅游经费，旅游目的地并不是很远的地方，比如杭州周边的横店影视城、千岛湖、桐庐……具体的执行规则周到且灵活："旅游的名额是一家一个。你可以不去的，不要紧。那就贴钱给你。比如，这次人均标准是 500 元，就退你 500 元。一般都会去的。而且这个钱，不是组里退给你的，组里是不退的。就相当于，你把你的名额卖给其他人了。或者，你们家想去两个人，那么就自己再交一个人的钱。都是可以的。"

对于传统文化的创新利用，一开始是政府出于文化保护的目的而兴起的。此类文化礼堂的新年节庆活动往往声势浩大，甚至可以被看作一个传统新年习俗的嘉年华：现场杀年猪、写福字、画灶头画、爆玉米花、腌咸鱼、打年糕，还有水上婚礼，各种仪式层出不穷，节日气氛一浪高过一浪。但活动只在即时即景里热闹一时，乡民只是"看热闹"的旁观者，至多只是被官方安排在某项事务中的"工作人员"。官方的"年俗节"并没有与百姓的生活发生联系，自然也没有产生彼此关联的现实意义。"年俗节"与其他的文化遗产保护活动一样，展现并希冀保存的只是已消失的文化的一个断面。与建构性力量相比，姚家头人自己创造的"年糕节"是真实的，是姚家头百姓所拥有的重新融入生活的活态民俗文化。

2017 年末，姚家头的年轻人听闻水村的文化礼堂要组织一个年俗节，村里的年轻人主动向镇街政府文化礼堂主管部门提出了合作意愿，希望能将年俗节的场地放在姚家头。当然，他们也承认："我们跟政府打交道，是因为想搞点钱。"但是，与行政力合作，事情就不再是村民能说了算的，村民被要求按照行政流程提出申请、做好预算并等待结果。民间的东西容易掌控，"村里的事情大家一商量，行还是不行，简单明了。但是，官方那一套，实在是太磨人"。这让姚家头人觉得实在是太麻烦了。需要补充的是，精明的姚家头人当时也在为自然村以后的民俗旅游做着谋划，争取办年俗节的资格，除了情怀，也少不了现代化的商业动机："以后推广，说起来就是水乡，总不会去说，是我们姚家头的。年糕节，可能以后就是我们水乡湿地的一张名片，谁会愿意与其他组共用呢？"最后，水村文化礼堂的年俗节放在了另外的自然村，年俗节被组织得声势浩大，耗资 10 万多元。姚家头想乘建构性力量的东风而不得，虽然没有机会承接政府的"年俗节"，但自娱自乐的"年糕节"在我看来更具社会意义。

打年糕是中国南方多地的过年习俗，是水稻产区内最大众化的仪式活动。当官方的文化礼堂一开始组织恢复传统文化之时，"打年糕"就成了最先被利用的资源，姚家头百姓开始模仿国家利用传统因素创造自己的庆典仪式。传统资源可能已经消失，但是，一旦人们有心恢复，至少在水乡，并不困难。

除了"一起去旅游"，在 2016 年底的时候，姚家头就开始了"一起打年糕"的安排："打年糕热闹极了！手工打的。那些老家伙——石臼、锤木杵都还在。村里这么多人了，一人几锤，小意思！年糕打好，每家多少斤年糕分掉。晚上再吃一顿团圆饭。大家回去就和和美美过大年了。"对于"村落认同感"或者"地方感"的研究，特别离不开具有身体经验性质的相关资料，因为任何个人或群体在一定社会时空中的位置感，都与他们在各种社会互动关系中的身体实践密不可分。虽然"年糕节"相比于文化礼堂组织的各类"年俗节"，仪式内容显得过于简陋，但这是姚家人自己花钱、出力、参与、享受的，是完全由自己掌握的过程。从根本上说，全体姚家头人共同参与和密切交往的实践所迸发的节日生活感受是真实而强烈的。

姚家头组织的"年糕节"才不过五年，但年年有更新。2018 年底是第二年办节，"还没有等到我们说，搅拌厂的老板听闻消息早就把米准备好了"。"我们还弄了个池塘，养好鱼。等到快过年了，把鱼塘干掉，鱼分掉。"当我不禁为民间"造节"的便利与活力赞叹时，姚家头的村民继续向我"炫耀"："今年我们还想去弄两只猪进来的。要搞个杀年猪！"相比之下，我们会惊讶于姚家头的"年糕节"竟可以如此简单好操作：一旦民众被带动起来，往往可以获得成本低、效果好的结果。更大的意义在于，"新节"让我们看到，与官方主导的相比，姚家头的"年糕节"显然是具有可持续性的。这样的一种年终安排，已成为每一个村民全部生活的有机组成部分。它们将不大可能轻易地从生活中消失，更可能由村民自己反反复复地重新整理而加以运用。虽然只有几年，但是"年糕节"在姚家头人看来已经有强大的文化传续力量。

现代社会里，"打破传统是一种资源的调动，而重构传统也是一种资源的调动，尽管两者的方向不大相同"。① 为秩序而"造节"，就是后一种方向的移动。"创新是最好的传承。诞生于农耕文明的传统节日，曾以独特的方式满足了我们的需求，但随着生活方式的更新变化，传统也应跟上时代步伐，文化内涵也应不断创新，如此才能不断满足人们的新需求。"② 无论传统要素与现代要素如何改变，最重要的是讨论部分再生的传统如何与现代人的需求相结合，从而使未来并不意味着传统的终结，而使传统在现代生活中实现有意义的转换。正如水村人说的，"村里'老底子'就有'干塘'、吃'鱼汤饭'的习俗。以前吃鱼汤饭是到东家帮忙，到东家吃的。现在变了，都是干组里的塘，吃组里的饭，是大家的东西了"。传统上"公"与"私"的界限开始变得模糊，集体记忆中慢慢开始出现村民自己修改、自己创造、自己添加的文化符号和意义。

147

（二）再联结的村社

尽管有集体合作的传统，且凝聚力较强，但正如其他地方的农民一样，姚家头也有激烈竞争，其内部也充满紧张和冲突。争夺利益，如同自然村的合作一样，也是村民交往的日常。村里并不一定总是太平祥和，小农向来是斤斤计较的，遇到了利益纷争，乡里乡亲也有矛盾。在 2017 年底，姚家头的 70 多亩土地被征用，全组的人都盯着 70 多亩地所带来的 70 多个"失地农民养老保险指标"。而国家所实行的政策规定：有了"失地农民养老保险指标"，只要一次性支付 2 万元，到了法定退休年龄，就可以永久性领取"退休金"。"失地农民养老保险指标"政策时常有所变动，按照原政策，征用 1 亩土地就有 1 个名额指标，但是这次姚家头被征用了 70 多亩地，却只换来 38 个指标。这 38 个名额如何分配，组里的人争吵不休。③

---

① 赵旭东：《否定的逻辑：反思中国乡村社会研究》，民族出版社，2008，第 14 页。
② 《传统节日如何对接现代中国》，《人民日报》2017 年 1 月 4 日。
③ 村民，尤其是老一辈村民，并没有同城市居民一样有交社保的能力与意识。

看社会秩序的维续，关键是观察具体矛盾如何被解决：关于指标的分配，组里所有的人都参加了讨论会，并且录音录像。最后，再向行政主管部门反映情况，争取到了一家一个共40个名额。三分之二以上的家户签署了《保险名额按照家户分配方案》。但是，当村里人向我聊起上面这件事情的处理过程时，并没有用"民主协商"这样的高级概念。而我们从村里人对于利益分配的过程中可以看出，"自由、民主、平等"处理公共事务的原则在这里得到了很好的体现。这个定义虽有简陋之嫌，但明确实用。"随公共事务的性质和范围不同，我们既可把民主视为一种生活方式，又可视为一种政治制度。"① 民主协商、集中表决被看成一套处理公共事务的原则和程序，成为姚家头村民所积累的重要处事原则。这里，民主就是"大家的事情要由大家来办"，所谓的民主意识，就是有关"大家的事情要由大家来办"的共识。但是，当我问："旅游的事情需要民主商议、集中表决吗？"答："这个需要什么表决呢？比如大家吃饭的时候，说，什么时候旅游去，然后组长去安排。其实也不用通知的，大家都在的，都是知道的。"一旦人与人之间、家庭与家庭之间串起了联系，很多事情就被放在了一个相互交往的循环之中，如此顺其自然，以至于村民都忽略了其中被简化了的协商环节。

姚家头创造的"年糕节"的社会学意义正在于此——为村民之间的联系增加了一"环"，是主动建设社会互动的一种典型。虽然马林诺夫斯基并没有给出社会交换物——"kula"的确切词义，但很可能该词想说的就是"循环"（circle）："的确，正是通过这种方式，所有这些部落，所有这些沿海远航、珍宝奇物、日用杂品、食物宴庆、有关仪式或性的各种服务，才被纳入到一个

---

① 曹锦清、张乐天、陈中亚：《当代浙北乡村的社会文化变迁》，上海人民出版社，2014，第513页。

循环之中，并且围绕这个循环在时间和空间上规则地运动。"① 而在水乡，各种传统民俗活动也在发挥着社会交换物的作用，各类民俗活动形成了一个循环，将所有的乡民都网罗其中，分不开，离不远。一年四季轮回所伴随的民俗制度，如同道德、法以及其他社会规范一样，是社会复杂制度中的组成部分。民俗其实就是一种关于乡民何时、何地以何种方式相聚的历来规定，让彼此有了一个定时的相互"亲近"的机会。

乡风民俗其实就是在创造一种互动。传统节日统合了联系，并有机会与几乎所有可能产生关系的人、神甚至鬼产生联系，这是传统节日功能主义的一贯强调。"小端午"、"点岁烛"、冬至、腊八节、祭灶王，家户之间、村社之间、晚辈与长辈之间、出嫁的女儿与父母之间、生者与先人之间、凡人与仙人之间、家户成员与家内俗神之间都可以找到理由，发生各种联系，尽各自的义务。但是，我们发现，正如集体化之后，社会向私人领域退却的大部分社会情形相同，以上的大部分民俗活动只是增加了个人对家庭的归属感，或者可以说，村里人对于与自己最密切相关的"小集体"的归属感并未被充分满足。老百姓也意识到了社会记忆正在消失，尤其是那些新生代父母不无遗憾地表示："现在年味没有了，小一辈根本不知道什么是打年糕了。""这些活动没了，过年不热闹了。""地方性"的意义被不断强调，尤其是强调在流动之中中国人建立自我认定和社会联系（如老乡关系）的重要性。但是，对于水村"超实心""非流动"的本地社会结构而言，这种"地方性"意义仍是社会经历剧烈变迁的过程中人们保持联系的重要基础。

幸而人们并没有因此而放弃寻求那种休戚与共的共同生活的努力，一些传统社区在回应大社会一体化进程时，其地方或社区共同体的特点和力量不

---

① 马塞尔·莫斯：《礼物——古式社会中交换的形式与理由》，汲喆译，商务印书馆，2016，第 34 页。

149

仅存在，有些甚至比以往更为明显、更为强大。相互连接的努力也常常表现在人们对于日常生活的期待之中。"孩子们都不知道还有这些老东西，让他们看看。大人图个热闹，开心。"在最大的以家族为中心的聚会——春节之前，"年糕节"成为一个以自然村为界限的小地域时空的文化。"年糕节"的意义由全体村民自发生成：这些感受起源于年长村民对过往岁月的记忆，也承载着年轻人对儿时的愉悦回忆，更有为孩童恢复这些社会记忆的努力，所有这些都与对现实生活变化的感受联系在一起，这些感受的变化又潜入村庄具体生活之中。以"年糕节"为代表的年俗活动，又一次成为代际意义建构和沟通的凭借，这种源远流长的文化资源，在日益世俗化的现代社会显得更加有意义。

有了民俗，有了团结的基础，村社的连接是否就会自然而然地形成？在这个过程中，需要有人愿意为之付出。在商业支持下，操办集体事务的压力当然会小很多，但是，本组人自己"兴致高""不计较""会来事""肯出钱""肯卖力"是姚家头"年糕节"能办得如此热热闹闹的更为重要的保证。姚家人继续解答："这就是组里要团结。另外一个，对！就是钱……比如，我们组里有人说，我出 500 元、1000 元，另一个人说，我出 3000 元。"在"年糕节"筹办的过程中，大家的"姚家头"集体没有解体，而且在竞相付出之中被不断巩固。而这种竞相付出又得益于村民在现代化进程之中已经取得的殷实发展，用老百姓的话说："现在的生活水平高了，拿出点钱无所谓了。"

有这样一个"石头汤"的故事，在一个饱经苦难的村庄，村民们不相信陌生人，甚至会怀疑自己的邻居。有一天，三个和尚来到这里，支起大锅，放下三块石头，要煮石头汤。当人们抱着好奇心放入各种调料后，一件不可思议的事情发生了：当每个人敞开胸怀付出时，下一个就会付出更多。就这样，汤里的料越来越丰富，汤闻起来也越来越香。而在我看来，"石头汤"不仅仅是一个关于"分享"的故事。故事中的人物们对于集体投入的相互攀比像极了姚家头村村民在"年糕节"中的参与。从更为现实的角度看,乐于分享的前提是:预期到别人愿意付出,这是决定自己愿意付出的一个重要的前提条件。在姚家头,对于集体的预期建立在一贯的集体化合作之上,村民仍然抱有一股信心:共同体其实并没有解体,大家还可以齐心协力一起共事,并在物质付出的基础上,形成一个礼尚往来的道德共同体。

我们愿意相信:"民间信仰的丰富内容和实践活动正在成为人们寻求意义、获得群体归属重要的支持。在崇尚文化价值多元的时代,民间宗教信仰作为中国人共有的精神遗产直接影响着人们的日常生活,并成为中国人精神感悟的一部分。"[1] 但是,当代中国社会经历着剧烈的社会变迁,我们必然也要知晓:当民俗所依托的乡风发生了改变,中国人是充满智慧和富于实践的,假如一种信仰对他们毫无意义,那么这种信仰最终会被放弃。包含在各种民间信仰和活动之中的内生性秩序力,提供的意义支持系统、组织形式必然也会随之发生改变。通过姚家头村的"年糕节",我希望已经清楚地说明:现代人如何通过积极的改变,让乡风民俗因为改变而变得更有活力,以此来更好地适应自己当下生活的需要。

---

[1] 范丽珠、赵春兰:《作为民众生活方式的中国民间信仰》,载彭希哲、范丽珠主编《新时代中国特色社会主义的社会(发展)体系》,复旦大学出版社,2019。

在双水村的日常生活中，他严格地把自己放在「孙玉厚家的二小子」的位置上。在家里，他敬老、尊大、爱小；在村中，他主要是按照世俗的观点有分寸地表现自己的修养和才能；人情世故，滴水不漏。在农村，你首先要做一个一般舆论上的「好后生」——当然这是一个很含糊的概念——才能另外表现自己的不凡；否则你就会被公众称为「晃脑小子」！

——路遥，『平凡的世界』

Rural Society

of Water Village

第六章　乡土观念：内生性秩序力的精神内涵

▲图6-1：扫雪图。三天暴雪之后，来村庙帮忙的人早就自发行动起来清扫积雪。"公"的观念，在庙堂里尤为明显。与之形成对比的，是村庙外的其他道路，近半个月后残雪还是无人清理。（拍摄：赵春兰）

▲图 6-2：村庙的帮工。二月初八，释迦牟尼出家日，甘甜庙佑下的乡民一早来庙里帮忙。"来得早，干得勤"是乡下人评价"好人""善人"的标准。（拍摄：赵春兰）

▲图 6-3：小儿绕船照（一）。"小端午"习俗：男婴抱上龙船绕船一周，孩子会胆大。成大后，青年男子成为龙舟队主力，将传统接力。（提供：金琪琦，由闲林街道所有）

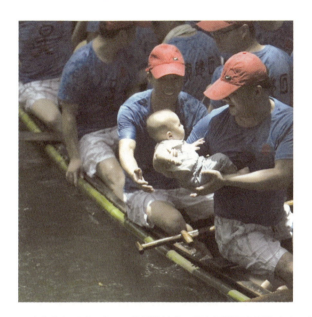

▲图6-4：小儿绕船照（二）。即使其他地方，男女平等已经深入人心，但是在这里，"小端午"只有男孩才能"上船"背后的"男女有别"的认同力量仍在，乡民不敢僭越。（拍摄：阮洪明）

▲图6-5：收赏钱。各类民俗活动都有收赏钱的惯例。这等于是分派各项集体活动的开支。给多给少，老百姓自有自己的"规矩"。（拍摄：倪明伟）

▲图 6-6：龙灯队排演。农历新年将至，龙灯队队员正在给新买的彩龙安装舞龙棍。虽然村中大部分已拆迁，但是，正月前三天龙灯绕村巡游，上各家各户"讨彩头"的习俗还是被保留了下来。（拍摄：赵春兰）

▲图 6-7：龙灯酒筹备。参加龙灯酒的骨干们通知乡里，红帖根据各个自然村进行分类。至少到目前为止，以自然村为运行基础，村里人有序地做出各种安排，村庄的各项事务因此有条不紊。（拍摄：赵春兰）

▲图 6-8：龙灯酒开宴。一场集体欢宴完全由乡民自组织，大家各司其职：准备餐食、摆桌凳、上酒菜……52 桌宴席，忙中有序。（拍摄：赵春兰）

　　如果说乡村组织和制度层面的乡风民俗是传统资源的有形方面，那么，内生性秩序力的第三块内容——乡土观念——乡民们共享的道德基础、价值规范，则是传统资源的无形方面。这些价值规范是一个社会之所以形成某一类秩序的决定条件之一。岳永逸以河北梨乡的"行好"为研究对象，揭示在既有传统的基础上，百姓依然以基于传统资源的"乡土逻辑"为行动准则，"绝大多数乡村和绝大多数中国人做人处事的基本原则和世界观并未远离我们农业文明时期的先祖"。[1] 在现代化的农村社会中，乡土观念虽然一直在变迁，但它依然是规训人们行为的重要力量。

　　村社规范如何存在？如何发生作用？下面是我与龙灯队主事——喜伯的问答，从对话中，水乡百姓"日用而不知"的价值规则呼之欲出。

---

[1]　岳永逸：《行好：乡土的逻辑与庙会》，浙江大学出版社，2014，第 86 页。

我："怎么给龙灯队打赏，多少钱，有没有规定？"

喜伯："没有规定的，想给多少就是多少。"

我："最少多少，最多多少？"

喜伯："20块也有的，几百上千块也有的。"

我："那怎么就能决定到底是20块呢，还是几百块呢？"

喜伯："老百姓都是心里有数的。一般老百姓么，觉得20块差不多了。有些觉得龙灯队来讨赏，一年也就一次，图个风调雨顺、顺顺当当，那么就多给点。老板人家，都是要面子的，600块以上，他们也是心里有数的。"

从"打赏龙灯队"的标准价位中，我们可以清楚地看到，这种百姓"日用而不知"的规则是如何存在并发挥实际作用的。在中国传统乡村社会中，大大小小的村庄几乎都能以其地域特点形成某类村社伦理，"这种信息全对称以外的公认一致的规矩，可以称之为'地方性共识'。地方性共识包含价值和规范，是农民行为的释义系统和规范系统，由其形塑的农民的行为逻辑，我称为乡土逻辑，这种乡土逻辑的重要特点是中庸、平和、不出头，是一种实用理性的态度，不认死理、不走极端、不钻牛角尖，人云亦云，大家都这么做，自己就这么做了"。[1] 同时，这种"地方性共识"规制着村内人与人、户与户、家族与家族之间的道德义务，使得村社内的所有门户都必须遵守该村社的共同准则。在共同准则的约束下，村民分担了村庄的义务。[2]

---

[1] 贺雪峰：《新乡土中国》，北京大学出版社，2013，第7页。
[2] 朱妍：《现代国家建构过程中民族地区乡村秩序的变迁——以恩施土家族苗族自治州为研究样本》，博士学位论文，武汉大学，2016，第29页。

在很多情况下，一旦出了村社范围，这种对地方性共识所附带的责任就会立即消失。比如，为纪念保护神而举行的大型宗教仪式活动和游行，所有神的塑像和其他相关物，在传统社区生活的日常活动中成为集体仪式不可或缺的部分。社区的领袖充当神职人员，仪式举行时整个社区的人都参加，可谓万人空巷。[①] 在整个水乡，龙王是公认的保护神，社区保护神的信仰是传统社区基本观念整体的一部分，是社区共有生活方式的象征。但是，到了水乡之外，喜伯带领的"龙灯队"就遭遇了尴尬：

> 大年初三，我们基本上已经把水村都跑遍了，收了 2 万多块赏钱。还想着再去哪里收一点，有人建议去沈家店，我一想，那里确实不错，人家多啊！500 多户拆迁安置房，农民土别墅一排排过去，有钱人集中。好！就往那个村跑！哎呀！跑去才发现错了。不认啊，他们是温州人，都不信这个。[②] 1 个多小时才收了 200 多块。赶紧调换策略，到何母桥村去，那里至少还是水乡片，还信龙王。

"农民所生活的空间属于一种小型社区，是一种有自然、经济、政治和文化四个方面的特质的浓缩体或社会混合体，在这里，居民们集中生活在范围较小的地域空间之中，通过小范围内长期交往和互动，形成较为稳定的行为方式和交往模式。"[③] 小传统中包含了村落社会的人们在特定自然或生态环境中，通过政治、经济及文化生活而形成的世界观和价值观，以及与之相适应

---

① 杨庆堃：《中国社会中的宗教：宗教的现代社会功能及其历史因素之研究》，范丽珠等译，上海人民出版社，2007，第 271 页。

② 这个村庄的人大多是 100 多年前从温州平阳县迁徙过来的移民后代。祖辈的温州方言还被当作日常语言，很多习俗信仰沿袭温州传统，因而与水乡文化多有差异。

③ R.Redfield,*The Little Community and Peasant Society and Culture*,Chicago: The University of Chicago Press,1973, p.5.

的行为方式。在这里，龙王信仰只存在于水乡片文化的十里八村，到了隔壁的沈家店就不被认同。因为沈家店是山区片文化，各种农业生产、社会生活都是围绕"山"而非"水"来进行的。水龙王在此，自然就得不到信奉。

村社规范或"显"或"隐"。今天，"正统"的《乡规民约》被显赫地刷在水村村委会门口的白墙上：

爱科学、重教育；反邪教、不迷信；对儿女，不娇惯；

勤致富、俭持家；不赌博，不浪费；互相帮，不添乱；

夫妇情，恩爱深；讲平等，不吵架；明是非，辨善恶；

……

但是，墙上的"民约"并不等于老百姓心里的"规矩"，"村社伦理并不是国家权力的产物，也不一定是乡村精英或富人所制定的。而是以国家文化网络为基点，受乡村精英的影响，是全体村民自己制定、世代相沿的日常生活关系的结晶，否则就不会得到全体村民的认同"。[1] 村社伦理作为村民公认的乡村社会秩序基底，并不一定需要以文字或条文的形式登记在册，而是以村民的认同为合法性基础。在田野调查的整个过程中，村民并不认为自己是以"科学""民主""法治""平等"这些现代观念与制度要素为核心来指导生活的。在与村民的"闲聊"中，在事件的参与式观察中，"男女有别"的性别观、"公私有别"与"善恶有报"所代表的公私观、"别把钱看得太重"的金钱观，是被提及最多的观念。这些存在于百姓心里而未被刷到墙上的规矩，

---

[1] 朱妍：《现代国家建构过程中民族地区乡村秩序的变迁——以恩施土家族苗族自治州为研究样本》，博士学位论文，武汉大学，2016，第 29 页。

具有与村规民约相同的甚至更大的影响力。它们共同构成了处理水村内外各种社会关系的准则。

一 乡土观念是乡民处事的价值选择："男女有别"与"男女平等"

"稳定社会关系的力量，不是感情，而是了解。所谓了解，是指接受着同一的意义体系。同样的刺激会引起同样的反应。"[1] 后文将讨论两种乡土观念（公私观、金钱观）让水村人对公私界定、利益分配保持着较为统一的看法，做出较为一致的直接反应。但在水村，社会性别观并不如后两类观念那样能获得如此一致的支持。实际上，关于男女到底是"有别"，还是"无差"，总能够引发诸多争论。一方面，"男女平等"作为现代社会的代表观念，由建构性力量——国家提倡早已渗入乡间。另一方面，"男女有别"不论是作为文化建构还是社会事实仍在继续深刻地影响着水村生活。这两种相反却又同时存在于乡村的性别观念，延续着地方传统，也因现代理念的冲击而发生着改变。

163

（一）对立性别观的现实交织

对于乡土观念中的性别观，费老早有结论："乡土社会是个男女有别的社会，也是个安稳的社会。"[2] 传统乡村中，社会由男性主导的证据比比皆是，而"男女平等"是与国家现代化语境建构相伴随而来的观念。我国宪法中规定有政治的、经济的、教育的、就业的和家庭中的五大权利。"男女平等"的观念，如同"民主、自由、法治、人权"一样，是现代观念中的重要内容，是现代化进程中国家对政治秩序的一贯追求。当"男女有别"在其他多地与政

---

[1] 费孝通：《乡土中国》，载《费孝通全集》（第六卷），内蒙古人民出版社，2009，第 143 页。

[2] 费孝通：《乡土中国》，载《费孝通全集》（第六卷），内蒙古人民出版社，2009，第 146 页。

策理念及设置纠缠之时，在水村，"男女平等"观念已经通过村内的商议、国家法律层面的执行保障了妇女的合法权益。也就是说，只要符合规章制度，男女在绝大多数情况下已经可以享受同样的权利。比如，年终分红等村集体的福利，只要户籍在本村，无论男女都享有同样份额；拆迁征地，无论生男生女，都是 80 米^2/ 人的安置面积；两个女儿成家之后，可以与两个儿子一样立户分家……这一外加的平等话语权不仅在以上可见的制度安排层面得到较为平稳的落实，也在乡村社会的其他方面改变着"男女有别"这一传统观念。

在民间生活中，甚至在一贯由男性主导的庙堂管理中，女性似乎也可以平等地获得一席之地。我们看看甘甜庙香委会成员的性别比，就会对"男女平等"观念的落实抱有更多期待：国英是官方认可的甘甜庙负责人，所以女性成为全村民间信仰场所的领导者。虽然让女性当村庙头领也有人反对，但"男女平等"的观点也总能找到事实例证："东山庙的沈玉莲怎么就能管这么大的庙呢""你们上次去旅游的时候也看到了，广西都是女人当家的，这你们应该知道的""万物生长靠太阳，万人生长靠女人。谁说女人就不能当家了"。这一在传统社会中向来由男性主导、女性不得越界的领域，在现代社会由女性主导，这让我一度以为乡村中"男女平等"已经成为现实。

在村庙祈福仪式中，"上名"仍然流行：拿一张红纸，写上姓名，通告神灵，祝祷吉利。观察"上名"如何落款，也可以让我们看出水村人如何定位自己的性别角色。在传统社会立功德碑、"上名"、"上表"等各种仪式上，都是以家户为单位，以男主人的名义进行捐赠。对于汉族特有的文化格局特征，孔迈隆（Myron Cohen）有过一个总结，其中之一是："家庭组织的基本元素是父系倾向以男性为中心的婚姻、权威和社会经济安排，使得家庭具有了企业集团的性质。家庭角色中家族首领是'家长'，一般是家族的男性长辈，也是家族对外的正式代表。"① 家户由成年男性来代表，而女性几乎透明于公共场合之中。在今天的村庙仪式观察中，我们发现男女之间的界限已经不再如此明显：虽然强调保佑"全家"，由男性作为当家人代表"全家"的这个传统习惯并没有改变，但我也发现，女人们也会直接要求写上自己的名字，为自己求得庇佑。另外，老百姓向甘甜庙捐助桌凳、碗盘，捐助人中也多见女性姓名。水村妇女开始作为一个个独立的个体，以自己的名义"积阴德"。"男女平等"作为一种社会事实逐渐被接受、实践。

但是，"男女有别"真的被改变了吗？下这样的结论还有些过早。甘甜庙的香委会设置最显眼的地方是女性担起了领导责任，但香委会的男女比例和职位分布仍是偏重男性的。除了组长是国英，其他6位都是男性。与国英有过交往之后我发现，她能稳稳地被推上庙堂主事的位置，依托于很多细节的"处理到位"。在庙堂管理中，国英发挥着女性的角色优势，"国英来管了之后，女人们都来了，庙里干净多了"。她让庙里的男人们和女人们团结一致，各司其职。国英有着女人心思细腻的一面，在很多其他方面，尤其是在自我形象塑造时，她也有非常男性化的一面：抽烟、喝酒、一年四季的裤装。在聪明人看来，要在水村成事，努力靠近男性的角色定位能减少很多不必要的麻烦。

实际上，在水乡的现代社会中，"男女有别"的鸿沟并不能被轻易跨越，"男女有别"的社会事实仍随处可见。"男女有别"首先是一种文化建构。为了秩序的维持，一切能引起秩序紊乱的要素都需要被遏制。即使在今天，女人们获得了平等受教育的权利，得到了社会的认可，但是在传统的仪式中，女人们仍然被各种各样的"清规戒律"所束缚与限制，不能越雷池一步。在男性专属领域，女士不得入界。在水乡，最明显的例子要属"小端午"的"上龙船"

① 孔迈隆：《不往田野去，就理解不了今天的中国》，复旦人类学（微信公众号），2018年10月29日。

习俗:"出生的男婴,没有上过船的,抱到船上去绕一周,以后胆子就大了。"
这一习俗"禁止女性靠近"的规矩很严,女性上船被认为会沾染"晦气"。乡
民常常拿"这个女人家做不来的"的说辞来阻止我这个女性研究者在田野仪
式中的参与式观察。

　　"男女有别"还可以从一种"说辞"转变为社会事实,限制女性社会角色
的扮演。就是因为"男女有别",国英不能再做"丧葬工作":主持村里的殡
葬工作是一份兼职差事,每个月可以领到 1000 多元的补贴。国英通晓丧葬仪
式的各种礼仪,与殡仪馆的人也是熟识,按照她自己的话说:"我自己喜欢,
也适应这种活。"但是,她的这份工作只做了 6 个月,"送走"了 10 个村里人。
村里领导说:"人家都在说了,丧葬的事情怎么可以让女人家做呢?""在现实
生活中,常被称为公论的社会舆论的形成与一定的群体利益联系在一起。在
一定群体范围内具有公论性质,但相对于其他群体乃至更大的群体来说,就
不一定是公正的,有时甚至是偏狭、自私的。"[①] 虽然国英对于"男女有别"
的借口心知肚明,对于侵犯她正当利益的做法多有不服,但最后还是无计可施,
主动辞去了这份工作。

　　"男女有别"不仅让国英丢了主持丧葬工作的兼职岗,当村里的龙灯队
在甘甜庙被组织起来时,"女人不能管龙灯"又成了反对者的有力话柄。对
于龙灯队的管理,国英一开始就表明了自己的"顺从"态度:"他们说,女
人做不来的,那我就不做。所以那天我们开碰头会,我说,这支龙灯(队)
你们想好,是由你们男人去耍的。我呢,不参与。我只做后勤工作。"但是,
这丝毫不影响国英作为"幕后主管"的角色参与:男人们也是知道国英的社
会影响力,多次劝说让她出面发帖子给水村的老板们;在龙灯酒筹备过程中,

---

① 陈丽影:《论社会舆论》,《广东行政学院学报》2005 年第 1 期。

庙里的"笔杆子"来来回回好多次，让国英过目"骨干名单"与邀请函，请她确认。

正如李怀印所言，"在 20 世纪初期的中国村社内部，内生旧制度与新体制共存，村民共享的价值、态度和观点与外在观念和国家冠冕堂皇的言辞混合在一起"。[①] 根据观察，今天这种观念的混合在 21 世纪的水村仍延续着。如同其他现代化的话语表达一样，"男女有别"的乡土观念和"男女平等"的现代观念在水村人的思想中混合着。"男女平等"尚未取得完全的话语权，"男女有别"也还在村民的传统观念中有着辩护力，两种观念一直处于互动之中，在公开与私人层面展开较量。但是，对于水村中的个体而言，两种观念的较量并不矛盾，而是以"趋利避害"为原则在两重性别观中进行着自我选择，选择的结果又是"社会有序"的实质呈现。

（二）性别观的代际差异与调和

从国英身上我们可以看到，年长一辈对于"男女有别"是一种自愿接受，甚至是自我约束。国英保持着传统形象，也在全力维护传统话语权："女人家不能出门的""龙灯队不能女人管，那就让男人出面"……对于种种不平等的待遇，她并没有在公开场合予以正面反抗，而是采取了"不出面"的回避策略。可以说，虽然她对这种"男女有别"观念多有不服，但也早已接受了"男女有别"的乡土观念。水村村民虽然不屈从于教条式的偏见，但也从来无法逃离教条式的指导。这是水村年长者的顺从，我将年长一辈的反抗特征称为"顺势而为"。但是，更多接受了现代生活理念的水村年轻一代对于"男女有别"的反抗形式表现出明显的不同，年轻一辈的反抗形式被我称为"伺机而动"。"男

[①] 李怀印：《华北村治——晚清和民国时期的国家与乡村》，岁有生、王士皓译，中华书局，2008，第 28 页。

女有别"与"男女平等"的分歧渗透在代际日常交往的细枝末节，我想借水村女子——阿琳的婚姻打算来分析代际基于不同性别观的理解与选择。

"男女有别"指导下的传统婚姻观，使得传统婚姻家庭遵从"男主女从""夫为妻纲"的社会规范。对于传统社会中的女性而言，婚姻不仅是一种感情的依托，更是一种生活上的物质依靠。"在女性广泛参与社会生产、实现了经济独立、提高了社会地位、男女平等日益深入人心的现代社会，婚姻家庭中的夫妻关系也发生了深刻的变化，追求民主、平等、互助、协作的新型夫妻关系渐成主流。"但是，这种在城市中已经被普遍接受的主流婚恋观在水村乡间依然遭遇了挫折。在年轻人的婚恋中，处处有长辈给予的"男女有别"的提醒："男人与女人还是不一样的。男人到了二十七八岁，还是香喷喷的；女人等不起啊，到了二十七八岁，就是老姑娘了。"

二十七八岁的阿琳是水村女孩，她于五年前大学毕业，之后一直在本土企业——诺贝尔陶瓷厂上海分部做驻地会计。在上海这样的大都市，二十七八岁的女孩正值最好的青春年华；而在水村，这样的年纪对于一个姑娘而言，"早就应该谈婚论嫁，结婚生子了"。这是水村长辈们普遍的认同，"认同有它的动力，国家、社会就是靠认同产生的。谁认同谁，凭什么去建构认同，在什么时候、什么环境、可以利用什么概念来做建构的根据，就是研究者在田野永远不能离开的问题"。[①] 但是，现代文化意识形态所带来的影响，确实也构成了一种村庄认同的反向拉力。阿琳对于"女人要早成家生子"的老观念并不赞同，自然也不会去照做。"阿琳们"已经跟城里的同龄人一样，有自己的事业，有经济独立的能力。经济独立基础上的新价值观使得原有的价值观没有了合法性基础，个人不断脱离传统社会秩序的约束，获得了前所

---

① 科大卫：《明清社会和礼仪》，曾宪冠译，北京师范大学出版社，2016，第344页。

未有的自由空间，个人人格的独立塑造了一种全新的主体化形式。

　　"一种理念如何在历史中真正发挥作用？必须通过真心诚意相信并践行它的人群——理念'承载者'的具体伦理实践和生活方式——才能在历史中发挥作用。"[①] 年长一辈习惯于被塑造成集体人格，年轻一代更追求成为个体自觉的人，当这一代际差异被放在两代人对于"男女是否有所区别"的问题的认知之上，不同的选择就更加明显。婚恋观的代际差异表现在：婚姻对"阿琳们"而言，不再是找一个人生的归属或者物质上的依靠，婚姻必须是以爱情为基础的。但是，所谓的"爱情"在长辈们看来是如此难以把握。阿琳对于婚姻有自己的打算，认为自己"现阶段的主要精力应该放在继续学习深造，把所有工作之外的空闲时间，都放在了注册会计师的考证上。找男朋友这种事，一切随缘"。但是，她的母亲显然已经坐立不安，苦口婆心劝说女儿："应该多出去认识更多的新朋友。趁着年轻，把终身大事定下来。现在还有资本去挑别人，以后是越来越难找了。"乡间热心的媒人问阿琳对男朋友的要求，阿琳说："要看了有感觉。"但是，"有感觉"这一内化的择偶标准，比"有车""有房""有钱"的外在标准要难把握得多。

169

　　社会学家科塞（Lewis Coser）有言："一定程度的不一致、内部分歧和外部争论，恰恰是与最终将群体联结在一起的因素有着有机的联系……在明显存在着社会各部分和各等级划分的结构中，对抗所具有的积极整合作用就表现出来了。"[②] 在这里，传统的价值观——"家""孝"继续发挥整合作用。虽然"阿琳们"自己可以如此洒脱，但是，"孝"的责任在她们的价值观里还是有着很重的分量。水村经济的发展，让她们对于至亲的"孝"不再过多需要物质上的给予，"孝"更多需要精神上的安慰与顺从。虽然现代社会早已不流行"父母之命、媒妁之言"，

---

①　郁喆隽：《马克斯·韦伯：历史性的现代界碑》，《解放日报》2018 年 4 月 29 日。
②　L. 科塞：《社会冲突的功能》，孙立平等译，华夏出版社，1989，第 17 页。

但婚姻从来都不是完全个人的行为，阿琳可以不在乎别人的看法，但是她无法不在乎母亲的看法。乡间的舆论仍然活跃，母亲仍然在乡土观念的舆论之中生活。"阿琳们"的母亲明白：婚姻不仅是女儿个人的终身幸福，作为一种社会制度，它更是一个家的"面子"。"在任何处境中，个人可能采取的行为很多，但是他所属的团体却准备下一套是非的标准，价值的观念，限制了个人行为上的选择。大体上说，人类行为是被团体文化所决定的。在同一文化中育成的个人，在行为上有着一致。"① 非正式的公共舆论对"老姑娘不出嫁"——这样一种不合适的行为方式形成了非正式的监督，即使是已经接受西方自由主义观念的年轻一辈，只要还生活在乡村中，其中的"闲言碎语"规范性仍被感受，她们对"舆论"的"意见制裁"还是无法充耳不闻。阿琳也无可奈何地表示："如果我一直不结婚，我妈会着急，因为在别人看来，我已经是个'老姑娘'了，这样的名声对于我家来说总是不好的。"

"阿琳们"所持有的新观念最终并没有引起她自己的认同危机，她们显然清楚自己所认同并追求的是什么并在努力践行。但是，她们并没有就此一意孤行并以非常激进的形式推翻长者的权威，与旧有的观念发生直接的冲撞，而是在等待改变的时机。对于母亲和热心的三姑六婆所张罗的"相亲"，她从"一开始的拒绝，到现在慢慢接受，试着去谈一谈"，而阿琳的母亲也在试着理解女儿的"事业心"。

村庄内，传统与现代的价值观不一致——"男女平等"与"男女有别"的观念分歧是在可控的范围内的，仍可以通过代际的相互尊重被沟通，在代际的相互理解中被化解。内生性力量所提倡的孝道、尊卑又对现代性容易衍生的个人主义构成回牵，这就是社会秩序各要素之间平衡的一种表现。一方面，

---

① 费孝通：《乡土重建》，载《费孝通全集》（第五卷），内蒙古人民出版社，2009，第1页。

内生性秩序力依然在现代社会日新月异的变化之中找到了自己的位置，这让水村秩序在矛盾之中依然平稳。另一方面，"'秩序'本身是历史地形成并演进着的，不同于传统社会的'旧秩序'，现代社会意味着在个人自由和社会控制的内在张力中的一种'新秩序'的生成"。[1]

二 乡土观念对共同投入的道德肯定："公私有别"与"善恶有报"

（一）庙堂内外的公私差别

腊月十五，杭州到了最冷的时候，连续下了好几天的雪，地面积雪的厚度足有二三十厘米。我哆哆嗦嗦地出门，小区里大樟树的枝杈被积雪折断，歪七竖八地倒在路上，无人清理。我心里暗暗抱怨："各扫自家门前雪，真是应景！"讽刺的是，与身边的大多数人一样，我也从未将对于"公"的感受与责任从抱怨转化为行动。当下，如我一般的大多数中国人的公私观念，其实是"后革命时代"里乡村社会利益结构变迁的结果。简单地回顾历史，我们看到这样一条"公""私"界限变化的脉络：在传统社会中，在土地所有权明晰的情况下，"公""私"边界是明晰的；1951 年"土改"，集体意识完全取代个人意识；1982 年，"人民公社"制度废止，生产队随之解体，田地分到了户，但原先全村的公共活动用地却再难以归"公"了。"传统的凝聚大家心气的公共象征在逐渐衰落，'公'的存在空间不在，结果大家不肯为他们已经抱有怀疑的'集体'投入一分一厘的私人资产。"[2]

早上 8 点半，我照例去水村的村庙做帮工。还没进庙门，闻声就能感受到今天庙堂大院比平日每月的初一、十五要热闹得多。一走进甘甜庙的大门，只见大家三五成群在忙着铲雪、扫雪、拉雪……干得热火朝天。干家塘上的

---

① 王虎学：《分工与现代文明秩序的建构》，《社会科学辑刊》2012 年第 5 期。
② 赵旭东：《否定的逻辑：反思中国乡村社会研究》，民族出版社，2008，第 187 页。

171

酒大爷，90多岁了，身材矮小，咯咯咯笑起来，只看得见几颗稀疏的牙。80多岁的发爷在酒大爷面前只能算是小老弟了，两人配合着用小双轮车清雪，一个铲，一个拉。发爷一边清理，一边念叨："雪铲了，年纪大的走进来，不容易滑倒。这也是行善积德。"与之形成对比的，是村庙外的其他道路，半个月后残雪还是无人清理。村庙内外截然不同的公私实践让我不禁疑问：一种公共意识的实践为什么只被封锁在庙堂中？庙堂内外，对于"公"与"私"的态度为何会有如此大的差别？

延续至今的庙堂自组织传统，不仅在清理庙堂积雪中被观察到，当初龙灯队的组建，就是在"私"的质疑中对"公"的实践坚持。在前文中已经有过介绍：水村历来有春节耍龙灯的习俗，自从水村的文化礼堂建成，水村龙灯队就被"收编"，成为"官方的龙灯队"。但是，对这支正统龙灯队，老百姓保留着一些看法：

让你去舞龙，100元一天，补偿一点都无所谓。大家吃一顿饭，造造声势，我觉得是可以的。除了工资和办酒，他们是靠旅游来消化的。怎么说呢，打着龙灯队的旗子去公费旅游，就是有人这么"眼窝子浅"！把收来的赏钱，像"掰鸡腿一样"，东掰西掰掉。

更让老百姓觉得好笑的是："龙灯队去旅游，通知出来，说是经过了村委同意……"对于水村人来说，"龙灯收赏，使用赏钱，是老百姓的'公事'，这种事情根本不用经村里同意"。

对于如何处理龙灯队这样的传统组织中"公"的资源，水村人有自己的打算：

照我们看来，如果是做点公益的，那我是同意的。比如说，庙里哪里修一修啊，哪里做块宣传栏啊……取之于民，用之于民，这是原则。比如说，这支龙灯要下来一共3万元，工资什么的，算下来，还剩下2万元。那么这2万元，我们到元宵节，做一本戏文，烧点汤圆，最好天气晴，放在外面，让老年人凳子、椅子坐坐，东西吃吃，不管菜多少，让老年人开开心心，高兴一下。

正是在这样对"公"与"私"的不同认识下，2017年底，水村村庙组建了一支"民间龙灯队"。这是在行政建构性力量之下，民间组织另辟地盘，用自己说了算同时也更为大家所赞同的方式承担"公"的责任。但是细究之下，我们又会发现，单纯用公益、志愿这样的词来形容庙堂里的各种"公"的安排又不是最为恰当的，这些安排也不见得全是出于公德心，村庙里的村民行为以"功利家庭主义"的观点来看更为准确，这种狭隘的"公益"是对社区凝聚有针对性的"公"与"善"。

（二）公私与善恶相连

社会秩序如何运作？社会如何整合？社会最初的道德规范力量在人类现有的认知水平上都直接或间接地来源于宗教。宗教和社会秩序的关系不可分割、互为因果。涂尔干认为，社会无论具有什么特定的结构或者文化，始终是一种"社会有机体"和"道德有机体"，通过对个体整合入群体生活的神圣符号秩序和集体能量得到体现。[①] 对于中国乡民，宗教与生活一直是相互融合、无法分割的。公私观点也带有明显的宗教性，是与"善恶有报"紧紧相关的。"公""私"领域的不同行为表现，需要从一般性的行为规范转向关于"善""恶"这一更加具有

---

① 克里斯·希林、菲利普·梅勒：《社会学何为？》，李康译，北京大学出版社，2009，第51页。

宗教底色的道德规范的讨论。在庙堂之中就有关于这一区隔的许多具体事例。

"善"是中国民间宗教所设立的中国人宇宙观中的首要原则。"有关善与恶的观念深入民心，再加上儒家、佛教、道教利用各自的文化资源配合着强化个人知善止恶的社会意义，故有关劝善与行善渐渐地成为中国社会最基本的道德律。"[1] 时至今日，现代中国人仍然相信善恶有报的现实力量，善恶报应对人们把握道德命运有着无可替代的督导作用。如佛教因果报应论宣扬三世轮回，其思想重心是劝告人们虔诚行善修道。[2] 在其他宗教语境之下，或者说，在世界性宗教所主导的主流话语中，"善"也具有普遍性。"善有善报，恶有恶报，不是不报，时辰未到"是让人不要做坏事，避免报应，这些说辞成为民众寻求关乎个体生命价值的资源，为他们不再受压抑的"宗教性"找到一个稳定的支撑点。[3]

但是，中国民间信仰从来都是与特定的本地利益紧密相连的。甘甜庙里"西方三圣"开光仪式是我第一次见到的水村"集体"。在导论中，我有提及那次集会的规模，"1000多人在现场"在平常的水村中并不常见。我注意到，仪式祭拜的领头不是庙堂主事，而是一位生面孔的中年男子。我一直以为，能在这么大的场面上享足面子的人，定是甘甜庙的"大金主"——少说也得"坐"（募捐）几万元。但我这种普遍的功利心态却没有猜中水村人的安排用意，这里"大善大德"的赞誉并不是像其他大多数寺庙一样靠捐钱就能获得的。甘甜庙主事——国英向我道出了如此安排的用意：

---

① 范丽珠：《"善"作为中国的宗教伦理》，《甘肃理论学刊》2007年第6期。
② 方立天：《让中国触动最大的佛教因果报应论》，全球新闻网，2019年6月10日，http://www.qqsyw.cn/jiaoyu/7380.html。
③ 范丽珠：《当代中国人宗教信仰的变迁》，韦伯文化国际出版有限公司，2005，第212页。

开光那天，领头祭拜的人是把地基卖给甘甜庙的人。他真是有功人！这里以前是一个小学，上六间、下六间。现在就算摆上百桌，都还是挺宽敞的。1986年，那个人买了学校的地开了养猪场，但是，猪都死光了。他从村里买来这块地花了两万六千元，卖给庙里是两万五千元。请他第一个来上支香，是要谢谢他。菩萨讲不来话，但是，老百姓会说话。一只鸟都要有个窝了，今天给菩萨们造一个庙，就是给了他们一个安身的窝。祭拜之后，我马上拿个电饭煲给他，给他个杯子，剪块红布给他，再给他一块毛巾。第二个人祭拜的人是他母亲（莲花奶奶），她一直在养猪场跪拜，要求建庙。

这样的人，被大家尊为"大善人"。"广结善缘、善恶有报、积善、劝善、行善等，在中国人的生活世界中，有关'善'的说法非常多。虽然在表面上看，'善'本身并没有很强的宗教色彩，但是，如何达到善、怎样劝导人们放弃恶行而情愿行善的过程，却充满了宗教的影响，并使'善'成为中国宗教道德的核心内容之一。"[1] 在这里，"善"的表达紧紧地与"公"相连。人们对于"善""公"是有反馈的，反馈可以是物质的形式，也可以是在仪式上的公开肯定。这些在不大的水村，是至高无上的社会荣誉，对于旁人来说，看到的是价值引导。

与传统社会相比，在现代社会中，以民间信仰形式——如善人、善书、善堂的传颂为外在形式的价值观引导已不再常见。但是，老百姓从来都不缺乏对于"善""恶"的清晰评判。老百姓最常说"善有善报、恶有恶报"。对于"恶"的鄙夷，以及报应应验的口耳相传，是与对"善"的提倡与褒奖同时叙说的。"恶"也体现在"不干净"上：82岁的沈爷自称以前是庙里的出纳，

---

[1] 范丽珠：《"善"作为中国的宗教伦理》，《甘肃理论学刊》2007年第6期。

他刚一离开，旁人就在我耳边嘀咕，"这个人良心不好，手脚不干净，被我们赶走了，庙里的钱都敢拿，真是太过分了"。在现代水村，人们在表述时，"善"更多不是对应于"大爱"，而是在处理"公"与"私"的关系时践行"善"。

村民对于在全村范围内成功动员资源以完成一件件"公"事抱有信心。传说，"甘甜牡丹"是庙中一景，但在战争年代被破坏，村民们感到甚是可惜。村民常常催促国英："为什么牡丹花还没有种起来？"一旁早有人代为回答："钱大家自己凑。要说是去买牡丹花，有谁会不同意呢？每家出个一百、两百，肯定是没问题的。"甘甜庙复建 20 年的历程将在第七章被详细论述，在这里要强调的是，村庄事务所依托的是集体贡献，村民们对于公共事务的付出有持续、肯定的期盼。进一步的，"公""善"的褒奖，"私""恶"的监督，一直对村民在集体参与中的行为起着指导、示范作用，成为维护社会道德秩序的教条。

近年来，宗教理论界尤其关注一种被称为"泛善"的趋势。魏乐博等提到的一种图景是："一种普世性的，以个体为单位的，世俗的'新自由主义'的善，在众多语境中都处于主导地位。这种善不承认有形式上与之对应的恶——这个宇宙是个无止境的爱的世界，强调普世的爱。"[1] 与东南亚的其他华人社区凭借民间信仰所发起公益的全球化相比，在水村"低级善"之下的公益，宗教力量没有在庙堂之外延伸更多社会服务，与这种日渐主导当今中国公共道德话语权的"泛善"相比，甘甜庙是一种"专善"：并不是对所有人一视同仁、平淡温和的"善"，此处所谓的"善"，仍然是建立在一种旧式道德基础之上，通过"一分钱的电话费都没有报销过"所确立的道德准则，慈善只与社区生活相联系。通过对于水村生活的观察，我能明显感觉到有一个共同的"我们"

---

① 魏乐博、吴科平：《"善""恶"界限的多重性：中国道德体系中的包容性及其后果》，载陈进国主编《宗教人类学》（第六辑），社会科学文献出版社，2015，第 18~39 页。

存在。"我们"凭借"善心"，通过对水村内村民利益进行维护，进而对村庄的秩序进行维护。

三 乡土观念仍是利益调节的价值参考："别把钱看得太重"

当我走进水村村民的生活日常并记录下水村人对我重复讲的那些对的事、错的事，我才发现，村里不仅有规矩，而且规矩还不少。其中，让我印象最为深刻，也是被提及最多的一个话题，是关于"钱"怎么用。如同其他地方的农村，"钱"仍是农民最为关注的话题之一。一方面，我们的确看到此处商品经济发达，村民为"钱"计较；另一方面，在市场经济理性算计盛行的当下，水村人却在一直强调："算了，算了。钱，生不带来，死不带去，别把钱看得太重。"在每回因利益争夺而剑拔弩张的时候，村民这样宽慰自己，也这样劝慰对方。当下乡村的情况被普遍认为："依托于熟人社会的乡土逻辑解体，市场伦理和市场逻辑正在替代传统的乡土伦理和乡土逻辑。"[1] 但是，在水村，我们看到这两种逻辑绝不是简单的替换关系。

（一）"重钱"的乡下人

董研记录过一段她所调查的村庄村民"关于钱的看法"："现在社会就是这样，凡事都是'钱、钱、钱'。你不讲钱行吗？你没有钱行吗？钱多的跟钱多的玩，钱少的跟钱少的玩……（有事）谁也不会理你，没空，都忙着呢!"[2]

作者感叹，传统社会中的人情味淡化了，人际交往常常需要与经济"挂钩"。的确，市场经济的特殊能力在于价值的无差别性和货币的通约能力。是否具有赚钱的能力和赚钱多少的本事，成为衡量人的价值、体现人的声望的

---

[1] 贺雪峰：《新乡土中国》，北京大学出版社，2013，第70页。
[2] 董研：《村民行动与村庄秩序——河北乡村社区的实地研究》，中央民族大学出版社，2011，第113页。

基本手段。[1]　在水村，乡下人对钱的看重体现在水村百姓生活的点滴节约中：每月初一、十五在庙里当义工，我甚至会因为给大芋艿削皮多削去些芋艿肉而备受指责。看重"钱"，更突出表现在水村人在社会关系的维系上，甚至可以毫不夸张地讲，乡下人处理关系几乎都是围绕"钱"来打转的。

水村人自然不会不知道"钱"的能量。立夏，原本是拿立夏饼，现在是拿"钱"；中秋节，本来是送月饼，拎各种礼品，现在还是送"钱"；更不要说各种过寿、过年的情况。在水村，"孝""悌"等儒家传统价值观还在发挥重要作用，平稳地引导水村人处理好日常生活中的利益冲突。"孝顺"是一种常见的馈赠行为，即把"礼物献给尊长，表示敬意"。[2] 从一年到头的各种节庆中，老人们与孩子们相互选择什么当作"礼物"互相馈赠，就可以知道水村人是多么看重"钱"。虽然市场经济发达，子辈可以给父母们选择的礼物是多种多样的，但是对于水村人来说，钱是最灵活、最通用，最能够衡量、比较"孝顺"与否的标尺。子辈如何孝顺父母，表达孝敬最直接的方式是"钱"，他们之间的金钱流动，成为我观察的重点。

父母如何帮衬子辈，货币成为衡量关系亲疏的最适合的尺度。在物欲至上的现代社会，在强烈的市场与消费经济导向下，"家和"观念很容易直接变成关于金钱的讨论。在改革开放前，国家政策向城市、工人倾斜，农民群体中能"上升"进入工人群体的人极少。68 岁的发根一直强调自己是阀门厂的工人，虽然"工人阶级"的身份优越感随着政策向农村倾斜慢慢消失，但他说："我在阀门厂的宿舍，当时买的时候花了 1.7 万元，现在国家拆迁，赔了 108 万元。加上家里给大儿子、小儿子造的房子，国家赔了我将近 500 万元。现在我还领到了退休工资，有 7 万元一年。我跟我两个儿子说，我今年快 70 岁了，

---

[1]　陈庆德：《货币符号涵义系统的经济人类学分析》，《开放时代》2000 年第 3 期。
[2]　《现代汉语词典》，商务印书馆，1996，第 1389 页。

没喝过你们的一滴凉水。"在拆迁背景下，"钱""房"成为水村人讨论代际融洽的最大谈资。"我两个儿子给我们老两口在小区里找房子，房东说，你们两个儿子孝顺的，还给父母弄一套自己住。我们儿子说，现在征用拆迁，两幢房，国家赔了我们 400 多万元，全是我爸给我们造的，是应该孝顺孝顺他们了。你们知道吗？我们俩听得多舒服。"一位拆迁户很自豪地说道，大家纷纷点头称是。

"钱"是流动的"礼物"，也成为乡民保持与亲属热络联系的最能被理解的方式。水村所在的闲林街道，分山区片、集镇片、水乡片，虽然居民家户之间有贫富差距，但是，拿水乡片与山区片和集镇片做横向对比，至亲办喜事，如侄子侄女、干儿子干女儿成家，礼金三五千元是个能为大众接受的平均数；但是在水乡片，尤其是在水村，三五万元是普通老百姓的礼金数。有些村民更告诉我："礼金是要看家里的经济实力和关系的，10 万元也是很常见的。"

在《乡土中国》中，费老写道："在我们社会的激速变迁中，从乡土社会进入现代社会的过程中，我们在乡土社会中所养成的生活方式处处产生了流弊。陌生人所组成的现代社会是无法用乡土社会的习俗来应付的。于是，'土气'成了骂人的词汇，'乡'也不再是衣锦荣归的去处了。"[1] 而今天，还是同样的"土"，但是乡下人出手越来越阔绰，近年来，对东部发达农村地区的农民称谓，已经从城里人眼里的"乡巴佬"变为"土豪"。从称谓之变中延生的是乡下人的一种自我认同的变化。水村人也开始更多地从与城里人的比较中寻找这种优越感，甚至"城里人"开始成为被村民集体否认的对象。

---

[1] 费孝通：《乡土中国》，载《费孝通全集》（第六卷），内蒙古人民出版社，2009，第 113 页。

（二）"重情"的乡下人

水村距离杭州市区的直线距离只有 20 公里，在外在形式上，水村作为农村社区的现代化程度已与城市社区没有太大区别。但是，水村的村民还是习惯称呼市区为"城里"，而水村是不同于城里的"乡下"，水村人是不同于城里人的"乡下人"。这种区别更多体现在基于内在规范的自我界定上，农村社区在更大程度上保留和延续了传统文化及其规范，农村社区成员需要遵守更多的源于传统的规范。尤其是在金钱观上，城里人的"斤斤计较""讨价还价"是乡下人所不屑为之的。乡下人对城里人的鄙夷，大多是出于这个原因。乡下人拒绝斤斤计较，认为彼此"不要把钱看得太重"。我的田野笔记中，有很多这样的故事。

采莲姑妈绘声绘色地讲起了"城里人"吝啬、不讲情义的故事：

> 那还是我儿子小时候，转眼也是三四十年了。我家老头子早早地把晒好的青鱼干拎着去给城里的亲戚拜年。那个时候，城里比乡下的条件好得多。因为没有提前打招呼，我们去的时候，城里亲戚家已经吃好饭了，我们吃剩菜剩饭，也还是挺感激了。一会儿，等亲戚的女婿回来了，他去橱柜里端出了一盘鸡，让女婿吃。你说这样的城里人小不小气？怎么做得出来的？如果是我，客人来了没菜，都要从后门溜出去借两个鸡蛋回来炒炒的。从此以后，我们就不去拜年了。

洪发伯说"城里人"小气，喜欢举武夷山漂流的例子：两个城里人不愿意付 5 元的小费，与艄公起了争执。城里人是彻头彻尾的现代人，现代人推崇契约精神，他们交了漂流的船票，对于艄公讨的"辛苦钱"，他们并不认为是在契约之中的，可以理所当然地拒绝支付。但是，水村人自小会撑船，对于船上劳作的辛苦与危险，自然是多一份感同身受。在乡下人看来，这5元是包含感情的，是对艄公劳动的一种认可与回报。洪发伯在述说中，对城里人的"理性"表达了十足的"鄙夷"。这些关于城里人与乡下人竞争性对比的深层目的不仅在于说服他人，当这些观点成为社会整体的说辞，无疑还可以通过自我说服达成控制社会秩序的目的。

显然，城里人也感受到了这种"不一样"。阿萍，一位60多岁的城里阿姨，在市区生活了大半辈子，她"被媳妇赶出了她买的房子"，在水村租了个小房子自己单住，也乐得逍遥。她脾气爽快，慢慢地也就和附近的村民打成一片。有次聊天，旁人问她："你觉得城里好，还是乡下好？"她说："当然是乡下好！城里人做事情都是自己管自己的，都是'鬼簇簇'的。乡下人，发生点什么事情，大家都是知道的，呼一声都有个照应。城里人都是很自私的，'大难临头各自飞'。老公如果不赚钱养家，早就离婚了。你看我家房东，赌博要输多少钱啊！如果在城里，男人如果不每个月拿钱回来养家，谁跟你过日子呢？但是，你看房东的老婆，一直忍着，撑起了一个家。农村人还是更讲感情的。"

"利益原则成为社会交往的行为准则和内在驱动力，经济理性主义开始被人们所认可接受，但是，经济作为外生型力量可以为村庄转型提供坚实的物质基础，却不能做到消解韧性十足的传统伦理道德的渗透力。"[①] 乡下人口中的生动故事，其实是在试图构建、维持、传达：得体的、受乡下人欢迎的行为应该是怎样的。对越轨行为的社会批评有助于界定什么是正常的、恰当的和受欢迎的行为，这些"城里人"的故事作为完全不受欢迎的行为的案例，也达到了同样的目的。这些故事可以被看成一种关于人类行为规范的社会文

---

① 王建林：《道德秩序中的和谐农村——试论村庄转型中道德的时代价值》，《黑河学刊》2006年第3期。

本对于认同的不断巩固。虽然在我看来，在很大程度上，水村人对"城里人"的形象描述是偏激而充满想象的，但是，正因为现代社会中乡土原本的既定象征秩序的维持和这一秩序的变迁一样，经常成为问题，这些故事就显得尤为必要了。

在过往至少百年的宏大叙事中，中国发展现代化，一般而言，就意味着以市场经济的发展原则来重新考虑原本由传统伦理支配的价值原则。但是，这种价值转向似乎从来没有在水村完全占据上风。水村人关于"城里人好，还是乡下人好"问题的回答，就对应着另外一个更宽泛的问题：更为现代的理性行为方式，还是更为传统的行为方式，在这里被认为是更为合理的？或者，我们还可以换过来问：面对现代化的潮流，中国人那套传统的处事方式，到底还有没有价值？水村人的答案，从百姓日常生活的认同危机中，从水村人对于"城里人待客不诚心"的否定中有所体现。幸而，随着水村村庄的整体发展，普遍大幅提高的经济收入为农村人自我认同的重新确认提供了强力的物质支持，水村人也就更有理由拿那些继承于过往的认同来指导生活实践了。

（三）"义利并重"的乡下人

水村人总是说："钱是要赚的，但是，不能把钱看得很重。"金钱与情谊孰轻孰重，或者说，金钱与情谊如何分轻重？乡下人有自己的掂量。在中国快速变迁的经济环境下，正是"不把钱看得太重"才能更好地调节越来越多的利益主体的纷争。我先从一个我本来以为定会发生冲突的事情讲起。

2018 年 3 月，我跟着水村敬香团出游。当时区政府实行了一项惠民工程——本地人免费游览本地旅游景区。但是，免票凭证只能是市民卡，而不能是身份证。因为政策刚刚出台一个多月，很多村民不知晓，也没有带市民卡的习惯。在进入"径山花海"这个景点游览时，整个团队为此多花费了

1500 元钱。我本来以为，出去游玩，个人的门票是分开结算的，这也是锱铢必较的现代社会中，大部分人预设的一种结算方法。老年人本来就可以免票，支出的门票费最后需要退还给他们。而且，农村里的老人们一般都是苦日子出身，生活的不易让他们对钱也分外看重。现在包括门票在内的所有花销都平摊，无缘无故让他们增加了开销，我想不愉快的争执在所难免了。但是，又一次出乎我的意料，除了一两句遗憾，大家也没有其他的抱怨。晚上我与旅游团的带头人国英聊天，表示今天市民卡的事情居然没有引起混乱，这让我颇感意外。

国英回答说："门票不是单算的，而是大家平分的。如果大家都这么斤斤计较，也没有太大的意思了。老年人在门票上吃亏一点，但是，在平常的时候，年轻的肯定要照顾年老的。这都是很公平的。"对于老年人一起随行，敬香团并没有因为要承担责任，而不让他们跟随。国英说："你看这些 80 多岁的老人家，一般旅行社都不愿意让他们跟团的。但是只要他们的子女同意，我还是会带着他们出来的。整天待在家里干什么呢？出来见见世面，开心开心也好的。""团体中个人行为的一致性是出于他们接受了相同的价值观念。人类行为是被所接受的价值观念所推动的。"[1] 没把钱看得太重，不要斤斤计较，是水村老少的共识。

国英组织了 20 多年的旅游团，对此，有位水村年轻人这样评价道："她总是组织老太太去各地烧香拜佛，各种佛教圣地都去遍了。有些老太太不愿意去，她会拉的，说，年纪这么大了，辛苦了一辈子，为点什么呀？""这种旅游都很便宜的，年纪大了，很多门票都不要钱的，或者是半价的。我妈如果有空的话，我很愿意她跟着去的，一个（是）放心，一个是出去转转，否则一辈子干什么呢？为了孩子，没意思。"勤俭持家与享受当下，在水村一直不矛盾，水村的年轻

---

[1] 费孝通：《乡土重建》，载《费孝通全集》（第五卷），内蒙古人民出版社，2009，第 1 页。

人也成了这种价值观的天然继承者。

但是，并不同于市场经济下盛行的理性经济人观念，乡民对于"如何用钱"有一套自我的价值判断，甚至"把钱看得太重"是一个人最被鄙夷的道德评价。在庙里，我能听到很多关于做人的道理："做人做人，气量好大点。做好人，良心好，身体好。""穷的不要看落他，富的不要攀着他。""房子是门面，地是债，挣的银两是催命鬼。"在日常事务的处理中，在舆论中，行为规范"是一个社区秩序的重要标志，它能够保障农民的日常生活处于一种可预期性和确定性中，即一种比较稳定的秩序中。在这个意义上，社区的秩序也得到了显现"①。

184

文化，是一整套生活方式。我们能够理解，"节约""知足""安分""克己"这一套价值观念是和传统经济时代匮乏的物质供给相配合的，共同维持着一个相对静止的社会。但是，从水村的故事中也清楚地看到，中国传统价值观念中的那份对物质索求的克制仍然是与现代社会生活相互配合的。甚至，我们可以说，在现代社会中，这种重情而不是重利的金钱观，效用更大。在同样"金钱至上"的现代水村社会中，尤其是在拆迁背景下，不断出现更为激烈、频繁的利益冲突，但是这并未引起"预期"的混乱。面对工具理性的挑战，"别把钱看得太重"的思想不单抑制极端的个人主义，亦会平衡实效至上的倾向。这样，秩序的整合问题，也就变成了个人利益之间彼此协调的问题。"别把钱看得太重"，其实质是节制主义对日益增强的理性主义的克制，对新出现的经济利益关系的妥善处理。

---

① 陈文玲：《村庄的记忆、舆论与秩序》，北京大学出版社，2016，第162页。

我们乡下人繁文缛节很多，

很多都融入了我们的生活，

成为习以为常的「规矩」。

一年下来奶奶总要搞很多次「仪式」，

每次仪式家族里的人都要参加。

所以一旦是「仪式日」村子的人比往常都要多，好不热闹。

小的时候偶尔会发牢骚、嫌弃那些……

我们习以为常的「规矩」，

我们的繁文缛节，

我们的每一次「仪式日」。

随着自己年岁的增长，

开始留恋，开始不舍，

开始担心我们的「习以为常」会变成「故作姿态」。

且行且珍惜——真是一句至理名言。

——阮晓霁（水村镇街干部），「一位年轻的「国家代理」

向「传统习俗」的表白」

Rural Society

of Water Village

第七章　内生性秩序力与建构力的互动

▲图 7-1：上墙的"拆"字。拆迁，是建构性力量参与乡村建设的典型表征。近年来，这样的"拆"字上墙已不多见，建构性力量的下行方式越来越柔性化。（拍摄：赵春兰）

▲图 7-2：安置房摇号。征用 6 年之后，村民终于拿到了安置房。搬进新房后，水村人不再能像过去一样聚族而居，兄弟相邻。住哪幢楼？邻居是谁？都由"摇号"决定。（来源：水村所在镇政府的微信公众号——闲林发布）

▲图 7-3：国家在场（一）。甘甜庙里，一个普通的"初一、十五"，烧完香等待吃斋饭的乡民自顾自聊天、打牌。图片右边的几位是恰逢负责宗教事务的镇街干部，他们照例每月一次来庙堂检查工作。（拍摄：赵春兰）

▲图7-4：国家在场（二）。村庙所在街道根据2017年度宗教考核情况颁发给甘甜庙"一等奖"奖牌。村民将之视为无上荣誉。（拍摄：赵春兰）

▲图7-5：国家在场（三）。二月初八，释迦牟尼出家日，庙里组织了"红毡铺地"的祈福活动。300人以上的集会需要在政府备案，5位派出所人员在庙里维持秩序。（拍摄：赵春兰）

▲图7-6：国家在场（四）。为弘扬优秀传统文化，政府组织的"滚铁环"等一系列传统游艺活动在水村文化礼堂前举行。这次活动的参与者主要是镇村工作人员，并没有广泛邀请普通民众。（提供：郑箴，由闲林街道所有）

　　杜赞奇所归纳的人类活动背后的逻辑思路分为三种相互依赖又相对独立的类型，其中，政治逻辑强调暴力和统治的管理；文化逻辑强调符号和意义的秩序化；经济逻辑强调的是交换与资源控制。[①] 内生性秩序力中的很大一部分内容与文化逻辑相重合。必须承认，水村在整体层面所呈现的良好秩序，不是内生性秩序力独立作用的结果，而是内生性秩序力与经济建构力、行政建构力相互完美配合的展现。当下水村正在经历的整村拆迁推进、经济快速发展的开发新局面，恰好为内生性秩序力、经济建构力、行政建构力之间复杂、良性的互动提供了丰富的分析素材。

　　一　行政力与内生性秩序力的互动：以村庙复建20年为例的分析

　　秩序维续的外在建构性力量如何与内生性力量共同作用于乡村秩序，一

---

① 杜赞奇：《全球现代性的危机——亚洲传统和可持续的未来》，黄彦杰译，商务印书馆，2017，第113页。

直是全书的另一条线索。现代乡村社会中,"国家""市场"无处不在。在当下中国发展的情形中,国家已经在提供和改善乡村社会的治安、公共卫生及其他关键性服务方面确立了自己"较为成功的赐予者"形象,行政力下行成为乡村社会秩序的重要维持机制之一。实际上,在前面章节集中对内生性秩序力的描述中,也都不可避免地显示了建构性秩序力与内生性秩序力的互动。行政力下行后对村庄秩序的影响不可谓不深:双系婚姻家庭安排是迫于国家"计划生育"政策的无奈与巧妙变更;水村人在"小端午"之外,也参与到了国家标准节日——端午节之中;"年糕节"是对官方的文化场所——文化礼堂"年俗节"的模仿;民间龙灯队发起了与官方龙灯队的竞争……这些都是现代乡村社会里,村庄内在整体与行政力接触之后引发的反应。

对于行政力所主导的建构性力量本章将不再只是将其作为百姓生活的"投影"处理,而是同样将其置于关注的中心位置。对于内生性秩序力与行政建构力互动的讨论将围绕着"村庙"这一民间信仰场所 20 年的复建历程来展开。

以民间信仰为切入点考察行政权力的运作逻辑是学界分析"国家—社会"框架的重要支脉。其中,杜赞奇通过"叠写"(也被翻译为"刻划标志")一词来概述国家如何实现了对地方意义的添加及地方控制;[1] 华琛提出"标准化"以说明"天后的高升和对她崇拜的增加与国家对中国南方沿海地区权威的逐渐加强是同步的";[2] 杨庆堃提出"神道设教"要强调的同样是传统社会

---

[1] 杜赞奇:《刻划标志:中国战神关帝的神话》,载韦思谛编《中国大众宗教》,陈仲丹译,江苏人民出版社,2006,第 94 页。英文版可参见 Prasenjit Duara, "Superscripting Symbols:The Myth of Guandi, Chinese God of War," *The Journal of Asian Studies* 47(4),1988。

[2] 华琛:《神的标准化:在中国南方沿海地区对崇拜天后的鼓励(960—1960 年)》,载韦思谛编《中国大众宗教》,陈仲丹译,江苏人民出版社,2006,第 59 页。

中权力对文化的经营。[①] 需要注意的是，在民间信仰内外讨论"国家—社会"关系之下的村庄秩序，无论是"叠写"，还是"标准化"的概念，都包含了双向作用的意思。"叠写"是国家意义与地方意义的相互叠加、相互影响的双层互动。虽然农民并没有太多的机会、足够的力量去对民间信仰的施政方向和理念做出直接的对抗，但他们可以通过不合作、避让以及伺机发展来顺应自己的心意。行动的预期并不是为了颠覆性的结果，而是在等待国家做出改变。这也是斯科特笔下所指的"农民反抗的'日常形式'"[②] 背后的合理逻辑，最终结果是保持了乡村秩序的一以贯之。"国家—社会"之间更有"弹性"的关系，无论是在国家与水村民间信仰发展的刚性对抗期，还是在选择性合作期，都有明显体现。水村社会秩序在急剧现代化进程中的维持同样是在内—外秩序力的弹性互动中实现的。

（一）对抗：行政力的外在否定与内生力的自我肯定

1. 村庄去神圣化：建构性秩序力否定下的民间信仰

民国以来，国家权威的世俗承诺使国家一直致力于创造一个"宗教"范畴，再与之分离。这使得国家在符号上的"叠写"功能变得不再必要，也使包括民间宗教在内的宗教活动难以被纳入国家象征体系。国家的"去叠写"举措，无论是在宏观政策上还是在微观生活中，都有鲜明的脉络：民国政府上台后，在汲取历代王朝和北洋政府宗教管理经验的基础上，先后颁布了一系列相关法令以控制"迷信"活动。其中直接涉及传统信仰合法性的法令有《神祠存废标准》（1928 年）、《废除卜筮星相巫觋堪舆办法》（1928 年）、《严禁药签神乩方案》（1929 年）、《寺庙管理条例》（1929 年）、《取缔经营迷信物品业办法》

---

① 杨庆堃：《中国社会中的宗教——宗教的现代社会功能及其历史因素之研究》，范丽珠等译，上海人民出版社，2007。
② 詹姆斯·C.斯科特：《弱者的武器》，郑广怀、张敏、何江穗译，译林出版社，2007。

（1930 年）等。① 在新中国成立的前 30 年中，"去叠写"在各项政策层面被继续落实：国家一方面实行严格的政教分离政策，另一方面限制宗教的组织能力，从而形成了强力控制的政策。② 宏观层面"自上而下"的"去叠写"思路真真切切落实到了中国乡村社会的各个微观角落，这不仅多见于人类学者的田野描述中——"在改革开放前的这类活动都是地下的、偷偷摸摸进行的。因为稍有不慎，轻则受到批评，重则会受到批斗关押"，③ 也深深地烙印于水村老人的记忆中——在革命年代，"'破四旧'，鬼神都赶走了，连说都不能说了，'豆腐饭'都没得吃的"。

水村村庙甘甜庙的"没落"历史与国家在世俗化承诺之下的一系列政策轨迹相重合。据镇志记载：甘甜庙原坐落于缸窑桥东，是一座工匠木雕古建筑，庙院占地 2.5 亩左右。甘甜菩萨是当家菩萨，从他的服装推测是宋代的官吏，村民据此声称村庙距今已有 1000 多年的历史。过往古庙内鲜花簇拥，尤以牡丹居多，每年谷雨前后前来观赏牡丹花的香客络绎不绝，所称"牡丹花神"远近闻名……但是，相比于这些"无据可查"的夸耀，更为确切的村庙历史是从其"没落"开始的：甘甜庙大戏台在战争年代因失修倒塌；那棵传说只喝"肉汤"的大牡丹被日本人抢走；照料古庙的照（音）老师傅在孤寂中离世；1948 年后，古庙因年久失修逐渐被弃用；1956 年甘甜庙被拆毁；后来，在甘甜庙的位置上建造了钱江小学……这是中国民间信仰场所的普遍命运，在很长的一段历史时期中，国家成为民间信仰及其仪式兴衰存亡的决定性力量。

---

① 李志英：《从天后宫到林孝女祠——国民政府宗教政策之灵活性探究》，载习五一主编《马克思主义无神论研究》（第 5 辑），中国社会科学出版社，2017，第 195 页。

② Goossaert，Vincent and David A. Palmer, *The Religious Question in Modern China* ,University of Chicago Press,2011.

③ 周大鸣：《传统的断裂与复兴》，载郭于华主编《仪式与社会变迁》，社会科学文献出版社，2000，第 245~246 页。

作为内生性秩序力的重要内容，民间信仰与国家管理力量的较量在很大程度上反映了内生性秩序力与行政性建构力的互动情况。行政性建构力对民间信仰的否定效果是显著的。伴随世界宗教世俗化趋势，近代以来，"科学"与"民主"这两个西方文明关键因素在中国社会日渐深入人心，具有划时代意义的中国新文化运动就是以此为基础开展的。杨庆堃甚至评价："这场运动为中国社会秩序的发展前景奠定了方向。"[①] "反迷信"观念深入人心，"迷信"成为众矢之的。民众将民间信仰视为"迷信"，这种观念在今天仍然根深蒂固。现代国家在宗教的精神和封建主义的世俗秩序的废墟上建立起新的社会秩序。"这种世俗的社会秩序不再以宗教作为秩序的精神根基，而是更多地运用法制的力量作为秩序建构的基础。"[②] 但是，乡土底色中的民间信仰价值是否就此远离？显然民间信仰并没有像制度性宗教那样从社会、经济和政治生活中被分离，在水村这样的现代化村庄，民间信仰依然深深根植于日常生活之中。但与此同时，行政性建构力对于内生性秩序力的改造，绝不能简单地归结为二者的高低之分。水村所呈现的良好社会秩序正是在内外秩序力相互合作、竞争甚至在对抗的拖延、化解中实现的。

2. 村庙复建20年：内生性秩序力主导下的民间信仰复兴

改革开放之后，宗教解禁政策被陆续颁布：作为新中国成立以来中共中央第一个专门性宗教工作文件，1982年颁布的"19号文件"承认了在社会主义国家中宗教亦是一种客观存在；1999年出台的"6号文件"，首次明确提出政府依法对宗教事务进行管理的必要性。但是，民间信仰仍处于一个尴尬位置：它不属于五大宗教，相对于五大宗教禁令被逐渐解除，民间信仰实际上长期

① 杨庆堃：《中国社会中的宗教——宗教的现代社会功能及其历史因素之研究》，范丽珠等译，上海人民出版社，2007，第325页。
② 沈亚平：《社会秩序及其转型研究》，河北大学出版社，2002，第109页。

处于政策的灰色地带。但是，一旦政策松动，民间信仰的自恢复也就随即启动。关于此现象被引用最多的数据来自丁荷生（Dean Kenneth）等对地方民间宗教惊人复兴现实的粗略估计：自 1979 年后的 30 年，中国各地有超过一百万到两百万个村庙被重修重建。① 在水村，村民的民间信仰活动经历了地下、半公开、公开的过程。一直以卖祭神用品为业的金爷爷回忆道："到（20 世纪）90 年代初，灶王菩萨像又开始慢慢有了销路。"

1999 年，政策尚未完全认可民间信仰的合法地位，几位年长的村民就开始聚头筹划复建村庙。正如第四章中已有所交代的，对神的责任、对生死轮回的需求，通过信仰的方式联结彼此，对这样一种方式的偏爱，是乡民积极主动复建村庙的内在动机。干家爷爷（82 岁）甚至还能够回忆起当年的意气风发："当时要建的时候，我们几个老头子开会。我说，'庙总是要建的，要世世代代传下去的'。几个老头子听了，跳起来，拍桌子说，'对！要世世代代传下去的'。""不难看出，中国地方民众的宗教信仰是简单的、直接的、务实的，关注的是家族生存与社区的延续之道。"②

庙址的选择前前后后折腾了 14 个地方，最后才从养猪场场主的同村人手上买下地皮。无论在什么场合，谈到那段为村庙的生存而斗争的历史时，话题总是离不开关于"复建村庙是如何艰难"的诸多回忆："1999 年的时候，买地皮的 25000 块是大家兜出来的""做了一辈子豆腐、卖了一辈子豆腐的阿生，'坐'了 1000 块，其他人（捐）200、100、50 元""我奶奶告诉我，我爸养不大、老生病，所以就'过继'给甘甜菩萨的。那 25000 块，他也'坐'了 100 块钱的"。回想起那时候建庙的积极性，大家为庙里事如此齐心，今天村里人也

---

① 丁荷生、由红、高师宁：《中国东南地方宗教仪式传统：对宗教定义和仪式理论的挑战》，《学海》2009 年第 3 期。
② 范丽珠、欧大年：《中国北方农村社会的民间信仰》，上海人民出版社，2013，第 142 页。

对自己敬佩三分："我们不容易啊！20年了才到今天这个地步。"那本化缘清单早已泛黄，但这本"老皇历"还是被庙堂主事存放在了办公桌最内侧的抽屉里。建庙初期每一笔捐款都以功德碑的形式留下记录。立功德碑是中国庙宇重建的一贯做法，这不仅表达了对奉献者的公开承认，更是在追求"利在当下、功在千秋"的永恒，是村庄社会记忆的重要组成部分。2012年，当拍案而起誓言要恢复甘甜庙昔日辉煌的老人们相继去世时，新的庙堂终于建成，庙堂里的碑刻为这些社区功臣永世留名。

但正如前文所言，在改革开放初期，即使在国家对于五大宗教——佛教、伊斯兰教、基督教、天主教、道教承认之后，对应于五大制度性宗教的合法地位，民间信仰未被合法化，"拆庙"的政策压力继续存在。

从宗教信仰及其变迁角度看，水村人的自我归属感是十分清晰的。在水村周边，除了两座开放性佛教寺院——福延禅寺、梧桐寺，还有三座基督教堂——闲林教堂、里山教堂、梧桐教堂。[①] 制度性宗教场所虽然都具有合法地位而且规模都普遍较大，但是相对于繁盛的、被视为"自我传统"的民间信仰，五大宗教在水村并不是主流。在水村，民间信仰作为一种生活方式，被当作"我们自己的传统"恢复。民间信仰场所被复建，民间信仰活动在民间再现活力，它们让传统价值在现代社会有所附丽。民间信仰渗透于水村的各种文化传统已经汇聚成民众共有的信仰资源，是内生性秩序力得以存在并发挥作用的重要载体。

（二）有选择地合作：内—外秩序力基于各自目的的应对

1. 作为灰色的事实存在：世俗化利用及合理性辩护

1980年以来，国家对民间信仰的管理手段逐渐软化。虽然"19号文件"

---

① 《闲林志》，第578页。

仍然对五大宗教之外的民间宗教不予承认，但也开始为现实的发展需要制定了一些非正式的管理方式。在宗教／民间信仰的世俗化利用方式中，特别需要提到的是，20 世纪 80 年代以来闽南地区利用妈祖、保生大帝这些神缘关系，直接将其当作扩大和巩固统一战线的一大砝码，悄然开始了"文化搭台，经济统战唱戏"的一系列改革。[①] 这个时期，相较于寻求"文化大一统"的长远考虑，追求"政治大一统"是更为迫切的现实。这是新时期重启"叠写"的第一步尝试，即"利用'迷信'的纽带，促成两岸三地及东南亚同胞的'回归'"。[②] 现代国家通过对民间信仰的利用以确定其在文化领域的权威，这是国家—社会沟通框架逐步重建的过程，也在实质上继承了传统社会中"叠写"的做法与目的。

197

通过"非遗"将民间信仰制度化、合法化，是行政力对民间信仰世俗化利用的第二个普遍做法。民间信仰具有悠久的历史和丰富的仪式形态，全球化时代倡导对文化多样性理念的赞赏和理解，这无疑为民间信仰得到合理性认同、为国家重建"叠写"能力找到了新的依据。2003 年，联合国教科文组织通过的《保护非物质文化遗产公约》规定，非物质文化遗产有 5 项内容，其中第 4 项是"有关自然界和宇宙的知识和实践"。2006 年，中国政府正式启动非物质文化遗产的保护工作，并发布了《中国非物质文化遗产普查手册》，该手册合计有 16 项内容，其中"民间信仰"是第 13 项内容，此外在戏剧、节日等项也明显地包括了民间信仰仪式的内容。在随后发布的国家级非物质文化遗产名录中，越来越多与民间信仰有关的内容被记录其中。除了国家级的非物质文化遗产名录，各省各地区也陆续对非物质文化遗产登记名册，以

---

① 陈进国：《传统复兴与信仰自觉——中国民间信仰的新世纪观察》，载金泽、邱永辉主编《中国宗教报告（2010）》，社会科学文献出版社，2010，第 160~161 页。
② 王铭铭：《宗教概念的剧场——当下中国的"信仰问题"》，《西北民族研究》2011 年第 4 期。

实施保护。民间信仰活动被列入国家级、省级或县级的非物质文化遗产名录。这些显然都是"叠写"能力被重启之后的完善之举。

能够入选"非遗"项目的传统文化活动往往被要求具有杰出性、典型性,[1]而那些虽为百姓喜闻乐见又更为日常化的民间信仰活动显然无法被归入其中。为了解决"非遗"范围的偏窄问题,行政力也在积极尝试多样化的民间信仰利用形式,如结合民间信仰的道德教化和社会服务功能,促进民俗活动与新时期乡村文化对接。以浙江省文化礼堂的发展为例,对于那些并没有"非遗"名头的集体项目——舞龙、流星、十八般武艺等,政府都将其征召进文化礼堂活动,并指导对其积极改造。

但同时我们也看到,行政力"积极使用"民间信仰满足了旅游、经济发展、乡村治理等世俗需求,但又不掩其对"迷信"避之不及的态度而刻意回避了宗教的神圣意义。在甘甜庙"九月十八西方三圣开光"的仪式现场,我曾向村级文化礼堂的负责人建议:"文化礼堂每年都有活动量的具体规定,[2]为什么不把这些老百姓喜闻乐见的各类菩萨诞辰纳入文化礼堂的工作范围?"村务工作者的回答简单而直接:"这些'迷信'活动还是太敏感了!"事实上,该礼堂已经将村中的龙灯队"收编",龙灯队信奉龙王,因为"龙"的信仰更具有泛中华意义,而且端午节赛龙舟已于2011年被列入第三批国家级非物质文化遗产,当接受龙王信仰的时候,无论是基层干部还是群众基本是无差异的。但是,当一些地方信仰尚无明确的范例可寻时,基层

---

① 《国务院办公厅关于加强我国非物质文化遗产保护工作的意见》,国办发〔2005〕18号附件,中国政府网,2005年3月26日,http://www.gov.cn/zwgk/2005-08/15/content_21681.html。

② 《余杭区农村文化礼堂使用管理实施意见》中规定,全年举办富有地域特色的民俗活动至少1项(余杭区委办公室:《余杭区农村文化礼堂使用管理实施意见》,区委办〔2013〕102号,余杭新闻网,2014年7月22日,http://www.eyh.cn/class/class_1793/articles/239045.html)。

工作者对于民间信仰如何把握仍然显得十分谨小慎微。"庙堂内外，分而治之"，民间信仰场所里的宗教活动和"民俗活动"还是被刻意地区分开来。

的确，类似于水村甘甜庙这样的最普通不过的村庙，国家的世俗化利用手段在此并不容易找到合适的切入点。但是，在甘甜庙复建之后20多年处心积虑的护庙历程中，村民努力配合国家前进方向，为复建的村庙积极寻求合理性庇护。

一是迎合国家发展话语。甘甜庙的左翼有三间平常供百姓活动、吃饭的房子。白色的墙上，毛泽东、邓小平、习近平三张领袖像十分醒目。挂领导人像，这是庙堂对"国家"的表面借用。明显的国家符号使得信仰活动变成了更容易获得承认的正确事物。除此之外，作为庙里的主事，国英15年来一直订阅《参考消息》，她明白，借用的前提是对于建构性话语权的足够了解。"我一天不看报纸就很难过的。不看一天，就不知道今天有什么新信息。"她不仅看报刊，还做笔记，国家领导人的新讲话，她都细心记录下来："我们要学习党的十九大精神，党的十九大是中国新的领航，是新的思路""党的十九大载入史册，不忘初心，方得始终""在习总书记的领导下，我们进入了新的时代。过去五年，取得了改革开放、社会主义建设的新成就"。庙堂主事的话语中处处显示着对建构性话语的积极吸收。虽然并不针对或分享国家政治中的某种价值或某种利益，但她使用国家政治的话语形式显然是努力得到重视的有效方法。

二是利用国家留下的模糊空间。在大多数官方场合，甘甜庙被频繁地改称为"甘甜古社"，如村庙门楣上的牌匾是"甘甜古社"，甘甜庙龙灯队红色马甲上的字样是"甘甜古社"，在信众缘助的圆台台面上写的是"甘甜古社"……庙堂刻意使用"古社"二字是民间善于变通的体现。"古社"二字蕴含着一种文化解释上的模糊性，是村庙在利用历史与文化为其正名，并有意识地将庙宇重建纳入一个贯穿古今的时间叙事。显然，这是有意迎合国家发展愿景，并希望能得到对方的积极解读。这种互相容纳、互相妥协的智慧，是中国民间信仰生生不息的重要原因。这是对国家话语的一种反馈，虽然没有被明确书写，但是，国家与社会之间存在一个双方都默认的模糊地带，这成为秩序的缓冲地带。在水村甘甜庙这一个案中，国家与村民是相互读懂的，这两个主体之间基本不存在理解障碍。

2. "编号证书" 之后：合法性授予与伺机变通

2014 年 4 月，根据《浙江省人民政府办公厅关于加强民间信仰事务管理的意见》制定的《浙江省民间信仰活动场所登记编号管理办法》正式实施，对全省范围内民间信仰点进行全面普查并实施编号管理。"编号证书" 更为清晰地确认了民间信仰场所的归口管理部门，这实质上是首次给予了民间信仰这类传统上既有的但长期得不到政府承认的宗教场所与仪式活动合法存在的资格。

2017 年 6 月，小庙香火登记点 "编号证书" 下放，到 2021 年为止，整个镇街层面只有两张 "编号证书"，其中一张颁发给了水村甘甜庙。有限名额的合法身份让其他村庙羡慕不已。"编号证书" 给予的合法地位让村庙这样原本 "愚昧" "落后" 的灰色存在获得了名正言顺的转变。甘甜庙里,老百姓感慨："有'执照'了，终于不用担心拆庙了。" 从村庙的复建到合法性被认可，乡民们等了整整 20 年。但以上的 "冲突与化解" 只在政治逻辑内上演，从民间信仰的文化逻辑出发，由乡民生活构成的村庄日常秩序中，传统与现代呈现一贯的自洽，乡土性保证了民间信仰的一贯繁荣。

但无论如何，村民对于政治建构力所赋予的认可向来重视。2017 年，甘甜庙获得"街道年度宗教工作目标考核一等奖"的荣誉。"昨天镇里给我们颁发了一个'一等奖'",这是腊月十五,我进庙后被多次通知的好消息。管事喜伯踩在长条凳上钉钉子挂铜牌,阿二师父忙着指挥:"左了,右了……好!好!正好!"在村民看来,"一等奖"足以代表行政力对于村庙的认同。对于自己的庙能够胜过寺庙、基督教堂而获得"最高奖",村民的自豪溢于言表。一等奖的奖金有2000元,香委会成员在碰头会上商量:"这2000元,还是通过政府捐给养老院,做敬老工作。"日常生活中的"互惠"机制是村庄生活中最常见的处事原则,也是"礼物模式"给出的一贯思路,自然也成为庙堂主事们在村庙开展公共事务时的借鉴准则。甘甜庙用"把奖金捐给养老院"这种方式对政府的奖赏做出反馈,这是对行政力认同做出的再回应。

村庙获得合法地位之后,国家行政力下行与乡民应对的直接互动变得越来越频繁,行政方包括财务、防疫、消防等方面的管理规定开始在小庙香火点一并实施。规范化、制度化是开展宗教管理工作的有效前提,这一举措意味着将民间信仰管理纳入国家正规、系统的管理体系,有助于宗教健康发展,便于落实对各类场所的法律化保障,更是对信众安全的高度负责。以消防安全管理为例,《民间信仰场所消防安全管理制度》规定"倡导文明敬香,不得把香烛、明火带入大殿"。是否在消防方面发生安全事故是废立民间信仰场所的一大基础性准则。"现在消防这块,各行各业都管得很严。想想2016年召开G20峰会的时候,民间信仰点的消防,民宗局亲自下来查的。小庙香火点的安全隐患很大,用火的地方多,设施又很落后的,消防配套也不齐全。有时候他们说这个要取缔的,就取缔了。一旦保留下来,就产生了后续管理责任的。"镇街综合治理办公室的一位工作人员如是说。

消防制度在一些方面带来了管理措施的落实。庙堂主事立起了"香烛禁止入内""香烛请在殿外燃放"的警示牌;信众相互提醒"现在蜡烛不能在里面烧了!烟也不能在里面抽了!就是这么规定的"。消防意识在村庙内日渐深入人心,但是核心的信仰习惯并不容易改变。在中国民间信仰中,点燃的香烛是人神沟通的不可或缺的媒介。人们认为,只有把香烛点上,才能絮絮叨叨地将心中夙愿与神述说。"作为物象、言语和行动的'香火'在'家'与'庙'之间充当着摆渡天使,有着绕梁不绝的余音、余韵和叠合互显的能指、所指。"① "香火旺盛"才意味着宗教场所中信仰者众多,焚香的味道和烧纸钱的涩味弥漫是寺庙灵验的标志。

更现实地讲,"蜡烛"不仅是一个重要的仪式工具,一个文化习惯,更是庙堂的生财手段。村庙组织的各种宗教活动,无法避免一些必要的开销,村庙也需要面对财务上"开源节流"的问题。对于村庙而言,香烛钱是获取资金的重要渠道。一年四季各种法事中,江浙一带村庙最重要的一项收入是每年的年三十点蜡烛的香油钱,而且这笔钱不是以"随缘"为标准,即按照自己实际经济能力及心力来供养,而是被明码标价的。以同一行政区的另一村庙——东庵庙的年三十"点大蜡烛"的经济账为例,足以说明问题:蜡烛进价是每斤4元,卖给香客是每斤4.5元,未燃烧完的蜡烛,商家再以每斤1元的价格回收。以600斤的成对红烛为例,村庙卖给香客可以赚取300元;从年三十烧到正月十五,蜡烛差不多能烧掉一半,还剩下300斤,也就是说,蜡烛厂再以300元的价格回收,村庙共赚得600元。2016年,东庵庙年三十一个晚上的收入有2万~3万元。将"售卖香烛"视为村庙"一本万利"的好生意,看来并不为过。但是,让东庵庙的主事不无遗憾却也无可奈何的是:"消防管理是越来越严格。去年,村干部没有人愿意挑责任了,蜡烛就没办法点了,就这么一晚,庙里就损失了6万~7万元。"

---

① 岳永逸:《行好:乡土的逻辑与庙会》,浙江大学出版社,2014,第2页。

水村甘甜庙也面临同样的管理约束。不同的是,当东庵庙因惯有的营收机会与国家的规定相违背而停止活动时,甘甜庙在政府的许可范围内积极寻求"变通",这是更为实际的策略选择。这里所指的"变通"引自王汉生等人的一篇文章:"变通的最微妙之处在于它对原制度的似是而非全是。"政策、制度能够变通的一个前提就是正式制度的粗略性,这些粗略的部分不是表现为清晰的约束边界,而是表现为一段约束区间。在此区间内,制度执行者被允许甚至要求根据具体情况相机处理。^① 当"禁止在佛前供奉香烛"这一行政规定与中国人的民间信仰实践习惯相违背时,农民行动充满丰富性,伺机变通一直与管理规范相伴随。

《民间信仰场所消防安全管理制度》规定:"倡导文明敬香,不得把香烛、明火带入大殿。"而甘甜庙在"香烛""明火""大殿"等限制性条件不变更的情况下,通过一种称为"红毡铺地"的创造性仪式做出了"变通",实现了收支平衡:既然不能在大殿内焚烧,各色祭品就被放在了红毡上在村庙大院焚烧;既然不能用明火,就用香围成高一米左右的5层宝塔(村民称其为"万年香"),这成为新的祈福道具,用"暗火"取代了"明火"。"红毡铺地"以家庭为单位,每户收费100~200元;"万年香"以人头为单位收费,每人20元。2017年除夕夜"万年香"的红榜共216位上名,按此计算,当年"万年香"的收入有4000多元。如果说"编号证书"的获得,是成功地利用国家所赋予的合法性获得的发展,那么,在具体的生存策略上,如"万年香""红毡铺地"等活动,则是成功地规避国家的限制、巧妙变通管理政策的结果。

"人"不仅是"群众"、"农民"或"革命主体"等抽象集体,还是活生生

---

① 参见王汉生《改革以来中国农村的工业化与农村精英构成的变化》,《中国社会科学季刊》(香港)1994年第9期;王汉生、刘世定、孙立平等《作为制度运作和制度变迁方式的变通》,《中国社会科学季刊》(香港)1997年第21期。

的、有利害关系的、懂得运用文化策略的、具有历史经验的、有矛盾的心理和情绪的"人"。[①] "普通乡民不是人们所想象的屈从于乡村精英支配的无知、无助、无力之辈。相反，他们是享有村社成员资格的有主见、有意志的村民。他们懂得如何运用最佳策略维护自身权益。"[②] 对于消防措施的遵守也是一样的，在实践过程中，村民拒绝对于规章制度"近乎死板"的恪守，而是巧妙地解构着行政力的"文明科学"规划，使外来冲击降到最小，使自己的社会秩序的稳定得到最大限度的保持。

需要注意的是，"表达与变通都需要通过与国家不同部分的积极互动来达到自己的目的，表达需要'话筒'和'靠山'，变通需要'关系'"。[③] 老百姓口中的"关系"绝大多数是通过乡村基层干部这类国家代理人来实现的。这类在"国家—社会"关系维续中需要被特殊关注的中间力量，他们既不是国家政策的彻底奉行者，也不是社区利益的彻底袒护者，他们根据具体情境进行现实调整，其中包含了对于行事策略的复杂冲突的积极调和。在村庙复兴的具体个案中，"对乡村基层干部而言，他们生长的民俗环境，使他们本人或多或少地有着'村里人'的认同，不时扮演着'村里人'的角色，始终是'集体信仰者'的一分子"。[④] 基层干部的文化认同是地方性传统价值观的载体，这导致了国家主体是一个态度，国家机器中的人往往会掺杂其他态度。无论现实中的策略表现得多么矛盾，乡村精英的思维之中存在的两种道德观念尤为清晰：一种表现为作为国家代理人对发展

① 萧凤霞：《廿载华南研究之旅》，载华南研究会编辑委员会《学步与超越：华南研究会论文集》，香港：文化创造出版社，2004。
② 朱妍：《现代国家建构过程中民族地区乡村秩序的变迁——以恩施土家族苗族自治州为研究样本》，博士学位论文，武汉大学，2016，第29页。
③ 项飚：《逃避、联合与表达——"浙江村"的故事》，《中国社会科学季刊》（香港）1998年第22期。
④ 岳永逸：《行好：乡土的逻辑与庙会》，浙江大学出版社，2014，第103页。

主义话语的支持，另一种表现为作为村民对神的责任，两者都对村落共同体的构造表达了各自的道德立场。"地方干部不仅是宗教的管理者，更是参与者，是一个道德主体。"[①] 内外秩序维续力的互动结果，通过乡村国家代理人身上的"互叠"特质得以展现：政治精英们一面是国家政策的代理人，另一面又有传统资源加载其身，其行为决策充分而直接地展现了两股力量冲突、交融的过程与结果。

从水村个案来看，不仅两种观念未形成对抗关系，而且乡村国家代理人通过"见机行事"，在充满了妥协与互相包容的氛围之中，通过调整做出了"变通"决策。比如，对甘甜庙周边没有"证书"的另外十多个小庙香火点，虽然我们仍然看不到任何政策上明确地给予民间信仰合法性的承认，但对其实际存在的未加禁止，就是一种典型的变通；"万年香""红毡铺地"这样的变通安排甚至有更大的安全隐患，但乡村国家代理人不仅没有阻止，还为其配备了警力给予安全保障。在这里，村落共同体与其国家代理人完成了一次心照不宣的"共谋"。事实上，正是在政府，尤其是熟悉民间社会的地方官员与地方知识精英和民众的协商、合作、共谋下，民间信仰的发展逐渐有了今天这样的局面。这些策略就是在乡村政治精英的指导下完成的。国家代理人通过"变通"来达成内外秩序力的沟通，从而实现了村庄整体层面的秩序互叠。

二 经济建构力与内生性秩序力的互动

无论是在宗教与民间信仰领域，还是在中国社会生活的其他方面，强国家控制都是外国学者描述中国乡村的一种基本论述格调。比如，对于乡村中

---

① 梁永佳：《庙宇重建与共同体道德——以大理 Z 村空间差异为例》，《社会学研究》2018 年第 3 期。

的权力状态，韦伯的《中国的宗教——儒教与道教》一书自始至终强调了一种高度自治的村社与世袭君主制国家之间的紧张、对抗关系。[①] 但是，事实上，用"控制"或者"反控制"来描述乡村，尤其是解读当下沿海发达地区的"国家—社会"关系是不合适的，至少如此剑拔弩张的描述是过于偏激的。其中的一条论据就是年长者基于现有的生活条件对于国家的深切情感。云爷是村里第一批享受失地农民养老保险的老人，国家的失地农民养老保险政策让大部分的水乡老人能领到"退休工资"，这是以前城里人或者乡下人当上干部后才能享受的待遇。老百姓会算账："我每天不干活，一觉醒来，国家已经在我床头把钱放好了。每个月两三千，哪吃得完、用得完呢？"这是他们挂在嘴边的炫耀。当我向年长者提问："你们觉得现在的日子怎么样？"他们总是会反问我："还能有比这更好的日子？"因此，在水村社会，国家与社会之间的对立并不明显，甚至我们从上面的诸多村民对于国家的评论中可以非常清楚地察觉到一种"国家信任"的社会态度。在水村，内生性秩序力与建构性秩序力关系的缓和、顺应之中，对经济因素的考虑不可或缺。

杭州作为中国重要的电子商务中心之一，信息化的发展为杭州经济带来了无限活力，不仅使其"迈入'GDP万亿元俱乐部'，还演绎了经济增幅由全国副省级城市倒数第一到正数第一的反转大戏，地方财政收入总量也跃居省会城市第一"。[②] 杭州市人均地区生产总值已突破1万美元的大关，[③] 高于

---

① 马克斯·韦伯：《中国的宗教——儒教与道教》，康乐、简惠美译，广西师范大学出版社，2010。

② 张军：《同是经济大省省会，杭州为什么给了济南"巨大震撼"？》，澎湃新闻，2017年5月18日，https://www.thepaper.cn/newsDetail_forward_1687924。

③ 按户籍人口计算，2010年杭州市人均地区生产总值为86642元，增长11.4%；按常住人口计算，这一数字为68398元，增长9.7%。资料来源：杭州市人民政府《2010年杭州市国民经济和社会发展统计公报》，杭州市人民政府网，2011年2月24日，http://www.hangzhou.gov.cn/art/2011/2/24/art_1256301_5769760.html。

全国平均水平，迈入"上中等"发达国家（地区）行列。根据 2018 年第三季度最新数据，水村所在的余杭区取代萧山区成为浙江第一强区。[①] 惠享"杭州城市发展辐射效应"，城市发展的多中心格局呈现，使水村从杭州城的僻壤之地一跃成为中国信息化中心的辐射区。对于完全超乎水村人预估的发展速度，村里人除了感叹"钱好赚，也好用"，最大的感受莫过于连翻不止的租房价格。以前主屋旁侧放置农具的辅房也被收拾出来出租，租金从最开始的二三百元涨到现在的近千元。

村里人的"钱袋子"鼓起来之后，"不差钱"的心态让村民更舍得为集体投入。前文中已经不止一次提到水村人为集体事务竞相投入物质资源的例子：1999 年，水村的乡村工业已经起步，水村人的工资每个月也只有三五百元，但大多数家户为村庙复建募捐的金额在 50 元、100 元不等；姚家头自然村成功组织"年糕节"是受到乡镇企业支持的结果。经济建构力为促成村庄事务提供了坚实的物质基础，让民众的自主自为获得了更为充裕的可操作空间。经济发展一直是水村社会内生性秩序力发展的关键支撑。

（一）经济建构力与内生性秩序力互为支持

1. 经济建构力聚合内生性秩序力执行之"人"

在 1947 年出版的《乡土重建》中，费孝通直截了当地提出："除非乡土社区里的地方人才能培养、保留、应用，地方性的任何建设是没有基础的，而一切建设计划又必然是要地方支持的。"[②] 对于"损蚀冲洗下的乡土"中的"人才"因素，费孝通不无遗憾地提出："他们'已经回不了家'，是不愿，也是

① 《2018 年 GDP 同比猛增，余杭加冕"浙江经济第一区"》，住浙网，2019 年 1 月 18 日，http://www.keyhouse.com.cn/xw/2019/1/72021.shtml。
② 费孝通：《乡土重建》，载《费孝通全集》（第五卷），内蒙古人民出版社，2009，第 53 页。

不能。"①"说是英雄无用武之地可以，大才无法小用也可以，事实上，大学并不是为乡土社区造人才的。"②但是，当时费老所指的人才，既有专业人士，也有应当回到地方发挥领导作用的人，都市与乡村之间的来回道路是被阻断的。今天看来，要实现"组织""制度""价值观"的配合，乡村中良性的内生性秩序力重新启动，村里的"人"仍是毋庸置疑的关键要素。

中西部广大农村地区的发展仍然相对滞后，对农村发展前景的担忧引发了理论上的深刻反思：曹景清基于中原多地农村的调查，对转型期中国农村中"农民低收入""行政腐败与封闭""民主法治推进难"等问题进行了思考；刘洋以豫东惠村为例，分析了中国村庄在西方现代性及其伴随的发展模式的影响下，如何呈现一种"卡壳"的社会状态，表现在价值观念的冲突、生活方式的焦虑和治理秩序的混乱三个层面上。③传阅度极高的几则《一个博士生的返乡日记：迷惘的乡村》也揭示了农业的破产状况、农民的精神颓败，以及乡村文明的没落。④伴随字里行间的焦虑，这类农村研究被称为"经典研究"，是因为虽然这类农村内部还是千差万别，但都相对一致地为读者塑造了对于农村一般且深刻的总体印象：农村面临"产业与人口空心化""极度老龄化"，"留守儿童问题"与"老人恶性事件"频发等种种社会问题。其中，经济衰败是"社会空心"的重要原因。

与中西部地区劳动力离村所呈现的"空心"状态不同，在位于发达地区的水村，村落人口不仅没有出现"空心"现象，反而呈现东部沿海乡村普遍

---

① 费孝通：《乡土重建》，载《费孝通全集》（第五卷），内蒙古人民出版社，2009，第58页。
② 费孝通：《乡土重建》，载《费孝通全集》（第五卷），内蒙古人民出版社，2009，第59页。
③ 刘洋：《村庄发展的社会基础——一个豫东村庄的村治模式》，山东人民出版社，2009。
④ 参见王磊光《一个博士生的返乡日记：迷惘的乡村》，人民网，2015年2月25日，http://edu.people.com.cn/n/2015/0225/c1006-26594099.html。

明显的"超实心"社会结构特征。东部发达农村地区的村民不需要离家,因为村庄本身或者附近区域的工业化发展,可以基本在地满足就业需求。不仅本地人没有"散开",经济活力与发展预期也吸引着大量外来人口入住。[①]原来水村的地界内多处已高楼林立,土地被征用、房屋被拆迁后,多被开发为商品房小区,成为新进移民的落脚地。从这个层面看,这些外来人口与租住在水村的流动人口,让相对传统、封闭的村庄结构解体,村庄边界日益模糊,村庄社会的多元性和异质性增强。

水村年轻人愿意而且能够依然以本村为生活的中心。信息化的发展、城市布局的多中心化、产业园区的郊区化使得如水村一样的发达农村地区的年轻人不再需要四处奔波谋生。网络技术的发展带来了电子商务、信息化办公的便利,甚至让村里的很大一部分年轻人实现足不出户便可谋生:未来科技城是城市多中心之一,这里为年轻人提供了丰富的求职机会,让他们大多不再需要朝九晚五从市区往返,网商、微商成为水村年轻人的一大职业选择。村庄在不断繁荣,村民就没有理由迁出村庄到外面居住,也没有理由将自己的生活世界建立在村庄之外。[②]信息化力量一般被视为传统社区的解构力,但在水村,水村人不但没有因此散开,还因为信息化带来的发展劲头意外获得了充分聚合。

人聚而不散,让青年人有机会、想办法用自己的能力去对传统力量进行改良。在我与水乡青年交往时,当他们得知我在水乡地区"调查民俗"时,建议我去找三娃聊聊,说他是个喜欢参与"老底子"玩意儿的积极分子。三

[①] 杭州已经连续八年入选"外籍人才眼中最具吸引力的十大城市",2017年,杭州的人才净流入率、海外人才净流入率,均居中国城市首位。经济发展引发强大吸引力,外来人口大量涌入。截至2016年12月,余杭区登记在册的流动人口有154.45万人,占浙江省流动人口在册底数的5.85%,位列全省第一。

[②] 贺雪峰:《新乡土中国》,北京大学出版社,2013,第56页。

娃是九曲湾人，30 岁出头，是一家饮品店的老板。我们将见面地点约在了三娃自己经营的饮品店中，店铺位于一座大型综合体的二楼。最近几年，在水乡不到 5 公里的主干道两侧，接连开张了 4 家类似的商场，老百姓笑称："乡下比城里还热闹！"但是，三娃却向我抱怨起了综合体因为周边竞争太激烈而人气不旺的现实："毕竟农民的消费水平就在那里。"这显然在很大程度上影响了饮品店的生意。他遗憾地说："商场的推广部根本就不了解本地人的文化习惯，他们只知道大端午，却不知道'小端午'。我建议他们在'小端午'那天去何母桥赞助我们组里的龙舟队，趁机做宣传，如果用 10 条船，每条船上、衣服上、帽子上，都印上商场的标志，全部的费用在 2 万~3 万块。宣传效果肯定好，那天本地人都会聚到何母桥看龙舟盛会的。"

我不禁感叹：大家眼里的这个"积极分子"果然思路敏捷！三娃向商场拉赞助，不仅是商业与民俗的结合，也是个人事业与自然村兴盛的结合，不仅让商场做了宣传，也让龙舟队多得了一份赏钱，可谓一举两得！现代性是挑战也是机遇，传统文化在现代社会中合理性的基础，不单纯有来自文化与精神层面的理由，在很大程度上是经济发展对于合作的需要。在水乡年轻人眼中，"中国传统不再被视为一种内在的、神圣的、美好的东西而为人所拥抱，也是基于工具的、实用的考虑，并作为一种文化资源而为人们选择利用"。[①] 集体主义并不意味着"自我牺牲"，三娃对于"小端午"与商场营销的结合考虑在很大程度上是基于商业得利的预设。水村的"三娃们"在开辟传统习俗的发展新思路，这股现代化的新势力在向自己的前辈学习传承的同时，也在期待以自己的方式对"传统"做出改变，从而让内生性秩序力在社会有机循环与变化中依旧发挥功能。

---

① 金耀基：《东亚经济发展的文化诠释》，载《中国社会与文化》，香港：牛津大学出版社，1992，第 165 页。

2. 内生性秩序力回应现代社会的风险规避

关于现代经济发展如何依赖旧有的传统乡土社会中特有合作模式的论述，学界有非常丰富的研究成果。如折晓叶提出"拟家族"网络对"超级村庄"万丰村工业化之后扩展的经济合作予以解释。"拟家族"网络是指将家族连带的关系模式移植到新扩展的非家族的合作体系中，在其中起连带作用的仍是"利、权、情"的原则和秩序，只不过是将已形成的社会关系模式加以变形和改造而已。[①] 在周晓虹看来，这种"拟态关系"与宗族血缘关系有了本质的不同：这种新型社会关系和人际关系奉行的是普遍主义的事本性原则，利益在很大程度上取代了情感，成为人际关系的纽带、桥梁和黏合剂。[②] 在市场经济转型初期，彭玉生等探讨了中国农村工业化背景之下的宗族网络与经济发展之间的关系："当产权没有得到国家正式制度的有效保护，市场制度还未发展起来，宗族团结和宗族信任在保护私有企业的产权和降低交易成本方面起着重要作用。"[③] 这已成为中国乡村发展过程中必然会被启用的底色。毫无疑问，在水村，我们也能找到大量基于家族网络合作的现成例子，即使内生性秩序力作用于经济的具体形式、作用效果会有所区别。但是在本书中，我更多地关注内生性秩序力如何在现代经济发展过程中成为新的意义需求的重要来源。

通常来说，老一辈总比子代更为"迷信"，这是民间信仰中的一般代际对应。但是在有些时候，相比于父辈的"不讲究"，反而子代更虔诚地尊奉着祖先、

① 折晓叶：《村庄的再造——一个"超级村庄"的社会变迁》，中国社会科学出版社，1997，第 90 页。
② 周晓虹：《传统与变迁——江浙农民的社会心理及其近代以来的嬗变》，生活·读书·新知三联书店，1998，第 130 页。
③ 彭玉生、折晓叶、陈婴婴：《中国乡村中的宗族网络、工业化与制度选择》，载黄宗智主编《中国乡村研究》（第一辑），商务印书馆，2003，第 251~271 页。

敬供着一方土地上的神灵。比如，水村女子晓晓是某外贸公司的经理，精明能干。她从水乡片嫁到山区片，对于房屋改建"动土"是否需要请示"阿太"，晓晓与其公婆产生了分歧。晓晓比公婆更笃信"祖先崇拜""报应""保佑"，坚持通过仪式告知家户祖先和一方灵神"动土"信息并祈求得到护佑。而这些传统信仰及其行为选择与青年所奉行的现代化新生活之间并没有违和感。

为什么这么一个受过高等教育、在职场独当一面的现代青年人会如此"迷信"？事实上，区别不在于代际，而在于地区。正如晓晓自己感受到的："山里人是一点也不相信的。"这是年轻媳妇在原生家庭所浸染的水乡片文化观念在起作用。对于晓晓而言，不管是传统的旧观念、旧习惯还是旧风俗，只要它们还能够为乡村社会的现代生活提供支持，它们总还是会有被珍贵保留的价值进而世代沿袭，即使水村人已经嫁入他地也是如此。

水村人的集体敬香活动是在 20 世纪 90 年代恢复的，这与水村这一世俗世界在 90 年代发展乡村工业的时间点是契合的。乡村工业带动的经济腾飞为水村人出门游览提供了经济支持，选择敬香这样一种区别于旅游的出行方式，满足精神上的需求、规避市场经济的竞争风险或许是更合理的解释。当超自然的内容被反映到经济社会现象中时，对神圣性的诉求会变得更强。凤姨是水村环保设备厂的老板娘，也是几十年来一直参加敬香团的老香客，"现在儿子媳妇慢慢接手厂里生意，出门不用像前些年那样跑不开了"。"大的经济形势是一个方面，但这哪是我们老百姓能够说了算的？生意场上亏了还是赚了，谁都不知道。"凤姨这样的想法在水村人心中很普遍。现代社会是风险社会，水村的民营经济形式的风险更大。"来拜拜菩萨，总是希望它能够保佑我们。我们能做的也只有这些了。"

正如社会人类学的创立者马林诺夫斯基曾说，巫术与科学一样，都是满足实际需要的文化工具。[①] 凤姨对于宗教信仰的虔诚并不是村里有钱人的孤例，事实上，生意人普遍是庙堂活动的积极参与者、民间信仰的笃信者。"发了财，希望通过散财来更多聚财。""生意上亏了，总是想着为什么菩萨就不保佑了？是不是我们哪里做得不到位？"至少不能因为对神明有所不敬而造成不可挽回的损失。通过参加集体性的信仰活动以求对现实问题的解决，"这并不意味着他们完全信仰宗教的逻辑，反而是意味着人们想从一个未必可知的世界中求得可知世界中不可求得之物的手段"。[②] "每个社会都设法建立一个意义系统，人们通过它来显示自己与世界的联系。"[③] 在中国社会中，以民间信仰为代表的宗教体系，或称为传统体系，一直是中国人依赖的那套意义解释系统。正如案例中所见，在现代化经济社会中，那套内生性的秩序继续成为把握风险因素不断增加的世界的手段，人们得以在其中继续寻求意义、追求整合。

213

（二）经济建构力让内生力维续面临竞争压力

今天，"淘宝城"成为定位水村区位的新坐标。2008 年，阿里巴巴西溪园区正式决定入驻距水村直线距离只有 5 公里的杭州未来科技城。杭州未来科技城（海创园）是中组部、国资委确定的全国 4 个未来科技城（另外 3 个分别位于北京、天津、武汉）之一。整个"未来科技城"板块炙手可热，甚至被称为"宇宙的中心"，虽然这种提法不免夸张，但绝不是没有依据：这里是信息化时代的核心区，除了阿里巴巴集团总部、菜鸟物流总部在此扎营，梦想小镇、人工智能小镇也成为新的经济引擎并多次为央视报道；2018 年 6 月，

---

① 王铭铭：《山街的记忆——一个台湾社区的信仰与人生》，上海文艺出版社，1997，第 25~26 页。

② 王铭铭：《山街的记忆——一个台湾社区的信仰与人生》，上海文艺出版社，1997，第 29 页。

③ 丹尼尔·贝尔：《资本主义文化矛盾》，赵一凡、蒲隆、任晓晋译，生活·读书·新知三联书店，1989，第 197 页。

独角兽 ① 企业园奠基。随着科技城板块的成熟，信息化引领的新一波新兴产业蓄势待发，更带动了区域经济活力，商业开发势不可挡。水村是一块"风水宝地"，惹得各方经济势力竞相入驻，未来科技城金融岛已经发展到水村的边缘。

如图7-7所示，水村将作为"原生态湿地"项目的核心区域被保护。与"保护"这一过程同时推进的是土地的征用、开发。因为受到"湿地保护，土地性质不能更改"的政策限制，最新的水村规划方案显示，2017年底，水村征用的270多户中，很多宅基房得到保留（涉及水村民房共271栋，其中将拆除124栋，按现状保留147栋）。拆除后的宅基地上计划建造精品酒店、书屋、创业基地、管理用房。"政府、开发商把老百姓的房子征用掉，又不拆迁，这不是拿着老百姓的房子赚钱吗?"这样的开发方式引起了村民的质疑，这些质疑并不是没有道理的，过往打着"变革村庄、发展经济"的幌子，也发生过侵夺老百姓利益的事件。村民们常常提及集体化时期结束那段时间，集体资产以"被承包"的方式"流失"的情况:"多少鱼塘被村里卖掉，大家不是不知道。"当前这样的遭遇让村民们旧事重提。

水村村民以其一贯的精明对个人所得、家庭利益保持着算计，但这回的"湿地保护与开发"似乎不像从前那样，只关乎当下的钱袋子里落下多少子，老百姓对开发前景的好坏有一套自己的评价标准。在已经持续数十年并将有更大的开发力度后，水村从"聚族而居"的村落直接变成商业开发热土，水村的外在形态完全发生了改变;本是水乡人世代根据水乡环境内生的乡村组织、乡风民俗、乡土观念，如今必然要适应消费者的外在需要，变成文旅产品，实现盈利。在这个过程中，水村人感受到经济开发对乡土社会形成的新的社

---

① 独角兽一般指投资界对于10亿美元以上估值，并且创办时间相对较短的公司的称谓。

会解构压力。在大多数情况下，当拆迁利益与乡土情谊发生较量时，后者总是会显得一文不值。但是在水村，"乡土情结"不再仅是一种无力的情怀，它再次成为维护利益的最好策略手段，作为内生性秩序力的一个面向，它与建构性秩序力的较量并不是如此简单就能一见高低的。

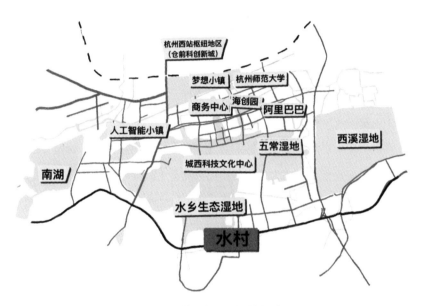

图 7-7　杭州市郊开发计划示意

"水村6组事件"是我在水村进行田野调查期间，听闻的唯一一起"拆迁集体事件"：水村6组的26户村民在未得到任何通知的情况下，被追加列入征迁计划。6组村民在组长的带领下，向镇街信访办反映情况无果，最终，市电视台以"难断乡愁的原住民"为题对这起事件做了专题报告。在村民的"集体申诉"中，"乡土情怀"成为关键词。信访材料的末尾，村民这样说道："既然是原生态湿地，就不能少了原住民；有了原住民，湿地的原生态链就不会断，沿袭了几百年甚至上千年的历史人文脉络就能得到延续和传承……而正在打造世界名城的杭州，需要有能被看见、能被感觉得到的活态历史文化。"

　　新闻播出的当天晚上，消息就在本地人的互联网社交群里"炸开了锅"。"没有原住民的开发如一具没有灵魂的躯体"成为各种相对公开的场合里较为一致的评论。这回"情怀"抵制了拆迁，但是在相对私密的微信群中，人们有着另外一番评论："一般大老板的家庭，不缺钱不缺房，又是新造的，都不喜欢拆。农民的'土别墅'，那么大，住住总是舒服的！""自己家的房子，自己家的地，以后生意不好做了，回来养鸡养鸭养鱼，生活也是怡然自得的。""房子那么大的人家，出租房那么多，不愿意拆，直接说，拆迁这点钱几年就赚回来了。农民还是很朴实的。是吧？有得出租，收入又好，谁要拆迁？"真实的日常生活逻辑更应该照此顺延："乡土情怀"成为村里的"有钱人"保住现有利益的最好说辞。中国人一直是实用主义至上，即使是没钱没势的底层百姓也擅长围绕生活精打细算："很明显，这样的地理环境，以后会变成梅家坞、龙井茶村、西溪湿地这样的地方。"对于未来商业开发，水村人有清楚的利益估算："他们不拆迁，当原住民，自己搞个农家乐什么的，能赚更多的钱。"

　　"乡土情怀"又沦为水村人争取利益的"幌子"？农民到底怎么思考？显然，影响水村人拆迁意愿并决定最后实际策略的因素，既不是简单的对私利的理性计算，也不是完全出于对"乡土情怀"的义务承担，而是当事人在相互关联的多种因素之下，在特定环境中，对个人得失的慎重考虑，实际的策略往往是在综合考虑了所有因素后采取的最合适的结果。但是，当越来越多的经验资料证明着"乡土眷恋"看似完全挡不住拆迁利益之时，随着田野调查的深入，"拆迁引起的各种阴阳矛盾"又在田野中不断被村民提及。"乡土情怀"的现实意义并没有完全消失，内生性秩序力与行政建构力、经济建构力的较量还将持续……

正如前文所提，村庙在复建 20 年之后，获得了"编号证书"所赋予的合法地位。但是，在以行政力为主导大势推进的"拆迁"进程中，关于庙堂存亡的危机又重新出现。邻近几个村庄拆迁之后村庙或被并入佛教寺庙，或几个小庙合一。水村人对于村庙的生存担忧，由"拆庙"变成了"征庙"。庙里人希望通过一年四季的各种神诞法事，继续像过去那样将村民汇拢，为"国家 — 社会"之间有可能到来的冲突做着准备。庙委会的主事们达成了共识：靠组织各种活动，让老百姓有机会到庙里来，参与进来。"我们还是得把村里的人团结起来。如果政府来征用我们这个庙，我们老百姓肯定不肯的。当官的总是要考虑老百姓怎么想的。"如何让甘甜庙避免经济建构力涉入后村庙的普遍命运？在水村一定又将有一番新的较量。

217

我们最终想寻求创造某种标准，这种标准不是硬加在每个人头上的，而是由各种辩论、争锋、退却、进步完成的一个平衡关系。这个标准不仅与我们传统的探讨有关，它与整个中国漫长的传统文化有关，也与周边世界其他的文化传统有关，也与我们自身内心的渴望有关。它们最终会达成某种新的标准，同时，这个标准又并非是僵化的，它是可以迎接崭新的声音的……怎么样抓住某种传统，寻找到某种传统，那种优美的秩序的东西。同时用一套新的、嘈杂的声音，来和它们完成对抗，它们会共同碰撞出一些崭新的东西。

——许知远（『十三邀』对话人），『喧嚣与失语』

Rural Society

of Water Village

第八章 内生性秩序力的现代调适

▲图 8-1：安装龙头。民俗活动常依靠就地取材。图中，村民用塘泥给龙船安装龙头。但是，随着河道淤塞，池塘征用，习俗传承受到条件所限，越来越无力维系，也是事实。（拍摄：倪明伟）

▲图8-2：高楼下的民俗。图片的近处，几百年的传统民俗仍在延续，但远处，成排的高楼已将村庄围进了城市发展的大潮流之中。这不正是民俗在现代社会发展的背景注释？（提供：阮洪明）

▲图8-3：水村人仍在聚族而居。沿河而建的水村人家保留着原本的居住格局——兄弟比邻。即使在别处投资了多处房产，只要不征用，老屋还在，有钱人仍然选择生活在村里。（拍摄：赵春兰）

▲图8-4: 高层安置房。按每人80平方米安置的政策, 农户手上普遍有多套房产。(来源: 水村所在镇街公众号——闲林发布)

▲ 图 8-5: 民俗变赛事。同区的普宁村, 由政府组织的 "烘青豆" 民俗体验活动现场。对于村中的妇女而言, 能够在 "战 '豆' 大赛" 上拿个名次并获得奖状, 意义非凡。(提供: 稿译, 由仁和街道所有)

▲ 图8-6：妇女志愿活动。每个周末，"林里姐妹帮帮团"成员都会在村境内捡拾垃圾。在现代化志愿组织形式之下，内在仍是"亲邻"的传统联系。（拍摄：赵春兰）

一　内生力围绕"生活"的弹性调整

社会秩序缓慢但又必然发生着变异。"社会秩序永远是一种绝大的社会力量，它会源源不断地复制出其自身需要的社会主体。一旦这种复制机制失效，变异性社会主体远远多于复制性社会主体，则昭示着旧有的社会秩序的终结，新的社会秩序的诞生。"[1] 在水村，集中承载了现代性特质的水村青年，与祖辈们相比，他们在生活方式、价值认同上多有改变。内生性秩序力在各方面经历的现代变迁，集中体现在承载着变迁基因的水村青年的传统参与方面。

（一）内生性秩序力的"变"

内生性秩序力的现代变迁，首先体现在田野中能够被直接观察到的年轻人对传统组织的低参与方面。在《中国社会中的宗教——宗教的现代社会功

---

[1] 沈亚平：《社会秩序及其转型研究》，河北大学出版社，2002，第29页。

能及其历史因素之研究》一书的结尾，杨庆堃对于中国民间宗教有过一个悲观的预测，即认为传统社会制度难以适应现代世界变化要求，随着各种社会制度神圣特征的失势，祖先崇拜便迅速地衰落了，对年轻一代来说已经失去了意义。[①] 的确，正如在其他多地所得的农村观察一样，在田野研究之初，水村年轻人的低社会公共参与也让我颇为失望：在每月初一、十五来甘甜庙烧香的人群中，鲜见年轻人的面孔；家户内的"七月半""冬至"祭祖，若刚好在工作日，年轻人常常会错过仪式；当我询问为什么将小儿过继给庙堂菩萨做干儿子（干女儿）时，年轻的被访对象总是回答"爸妈管的，我不太清楚"。这些传统安排已不再是年轻父母的主动要求……这让我一度认为：虽然代际相连的集体行动并未断裂，但是，水村年轻人在传统活动中的参与往往是被动的，而非主动的。

内生性秩序力的现代变迁，还体现在作为内生性秩序力本源制度的"家户制度"方面，"长者权威"不再，尤为明显。传统乡村社会中，"在时间上，每一代人在同一的周期中生老病死，一个公式……年长的人可以了解年轻的人，他们甚至可以预知年轻的人将要碰着的问题。年轻人在把年长人当作他们生活的参考蓝图时，所谓的'不了解'也不是分划的鸿沟"。[②] 并且，在宗法社会，"老年人被赋予了一定的控制管理权。因此，他们必须对年轻人负责，保证他们品行端正，循规蹈矩，遵纪守法"。[③] 但是，在今天的水村，维续传统社会秩序的绝对家长权威在慢慢衰落。虽然水村各个自然村的带头人（组长）还多是父辈，但是，在年轻人的观念里，集体领袖人物的首要标准，不再是论资排辈，而是基于能力的集体贡献："小组长是我们选的呀，对吧？如

---

① 杨庆堃：《中国社会中的宗教——宗教的现代社会功能及其历史因素之研究》，范丽珠等译，上海人民出版社，2007，第 271 页。
② 费孝通：《乡土中国 生育制度》，北京大学出版社，1998，第 45 页。
③ 何天爵：《真正的中国佬》，鞠方安译，光明日报出版社，1998，第 25 页。

果干不好，我们下一届就把他选下去。我们很简单的，就是，你如果不为我们做事情的，我们下一届就不给你当了。我们组里都是很有个性的，不是说，谁是组长就听你的。不是这样的。你要有道理，你讲得通，才能让大家心服口服。"当谈论到传统习俗中的代际竞争，接受访谈的年轻人甚至炫耀道："我们组里，都是年轻人自己来的。""他们年纪大的已经不行了。催艄、避艄都是要站起来，腿脚已经不灵活了。怎么能赶得上年轻人？"

　　对于年轻人的各种"折腾"，父辈不再扮演代表"旧势力"的否定角色；对于年轻人的自主自为，父辈也不再横加干涉。个体彰显与集体关切能够在水村人的代际交往中被明显体现。老者对年轻一代的充分尊重，一方面是基于相互的理解；另一方面，互联网时代事物变迁得太快，老一辈身上常常带着一种因不适应而产生的不自信，对于新事物，他们总是说："我们不懂了，你去问年纪轻的人。"虽然在大多数家户内，名义上还是"老爷子当家"，但是在村庄之外，或者是与建构性力量接触时，子代开始更多地作为家户代表出席。但是，在老一辈看来，在很多情况下，尤其是在传统活动的参与过程中，他们还能靠着"技术活"争些面子。比如，龙头与龙身靠着一根"拐"连接，这种连接又靠着分别在龙头和龙身上的 4 个凸起和 4 个凹槽的严丝合缝。这种全凭经验的技术活，就不是年轻人能够胜任的。修龙船，更是依靠村里唯一的一位老人的技术，而这位老人已经近 80 岁高龄了，大家都坦言，如果这位"技术员"过世，修船的重任在组里已经没人能够接手了。

　　"秩序之社会基础显然与人们的活动及其活动情境密切联系在一起，一般说来，身处同一或相似生活场景中的人，他们有着大致相同的生活体验，面临着差不多的现实社会问题，于是，在他们之间极易产生'同感''共识'乃至共同的'价值规范'，从而为他们在社会生活中采取一致行动提供了现实根据。"[1] 以今天的城市社区中的社会生活作为分析的参照系，我们能够对水村社区的当下有更清楚的认识。城市社区中，"固定的空间边界内社会关系的密度过于稀疏，活动量在个人的全部社会生活中所占的比重不足，社会性的功能单一片面"。[2] 与此相比，通过田野观察勾勒的水村这一农村社区的整体可见，今天的水村仍然保持着相对高度浓缩的重合型社会一时空结构，农村邻里所具有的基层共同体色彩仍然浓厚。

但这种传统社区的色彩也在经受现代变迁力的消解：交往密度在变得稀疏、社会关系重合度在降低，社会交往的具体方式同样发生着变化，因而互依关系及其情感的性质也显得与传统社区不同。

阿玛倪是地方报的记者，二十几年的采访经历让他对农村变迁格外敏感。2017年，他在水村隔壁的灵峰桥自然村进行龙舟主题的拍摄，行政村的村主任是这个自然村的人，对组织村里人划龙舟格外出力。这个自然村已经拆迁，虽然现在龙舟酒还是能够组织起来，但带头人还是表示了担忧："尽管现在大家住得分散了，有什么事情，呼一声，还是能够组织起来的，好歹大家都是一个组的。以后的事情就很难说了。毕竟大家都分开住了。""相同生活体验中共识的达成，一致行动能力便成为他们日常生活实践的重要决定力量。也正是一致行动能力才能把原先较为分散的社会个体编织成一张相互关联的网络，社会个体成员之间的相互关联性在很大程度上制约着社会秩序的形成及其性质。"[3] 年长一辈有着熟人社会的"同村""同组"认同，但是，年轻一

---

① 曹海林：《村落公共空间与村庄秩序基础的生成——兼论改革前后乡村社会秩序的演变轨迹》，《人文杂志》2004年第6期。

② 桂勇：《城市"社区"是否可能？——关于农村邻里空间与城市邻里空间的比较分析》，《贵州师范大学学报》（社会科学版）2005年第6期。

③ 曹海林：《村落公共空间与村庄秩序基础的生成——兼论改革前后乡村社会秩序的演变轨迹》，《人文杂志》2004年第6期。

辈虽然有很多人也在集体中参与，但年轻一辈彼此的熟识度显然是在下降的。"分化着的社会需要寻求新的整合。旧的整合因素继续在起作用，但存在着许多不适应的地方；新的整合因素业已萌芽，但远远还没有成熟。"①

（二）内生性秩序力的"不变"

但是，相反的，对于青年的组织低参与也可以用一套内生性秩序力并未改变的解释来说明。在《独自打保龄：美国社区的衰落与复兴》中，帕特南分析了美国社会中青年人社会参与低而导致社会资本衰减的客观因素：时间和财富压力、市郊化、上下班和城市扩张、电子娱乐……无疑，与美国社会的现代化发展类似，在水村的现代化变迁因素中，以上帕特南所提供的分析因素，也在影响着水村社区内部的联系。但是，对于帕特南提到的最为重要的一点，"代际更替——热心公共一代缓慢、持续不断而不可挽回地被他们参与较少的子辈替代了"② 这个影响力非常大的因素，由于中美两个社会中家庭的社会位置不同，"青年人的低社会参与"成为一个需要被重新放在中国乡村语境中讨论的问题。在中国乡村，虽然表面的观察可能与美国社会相似，即青年的社会参与并不高，但是与其说"代际更替"，不如"代际代替"来得准确。

对于中西方文化的差异，梁漱溟的结论可谓经典："团体与个人，在西洋俨然两个实体，而家庭几若为虚位。"③ 中国乡村中的社会参与是以家户为单位，而不是以个人为中心的，青年人与其家人是不分彼此的。正是在这个意义上，水村青年人的低传统参与需要被重新认识。正如第四章中所介绍的那样，

① 张乐天：《告别理想——人民公社制度研究》，上海人民出版社，2012，第364页。
② 罗伯特·帕特南：《独自打保龄：美国社区的衰落与复兴》，刘波等译，中国政法大学出版社，2018，第4页。
③ 梁漱溟：《中国文化要义》，上海人民出版社，2011，第77页。

参与同自然村人的婚丧嫁娶，标准是"每家出一个人"。加之青年人的工作、学习踏着现代化的生活节奏，现代社会的时间安排以西方公历为标准，而传统活动多以农历时间来安排，除了国家法定节假日——春节、清明节、端午节、中秋节有机会，青年人在时间上的确缺少参与的客观条件。而各种仪式，甚至是个体对神灵庇佑的祈求，都可以由家中长辈代劳。随着人的寿命变长，整个代际周期在放缓，这也就造成了一般农村观察中所见到的情况：不用说真正生理年龄上的年轻人，就算是50多岁的阿姨，在80多岁的老人看来，都还是"小孩"。只有当家中的老者逝去，后辈才会去接替长辈在传统活动参与中的社会位置。在百姓观念中，"家"的观念是根深蒂固的，"个体"不可与"家"分割，父母作为全家的代理人，勾连着青年人与社区。

虽然在代际竞争时，年轻人"嘲笑"自己的前辈已经不胜当年。但是，在代际分工合作时，年轻人对于长辈的支持与理解，也令人欣慰。现代人社会交往的异质性，让水村年轻人相较于自己的父辈有了更为多元的社会支持、更为宽阔的社会交往网络。难得的是，年轻人舍得将自己与外部联系中建立的人脉关系用于传统习俗的公共事务中。"收赏，肯定是年纪轻的出面了。你想啊，年纪大的，都不认识什么人的，不仅吃力，而且也收不到多少钱的，也不好意思。你让他们去哪里收钱呢？没地方要的。我们一起出去讨赏，每次都能收1万元、2万元，这些钱都已经和企业提前打过招呼了，老板们已经提前准备好了。"年轻人不仅积极利用自己的人脉，还可以凭借只有年轻人才有的"厚脸皮"，在讨赏钱的时候耍一些"小手段"："比如我们去房地产商那儿拿钱。一张帖子只能拿一份钱，比如200元，是不是只有200元？我们出门讨赏钱的人多，再多印几张帖子，每张帖子的落款不同：九曲湾、万景村10组，我们可没有骗人，这么些名字都是我们组里的。不同的人拿着不同落款的帖子上去，是不是又可以拿200元了？小地方的名字，外人反正弄不清楚的。其他组里的人不敢这么干，我们么，反正厚脸皮，不在乎。"在水村的观察中，这一点尤为显眼：对于传统的遵守，强制性是越来越少了，自愿性成为现代人参与传统习俗的一个重要维度。尤其是对于青年群体而言，更多是出于一种信仰的个人选择：自愿贡献自己的"面子"、自愿为着组里的共同利益"厚脸皮"。

现代生活中，那一部分仍然保有力量，却隐身于日常生活之中的传统资源被如何安排？在水村人的生活中，传统的实践并不故步自封也并非一成不变，村民有足够的智慧，根据自己的生活需要对其善加利用。在水村，年轻父母在给孩子取名之前，要先请算命先生看看是否五行有缺，再根据孩子的属相，为其配个乳名，中西兼容，英文名也日益流行……中国人推崇实用至上的原则，唯一的愿望是保得孩子的成长道路更为顺畅。这正是民众生活智慧的生动体现和反映："对于中国人来说，相信种种宿命因素，然后依据人的主观意志和能力转化为有利的因素，是适应现代社会生活的'理性'行为，不算迷信，也不是消极。"[1] 在崇尚文化价值多元的时代，作为"小传统"主体的民间宗教信仰作为中国人共有的精神遗产直接影响着人们的日常生活，并成为中国人精神感悟的一部分，即使是对于早已将科学奉为标准的行为准则的年轻人也不例外。内生力之价值虽经历变迁，但仍是现代事务处理的价值参考。因此，总体上说，我们可以下这样的结论：年轻人还是在社会为其预设的关系和行为模式中生活，社会秩序具有稳定性。他们继续参与着乡村自组织的传统活动，也在积极使用传统信仰来解决、解释生活给他们出的难题。从水村年轻人的所言所行中，我们可以试图预测在未来的社会中，水村的内生性秩序力将继续发挥作用。内生性秩序力在进行着或主动或被动的自我调

---

[1] 李沛良：《中国文化的宿命主义于能动取向》，载乔健、潘乃谷编《中国人的观念与行为》，天津人民出版社，1995。

适，内生性秩序力的"变"与"不变"同时存在，是一个辩证的过程。

（三）有弹性的内生性秩序力

"中和位育"是儒家的中心思想之一，潘光旦将"位育"与英文的adaptation 即"适应"相对换，指人和自然的相互迁就以达到生活的目的。"位育就是手段，生活是目的，文化是位育的设备和工具。"[①] 生活从来都不是静止的，文化传统不会永恒不变。前文的各章节已经对内生性秩序力在现代生活的适应有过不同程度的叙述：较为传统的组织——敬香团以更为现代的组织形式将村庄秩序延伸到村庄外，成为农民在现代风险社会中的精神依托；当现代社会中集体记忆渐衰，姚家头村利用传统习俗新创"年糕节"，希望以此恢复彼此的联结；水村人依然在用非理性金钱观——"别把钱看得太重"来调解现代社会中日益多元的利益纷争……这些田野材料都证明了村民在不断对传统资源进行着主动调整，以适应现实的变动需要，从而开拓一个并不为"过去"所困扰的生活空间。

本书关于内生性秩序力的田野描述，关于内生性秩序力的理论对话，其实都还是在"'传统'的现代价值、未来命运"这一大话题之下的讨论，对此命题，学界的大家有过诸多预测。对于"传统"之宗教面向，杨庆堃曾悲观地认为："在当代，随着人们对科学的重视以及强大的世俗化趋势，社会制度的宗教面向很快成为了历史，鲜有复兴的可能。分散性宗教这个一度作为中国社会的主导性因素，看来已经失去了其存在的基础，没落的命运是不可避免的。"[②] 但是，随着新的社会发展经验的涌现，各类实证研究的推进，越

---

① 潘光旦：《"位育"？》，载《寻求中国人位育之道——潘光旦文选》，国际文化出版公司，1997，第1~6页。

② 杨庆堃：《中国社会中的宗教——宗教的现代社会功能及其历史因素之研究》，范丽珠等译，上海人民出版社，2007，第271~272页。

来越多的关于社会文化变迁的理论相当自信地对传统与现代的"二分法"提出了不同的看法。余英时在讨论"现代"与"传统"的关系时声称："我从来没有为'传统'与'现代'互不相容的理论所说服。在我看来，所谓'现代'即是'传统'的'现代化'；离开了'传统'这一主体，'现代化'根本无所附丽。"[1] 金耀基认为，在现代化过程中，中国传统文化发生着一种"文化遗失"之现象："我们相信文化有遗失之现象，亦相信文化有不可能遗失之特质。"[2] 他进一步阐述道："'现代性问题'是传统与现代的关系……简单的现代化理论错误地认为'现代'会取代'传统'。事实上，现代中必然有传统的元素；现代的成果也必然来自于传统转化的文化资源。"[3] 陈纳等通过对"河南李村基督教徒对儒家'孝道'践行的考察"，用"迭变"的概念精准地描述了新旧文化的互动过程：一种新文化的产生是借助本地已有文化要素进行概念化并与其相叠加而产生的一种改良结合，同时，在螺旋式变迁的过程中，新旧文化又有新的互动。[4]

在现代社会继续以内生性秩序力的形式存在的"传统"，如何发生变迁？我尝试在"延续"与"转化"两个维度上，对其进行区分与归纳。第一，内生性秩序力无论是在组织、制度还是价值观念层面，都在现代社会中有所延续：自然村仍是水村社会事务的组织基础，拆迁后，同组人散居，但共同体尚未解散；村庙——这一全村层面的自组织——作为公共空间的社会角色在拆迁后更为凸

---

[1] 余英时：《现代儒学的回顾与展望》，生活·读书·新知三联书店，2004，第8页。

[2] 金耀基：《中国社会与文化》，香港：牛津大学出版社，1992，第165页。

[3] 金耀基：《中国文明的现代转型》，广东人民出版社，2016，第6页。

[4] Na Chen and Lizhu Fan, "Conversion as an Overlapping Development of Indigenous Tradition-understanding the Practice of Confucian Xiao among Li Village Christians," in Frieder Ludwig, Mirjam Laaser, Wilhelm Richeb Cher, Amél Adamavi-Aho Eku & Pui-yee Pong, eds., *Reformation in the Context of World Christianity*：*Theological, Political and Social Interactions between Africa, Asia, the Americas and Europe*, Wiesbaden, Germany：Harrassowitz, 2019.

显；地理环境的改变让"小端午"这一传统习俗发生了现代转型，但是它作为自然村集体事件，在"龙舟竞技"的竞争中、在"龙舟酒"的筹办中，凝聚人心的社会力从未减弱；在市场经济的冲击下，"别把钱看得太重"的传统金钱观依然被保留，在现代社会利益矛盾频发的境遇中更显示其价值；上文提到的现代青年群体对于传统组织的参与热情，与传统观念的自觉信奉，也是在现代科学观下的双轨实践。第二，内生性秩序力在现代社会中转化，是指在非常现代化的表象下，传统性依然内嵌其中，内生性秩序力也在通过现代的方式进行自我表现。姚家头村村民依循生活需要的创新——"年糕节"完全是新造的一个节日，但它是借用已有的各种传统资源以恢复淡化的社会记忆，以求对姚家头村年轻一辈中已经出现的"生人社会"的迹象予以弥补；就观念来说，虽然男女平等的观念已被普遍接受，但是在今天的水村，传统观念中的"男女有别"不仅是文化建构，更是通过话语权的利用成为社会事实。上文提到的水村妇女志愿者团体的例子更是明显：如此现代化外表的组织，亲缘、血缘、地缘的联系，以及对日常回报的期待依然是组织运行的实质。

但是，不管是使用"附加""迭变""混合"，还是我在参考前辈观点的基础上试图归纳的内生性秩序力的"延伸"与"转化"，任何对于内生性力量演变形式的具体规定，似乎都会因为过于局限而显得不合适。而其中，只有百姓的生活是不变的准则，是文化变迁的指导。无论传统怎么改变，都是老百姓围绕"如何更好地生活"的实践。所有关于"传统"的现代价值的讨论，其实质是传统为现代生活的延续与改变。梁漱溟在《中国文化要义》中说道："文化，就是吾人生活所依靠之一切。"[1] 文化只是更好生活的手段。费孝通直言："文化是一种手段，它的价值在它是否能达到求生的目的，所以文化一

---

[1] 梁漱溟：《中国文化要义》，上海人民出版社，2011，第6页。

233

且离开人使用它的处境也就不发生价值问题,自身没有所谓好或者不好。"[①]
在《心灵的习性:美国人生活中的个人主义和公共责任》一书中,贝拉(Robert
N. Bellah)团队对美国社会中的个人主义趋势的研究,围绕的问题依然是"我
们应该如何生活",提出了要关注共同文化传统对社会支撑的问题。[②]范丽
珠等在对浙南宗族文化进行观察后也发现,无论现代社会中的人们在生活方
式上与传统年代有多么大的差别,其生活的基本宗教情调并没有失去,仍在
积极参与当地民众文化自我建构的过程。[③]内生性秩序力本身有足够的弹性
遵循"为着更好的生活"进行调整。如果理论框架的作用只是限定了现实生
活中内生性秩序力自我调适的丰富性,那么,至少在没有更满意的解决方案
之前,"缺少精美的理论概括"比"限制了实践的理论概括"要更可取。

　　事实上,整个研究对于内生性力量在现代社会的变迁方式的关注,其
实更多的是依循对生活的记录,从对乡民日常生活的观察、记录中,去发
现内生性秩序力如何通过生活实践被保留、被调适。其中有主动的适应,
也有被动的改变,但不管是延续还是变迁,都是为了更好地适应当下生活
的节奏。内生性秩序力,其实就是水村社会用来维系生活的一个重要纽带,
无论是过往还是现在,对于百姓而言,最本质的诉求就是"更美好的生活",
而百姓更美好的生活本身,就是社会秩序平稳运行的表现。传统的生活形
态,仍是中国乡村中暗藏的独特个性和秩序力量,它不只留在展览馆中、
书籍里,这种力量也仍然活跃在我们的言谈举止、生活细节之中,而这正
是"内生性秩序力"研究的本意。不管现代如何激烈地推进,只要传统资

---

① 费孝通:《乡土重建》,载《费孝通全集》(第五卷),内蒙古人民出版社,2009,第123页。
② 罗伯特·N.贝拉等:《心灵的习性:美国人生活中的个人主义和公共责任》,周穗明、翁
　　寒松、瞿宏彪译,中国社会科学出版社,2011。
③ 范丽珠、陈纳、赵文词:《传统的遗失与复归——温州南部乡村宗族传统的田野研究》,
　　载魏乐博、范丽珠主编《江南地区的宗教与公共生活》,上海人民出版社,2015,第64页。

源所编织的社会网络还在发挥作用，那么社会秩序维续便不会成为一个需要被过分担忧的问题。

二　研究结语：改革开放 40 多年后农村发展新回应

（一）有局限的个案

尽管对水村的文本叙述已经接近尾声，但水村的人与事仍是一个尚未结束、还在展开的故事。国家现代化离不开乡村现代化，水村个案只能为观察中国现代化提供一个微小局部，水村个案研究的局限性不得不被承认。但是，正如高丙中所言，中国社会科学界无法回避民族志发育不良的问题：西洋和东洋的学术界出版了大量关于中国的民族志，基于社会事实，却非我们能够认同的关于我们社会的完整的图像。然而，我们又没有生产足够弥补或者替换它们的社会图像。"我们要超越这个局面中杂糅着不服与无奈的心理，就必须自己发展起够水准的民族志，书写出自己所见证的社会图像供大家选择或偏爱、参考或参照。"[①] 中国民族志个案价值、水村的研究意义正在于此：它提供了对中国不同地区城乡发展多样性的一种描述。所谓的"多样性的一种描述"，意味着在中国其他地方，因为社会发展的基础不同，各个地区条件各异。水村的发展的确有一定的特殊性，这让水村的模式不一定能够被如法炮制。

阿里巴巴能够成为全球最知名的互联网企业之一，不仅对于大多数中国人来说是意料之外的，同样，对于水村而言，经济上能够依傍上阿里巴巴而享受到一系列红利，也是水村人没有想到的。另外，作为一股尤为强势的建构力，拆迁与乡村秩序的关系尤为密切，这在第三章的开篇已有详述。但是，水村的拆迁类型被称为"逐步整村拆迁"，不仅长拆迁时段让村庄有足够长的

---

① 保罗·拉比诺：《摩洛哥田野作业反思》，高丙中、康敏译，商务印书馆，2008，第16页。

缓冲期来应付、调整与适应拆迁带来的变化，而且水村"不一样的拆迁"的特殊性还体现为"改造与保护的同步"。在严守"耕地红线"①的政策背景下，变更土地性质变得谨慎而困难，这让社区的乡土本色在政府的规划保护下得以局部保存：村中仍保留耕地面积35公顷，村民仍"有田可种、有地可耕、有鱼可养"。这与"城中村"彻底地嵌入城市，既"无农"也"无（耕）地"的尴尬境地不同。②虽然农业收入早已不再是主要收入，但至少农民没有远离土地，没有彻底远离传统的生产生活方式。"回到社会整合的语境，从农业的视角去看整合，'土地'就是这样一种天然的整合因子——因劳动者在土地上耕作和收获而成为社区整体。"③对于今天的水村而言，虽然农业收入已经微乎其微，但是，这部分乡土性的保留让风俗习惯和约定俗成的传统仍有为继的客观环境条件，社会结构的改变也因此缓慢很多。因为以土地耕作为基础的传统生产方式以及相对稳定的"社区模式"，是小地方民间风俗的物质基础，是内生性秩序力得以作用的生态条件，是乡村精神气质的内在附存之地，在这样的社区环境之中，社会结构的深层次，"包括生活方式，社会关系，规范和价值体系，是不可能在一夜之间颠倒过来的"。④水村不仅没有像急速整村拆迁的村庄一样在快速现代化中遗忘了乡土，也没有如广大中西部地区的村庄一样因现代化的相对滞后而使乡土失落。

水村的未来在很大程度上会受到外部世界的整体社会变迁潮流的裹挟。

① 耕地红线，指经常进行耕种的土地面积最低值。它是一个具有低限含义的数字，分国家耕地红线和地方耕地红线。2009年6月23日国务院新闻办公室举行新闻发布会，国土资源部提出"保经济增长、保耕地红线"行动，坚持实行最严格的耕地保护制度，耕地保护的红线不能碰。

② 李培林：《村落的终结：羊城村的故事》，中国社会科学出版社，2014，第25页。

③ 周怡：《中国第一村：华西村转型经济中的后集体主义》，香港：牛津大学出版社，2006，第128页。

④ 丹尼尔·贝尔：《资本主义文化矛盾》，赵一凡、蒲隆、任晓晋译，生活·读书·新知三联书店，1989，第53~54页。

项飚把社区大概比作物理学中的"场":"每个物体和场以外的环境息息相关。把社区看成是和社会对立的,或者把社区看成是社会的一个个独立的'具体而微',是过时了。社区是整体社会不可分的一部分,而且是'大社会'的结构转化到人们行为之间的桥梁。"[①] 可喜的是,社会整体对于传统价值的态度正在发生改变,外部出现了这样一种趋势,或者称为"契机":边缘地区越来越成为经济核心区域对"传统"日益增长的需求来源。水村不仅保留了耕地、农田、鱼塘、河道,还成为已规划的"水乡原生态湿地保护区"的一部分,湿地保护工程——原来作为经济结构重要部分的稻田、鱼塘,如今将作为旅游项目、儿童体验基地被开发。水乡原生态湿地保护工程作为杭州未来科技城板块的一个配套开发项目备受瞩目,从寻找同质性到寻求异质性的转变,水村也在这种村民根本没有预料到的新潮流之中寻找新的发展机遇。

（二）"水村模式"对中国农村发展的回应

"1949 年以来,中国农村发生了几次巨变,五十年代的土改,六七十年代的农村公社化,都是中国历史上前未之见的变化;1978 年后的'去公社化',特别是'社会主义市场经济'成为发展的主导思维后,中国农村又经历了另一场巨变。这场巨变是结构的,也是文化的。它的转变形式与内涵是复杂而多元的,同时还继续处在结构、重构的过程中。"[②] 在中国改革开放 40 多年的过程中,学界对于"农村发展"所做出的回应更多以中西部广大农村地区为讨论背景。但中国幅员辽阔,现代化的推进进程有快有慢,中西部之外,另有一些村庄案例为中国改革开放 40 多年的结果提供更为全面的经验证据,能以更积极的经验成果来为"中国特色现代化理论"构建提供充分的事实依

---

① 项飚:《社区何为——对北京流动人口聚居区的研究》,《社会学研究》1998 年第 6 期。
② 周怡:《中国第一村:华西村转型经济中的后集体主义》,香港:牛津大学出版社,2006,第 1 页。

据。其中,"温州模式""苏南模式"堪称经典,但是20世纪90年代改革开放初期的经验与理论总结已经显得有些陈旧。而"广州模式",尤其是其中对"城中村"的研究,因其转型之快及变化之彻底很难再被归入农村研究范畴。

虽然今日之水村不再可能百分之百保持着与50年前、60年前一样紧致、完整的社会结构,但社区还是相对完整、充实的,这与中西部欠发达地区农村的"空心"状态截然不同。在现代化发展之后,水村并未成为劳动力输出地,或者完全成为城市的一部分。这里不仅经济充满活力,而且乡土以自有价值保持一致性,乡土社会支离破碎的场景并未在这里出现。如水村这类村庄,在中国迅猛推进的城市化过程中,可能经济发达程度有高低之分,但总的来看,在一众"水村"中,乡土社会并未解体,村民也不远离村子——这种村庄类型至少在中国的东部地区是十分常见的。以往,中国农村的都市化一直被奉为中国农村发展的必由之路:农村人离开乡土到城市生活,或者是如"城中村"一样将农村整体改造为城市。但在水村这种中国农村发展模式中,较为理想的城—乡融合状态已经成为普遍特征。或者我们可以认为,"水村模式"确立了农村与城市二分之间的第三种类型,化解了"农村"与"城市"发展的二元对立。这是水村发展模式给出的第一层研究价值。

第二,在维持现代乡村社会整体秩序方面,水村的内生性秩序力与经济建构力、行政建构力形成了较好配合,"水村模式"可被视为"乡村都市化过程中内生性秩序力如何安适"这一核心问题已被实践证明的理想型。正如最初确认研究意义时所言,水村之所以能成为中国农村现代化发展模式的参照式样之一,理由是:水村正在经历包括拆迁在内的急剧现代化过程,许多现代化的难题向水村社会扑来,以内生性秩序力为基底,社会变迁的诸多问题在此解决得相对顺其自然,许多社会发展的关切在这里得到释怀。在水村,在地方经济富裕起来之后，传统不仅不是一个被丢弃的负资产，村民反而有了更多的精力、财力来让传统文化得以恢复与传承。当然，"传统"自身也做出了适当调整，而调整的结果是传统的主体性并未改变。另外，在国家层面，在2017年开始实施的《关于实施中华优秀传统文化传承发展工程的意见》中，内生性秩序力符合现代化发展要求、与执政目标的契合，已得到明确表达。内生性秩序力辅助经济建设、加强文化教育与传承、弘扬中华美德等都是国家发展策略的题中之义，而在水村，内生性秩序力恰恰已经在这些领域显示了其作用力。在中国乡村城市化的过程中，如何安置"传统"，"水村模式"提供了可资借鉴的生动案例。

第三，"水村模式"以实践让"传统"与"现代"，"地方化"与"全球化"的冲突在这里得到了和解。作为传统与现代发生诸多正面冲击的地区，水村个案的意义还在于，它证明了新旧文化因素在持续冲突之后可以获得融合与平衡。现代化，包括世俗化的发展，被认为一定会撬动以"传统"为外在表现的内生性秩序力。但是在水村，我们观察到另一种中国农村现代化发展的可能性，它以自身的发展演绎了一种充满活力的混合现代性：在器物、制度层面，水村已基本实现现代化，但在思想行为层面仍保留着明显的传统性。"事实上，我们无法直接划分出传统性与现代性的观念和行为，现代社会的价值元素的传入，也并不代表传统文化特征的消退，二者在某一历史阶段，是可以并存的和相互融合的。"[1] "在'社区消亡论'看来，现代社会，尤其是现代都市生活，盛行的是一种消懈情感、崇尚理性的生活方式，因此，必然会摧毁与旧秩序相关的前现代社会的各种组织力量和联合形式。"[2] 但是，在今

239

---

① 周大鸣：《中国乡村都市化再研究：珠江三角洲的透视》，社会科学文献出版社，2015，第365页。
② 冯钢：《现代社区何以可能》，《浙江学刊》2002年第2期。

天的水村社会，我们可以看到一股明显的张力："一方面是强大的一体化、全球化趋势，但另一方面，地方社会的相对独立性也并没有消失，而是要用新的方式和这个趋势结合在一起。"① 这使得中国农村在保持地方性差异的同时，仍然享有融入全球化和国家一体化的可为性。对于内生性秩序力，或更通俗地讲，对传统资源如何规范现代水村社会秩序的研究，也就是在力图说明，现代性的动力如何内嵌于传统之中。"如果将这一论述纳入我们的自觉意识，自然可以开放出一种新的想象视野，即中国可以积极地介入现代世界规则的共建，这是民族传统的自我实现而不再是自我异化。"②

费孝通在《乡土重建》中留有一个时代的疑问："变迁是一个替易或发展的过程，从一种状态变成另一种状态。若要描写这过程，最方便的是比较这两种状态的差别。但这是须在后面的局面多少已成形的时候才能由此方便。中国社会变成什么样子，现在还没有人敢说。"③ 在改革开放已经恢宏展开 40 多年之后，对于中国社会变迁的不确定性，柳传志有过这样一句感慨："40 年前，我们即使去做梦，也绝对梦想不到中国会是今天这个样子。"④ 如果说中国的发展有个不变的主题，那就是"变"。中国农村巨变仍是一个正在继续的大故事，水村的未来有多重可能性，伴随其中的有内在结构性的紧张，有持续的变动性，一如中国农村发展的未来并无确切解答。本书试图将观察到的水村社会图像予以描绘、记录与解读，从而让其有机会面对不同经验的比较，便是有所突破。

① 参见项飚、宋秀卿《社区建设和我国城市社会的重构》，《战略与管理》1997 年第 6 期。
② 孔迈隆：《不往田野去，就理解不了今天的中国》，复旦人类学（微信公众号），2018 年 10 月 29 日。
③ 费孝通：《乡土重建》，载《费孝通全集》（第五卷），内蒙古人民出版社，2009，第 2 页。
④ 《柳传志：挺过了很多不安全的时刻》，新闻纵横，2018 年 5 月 28 日，https://baijiahao. baidu.com/s?id=1601692027317267431&wfr=spider&for=pc。

参考文献

中文文献

阿来：《尘埃落定》，人民文学出版社，1998。

爱弥尔·涂尔干：《宗教生活的基本形式》，渠东、汲喆译，商务印书馆，2011。

保罗·拉比诺：《摩洛哥田野作业反思》，高丙中、康敏译，商务印书馆，2008。

曹海林：《村落公共空间与村庄秩序基础的生成——兼论改革前后乡村社会秩序的演变轨迹》，《人文杂志》2004年第6期。

曹锦清、张乐天、陈中亚：《当代浙北乡村的社会文化变迁》，上海人民出版社，2014。

曹锦清：《黄河边的中国》（增补本），上海文艺出版社，2013。

陈进国主编《宗教人类学》（第六辑），社会科学文献出版社，2015。

陈进国主编《宗教人类学》（第五辑），社会科学文献出版社，2014。

陈丽影：《论社会舆论》，《广东行政学院学报》2005年第1期。

陈那波、龙海涵、王晓茵：《乡村的终结——南景村 60 年变迁历程》，广东
　　人民出版社，2010。

陈庆德：《货币符号涵义系统的经济人类学分析》，《开放时代》2000 年第 3 期。

陈文玲：《村庄的记忆、舆论与秩序》，北京大学出版社，2016。

《蚕桑出产年报表》（一），余杭档案馆，档案编号：130-1-6。

《传统节日如何对接现代中国》，《人民日报》2017 年 1 月 4 日。

《道德底线的突破及其伦理意涵——阎云翔教授在"复旦当代人类学讲坛"
　　上的讲演》，《文汇报》2012 年 11 月 19 日。

丹尼尔·贝尔：《资本主义文化矛盾》，赵一凡、蒲隆、任晓晋译，生活·
　　读书·新知三联书店，1989。

单问者：《余杭取代萧山成为浙江第一强区（县），意味着什么？》，百度网，
　　2018 年 10 月 29 日，https://baijiahao.baidu.com/s?id=1615630309133073521。

丁荷生、由红、高师宁：《中国东南地方宗教仪式传统：对宗教定义和仪式
　　理论的挑战》，《学海》2009 年第 3 期。

丁元竹、江汛清：《志愿活动研究：类型、评价与管理》，天津人民出版社，
　　2001。

董剑波、李学昌：《20 世纪江浙沪农村社会变迁中的文化演进》，华东师范
　　大学出版社，2010。

董研：《村民行动与村庄秩序——河北乡村社区的实地研究》，中央民族大
　　学出版社，2011。

董运生、张立瑶：《内生性与外生性：乡村社会秩序的疏离与重构》，《学海》
　　2018 年第 4 期。

杜晓帆、侯实、赵晓梅：《贵州乡村遗产的保护与发展——以楼上村为例》，
　　《贵州民族大学学报》（哲学社会科学版）2018 年第 3 期。

杜赞奇：《全球现代性的危机——亚洲传统和可持续的未来》，黄彦杰译，
　　商务印书馆，2017。

范丽珠、James D.Whitehead、Evelyn Eaton Whitehead：《当代世界宗教学》，
　　时事出版社，2006。

范丽珠、欧大年：《中国北方农村社会的民间信仰》，上海人民出版社，
　　2013。

范丽珠、谢遐龄、刘芳主编《乡土的力量——中国农村社会发展的内在动力
　　与现代化问题》，上海人民出版社，2014。

范丽珠：《"善"作为中国的宗教伦理》，《甘肃理论学刊》2007年第6期。

范丽珠：《当代中国人宗教信仰的变迁》，韦伯文化国际出版有限公司，
　　2005。

范丽珠：《公益活动与中国乡村社会资源》，《社会》2006年第5期。

方立天：《让中国触动最大的佛教因果报应论》，全球新闻网，2019年6月10日，
　　http://www.qqsyw.cn/jiaoyu/7380.html。

费迪南·滕尼斯：《共同体与社会——纯粹社会学的基本概念》，林荣远译，
　　商务印书馆，1999。

费孝通：《费孝通全集》（第六卷），内蒙古人民出版社，2009。

费孝通：《费孝通全集》（第五卷），内蒙古人民出版社，2009。

费孝通：《江村经济》，江苏人民出版社，1986。

费孝通：《生育制度》，商务印书馆，1999。

费孝通：《乡土中国 生育制度》，北京大学出版社，1998。

费孝通：《乡土中国》，江苏文艺出版社，2007。

费孝通：《乡土重建》，岳麓书社，2012。

费孝通：《志在富民》，上海人民出版社，2004。

费孝通：《志在富民——从沿海到边区的考察》，上海人民出版社，2007。

冯钢：《现代社区何以可能》，《浙江学刊》2002 年第 2 期。

冯友兰：《中国哲学简史》，赵复三译，民主与建设出版社，2017。

高丙中：《一座博物馆—庙宇建筑的民族志——论成为政治艺术的双名制》，
　　《社会学研究》2006 年第 1 期。

古华：《芙蓉镇》，人民文学出版社，2015。

桂勇：《城市"社区"是否可能？——关于农村邻里空间与城市邻里空间的
　　比较分析》，《贵州师范大学学报》（社会科学版）2005 年第 6 期。

郭于华主编《仪式与社会变迁》，社会科学文献出版社，2000。

郭昭昭：《近现代农村社会"秩序文化"流变的历史考察与思考》，《社会
　　主义研究》2007 年第 2 期。

《国务院办公厅关于加强我国非物质文化遗产保护工作的意见》，国办发
　　〔2005〕18 号附件，中国政府网，2005 年 3 月 26 日，http：//www.gov.
　　cn/zwgk/2005-08/15/content_21681.html。

杭州市人民政府：《2010 年杭州市国民经济和社会发展统计公报》，杭
　　州市人民政府网，2011 年 2 月 24 日，http：//www.hangzhou.gov.cn/
　　art/2011/2/24/art_1256301_5769760.html。

何天爵：《真正的中国佬》，鞠方安译，光明日报出版社，1998。

何显明：《"八八战略"与习近平新时代中国特色社会主义思想在浙江的萌发》，
　　《浙江学刊》2018 年第 5 期。

贺雪峰、仝志辉：《论村庄社会关联——兼论村庄社会秩序的社会基础》，《中
　　国社会科学》2002 年第 3 期。

贺雪峰：《新乡土中国》，北京大学出版社，2013。

贺雪峰：《中国传统社会的内生村庄秩序》，《文史哲》2006 年第 4 期。

华琛：《中国丧葬仪式的结构——基本形态、仪式次序、动作的首要性》，《历史人类学学刊》2003 年第 2 期。

华南研究会编辑委员会《学步与超越：华南研究会论文集》，香港：文化创造出版社，2004。

黄亚慧：《独生子女家庭的资源稀缺性与婚姻形式》，《广东工业大学学报》（社会科学版）2012 年第 4 期。

黄亚慧：《外来青年在苏南农村婚姻市场中的地位——文化分析的视角》，《理论与现代化》2015 年第 2 期。

黄宗智：《明清以来的乡村社会经济变迁：历史、理论与现实》（第三卷），法律出版社，2014。

黄宗智：《明清以来的乡村社会经济变迁：历史、理论与现实》（第一卷），法律出版社，2014。

黄宗智主编《中国乡村研究》（第一辑），商务印书馆，2003。

汲喆：《礼物交换作为宗教生活的基本形式》，《社会学研究》2009 年第 3 期。

嘉庆《余杭县志》，"关梁"。

简·雅各布斯：《美国大城市的死与生》，金衡山译，译林出版社，2006。

金耀基：《从传统到现代》（第一卷），法律出版社，2010。

金耀基：《中国社会与文化》（增订版），香港：牛津大学出版社，2013。

金耀基：《中国社会与文化》，香港：牛津大学出版社，1992。

金耀基：《中国文明的现代转型》，广东人民出版社，2016。

金泽、邱永辉主编《中国宗教报告（2010）》，社会科学文献出版社，2010。

景军：《神堂记忆：一个中国乡村的历史、权力与道德》，福建教育出版社，2013。

科大卫：《明清社会和礼仪》，曾宪冠译，北京师范大学出版社，2016。

克里福德·格尔茨：《文化的解释》，韩莉译，译林出版社，2008。

克里斯·希林、菲利普·梅勒：《社会学何为？》，李康译，北京大学出版社，
2009。

孔迈隆：《不往田野去，就理解不了今天的中国》，复旦人类学（微信公众号），
2018 年 10 月 29 日。

L. 科塞：《社会冲突的功能》，孙立平等译，华夏出版社，1989。

雷蒙·阿隆：《社会学主要思潮》，葛志强、胡秉诚、王沪宁译，华夏出版社，
2000。

李怀印：《华北村治——晚清和民国时期的国家与乡村》，岁有生、王士皓译，
中华书局，2008。

李培林：《村落的终结：羊城村的故事》，中国社会科学出版社，2014。

李培林：《村落终结的社会逻辑——羊城村的故事》，《江苏社会科学》
2004 年第 1 期。

李培林：《巨变：村落的终结——都市的村庄研究》，《中国社会科学》
2002 年第 1 期。

李亦园：《文化与行为》，台湾商务印书馆，1966。

梁漱溟：《乡村建设理论》，商务印书馆，2015。

梁漱溟：《中国文化要义》，上海人民出版社，2011。

梁漱溟：《中国文化要义》，学林出版社，1987。

梁永佳：《地域的等级——一个大理村镇的仪式与文化》，社会科学文献出版社，
2005。

梁永佳：《庙宇重建与共同体道德——以大理 Z 村空间差异为例》，《社会
学研究》2018 年第 3 期。

林少敏：《从"乡土"走向"现代"——中国农村社会秩序的变迁与选择》，

《东南学术》1999 年第 2 期。

刘铁梁：《感受生活的民俗学》，《民俗研究》2011 年第 2 期。

刘铁梁：《身体民俗学视角下的个人叙事——以中国春节为例》，《民俗研究》2015 年第 2 期。

刘铁梁：《作为公共生活的乡村庙会》，《民间文化》2001 年第 1 期。

刘洋：《村庄发展的社会基础——一个豫东村庄的村治模式》，山东人民出版社，2009。

刘易斯·科塞等：《社会学导论》，杨心恒等译，南开大学出版社，1990。

《柳传志：挺过了很多不安全的时刻》，新闻纵横，2018 年 5 月 28 日，https://baijiahao.baidu.com/s?id=1601692027317267431&wfr=spider&for=pc。

卢云峰：《宗教为中国提供了重要的社会资本——访美国波士顿大学人类学系主任魏乐博教授》，《中国民族报·宗教版》2008 年 9 月 19 日。

陆益龙：《农民中国——后乡土社会与新农村建设研究》，中国人民大学出版社，2010。

罗伯特·K.殷：《案例研究：设计与方法》，周海涛、史少杰译，重庆大学出版社，2017。

罗伯特·N.贝拉等：《心灵的习性：美国人生活中的个人主义和公共责任》，周穗明、翁寒松、瞿宏彪译，中国社会科学出版社，2011。

罗伯特·帕特南：《独自打保龄：美国社区的衰落与复兴》，刘波等译，中国政法大学出版社，2018。

罗伯特·芮德菲尔德：《农民社会与文化：人类学对文明的一种诠释》，王莹译，中国社会科学出版社，2013。

罗谟鸿等：《当代中国社会转型研究》，西南师范大学出版社，2007。

247

罗沛霖、杨善华等主编《当代中国农村的社会生活》，中国社会科学出版社，
　　2005。

马克斯·韦伯：《社会学的基本概念》，胡景北译，上海人民出版社，
　　2000。

马克斯·韦伯：《中国的宗教——儒教与道教》，康乐、简惠美译，广西师
　　范大学出版社，2010。

马塞尔·莫斯:《礼物——古式社会中交换的形式与理由》,汲喆译,商务印书馆,
　　2016。

莫里斯·弗里德曼：《中国东南的宗族组织》，刘晓春译，上海人民出版社，
　　2000。

《农业总产值计算表》，余杭档案馆，档案编号：130-1-157。

欧大年：《中国民间宗教的秩序和内在理性》，《通讯》(香港)1998年第3期。

潘光旦：《寻求中国人位育之道——潘光旦文选》，国际文化出版公司，
　　1997。

彭希哲、范丽珠主编《新时代中国特色社会主义的社会（发展）体系》，复
　　旦大学出版社，2019。

钱穆：《灵魂与心》，广西师范大学出版社，2004。

乔健、潘乃谷编《中国人的观念与行为》，天津人民出版社，1995。

清华大学社会学系主编《清华社会学评论》（特辑），鹭江出版社，2000。

饶佳荣：《刘永华：礼仪如何下乡》，澎湃新闻，2016年3月12日，https：//
　　www.thepaper.cn/newsDetail_forward_1435905。

沈亚平：《社会秩序及其转型研究》，河北大学出版社，2002。

施坚雅：《中国农村的市场和社会结构》，史建云、徐秀丽译，中国社会科
　　学出版社，1998。

施芸卿：《机会空间的营造——以B市被拆迁居民集团行政诉讼为例》，硕
　　士学位论文，清华大学，2007。

苏力：《较真"差序格局"》，《北京大学学报》（哲学社会科学版）2017
　　年第1期。

孙立平：《改革开放前后中国国家、民间统治精英及民众间互动关系的演变》，
　　《中国社会科学季刊》（香港）1994年第1期。

王安忆：《长恨歌》，人民文学出版社，2004。

王汉生、刘世定、孙立平等：《作为制度运作和制度变迁方式的变通》，《中
　　国社会科学季刊》（香港）1997年第21期。

王汉生：《改革以来中国农村的工业化与农村精英构成的变化》，《中国社
　　会科学季刊》（香港）1994年第9期。

王虎学：《分工与现代文明秩序的建构》，《社会科学辑刊》2012年第5期。

王建林：《道德秩序中的和谐农村——试论村庄转型中道德的时代价值》，《黑
　　河学刊》2006年第3期。

王磊光：《一个博士生的返乡日记：迷惘的乡村》，人民网，2015年2月25
　　日，http://edu.people.com.cn/n/2015/0225/c1006-26594099.html。

王铭铭：《山街的记忆——一个台湾社区的信仰与人生》，上海文艺出版社，
　　1997。

王铭铭：《社会人类学与中国研究》，生活·读书·新知三联书店，1997。

王铭铭：《宗教概念的剧场——当下中国的"信仰问题"》，《西北民族研究》
　　2011年第4期。

王宁：《代表性还是典型性？——个案的属性与个案研究方法的逻辑基础》，
　　《社会学研究》2002年第5期。

韦思谛编《中国大众宗教》，陈仲丹译，江苏人民出版社，2006。

249

魏乐博、范丽珠等:《对话宗教与社会资本》,《世界宗教文化》2011 年第 5 期。

魏乐博、范丽珠主编《江南地区的宗教与公共生活》,上海人民出版社,
2015。

魏乐博、汪昱廷:《中国社会的宗教和公益》,《北京大学学报》(哲学社
会科学版)2009 年第 4 期。

魏乐博、张士闪、李生柱:《当代中国民间宗教研究要"接地气"——波士
顿大学魏乐博教授访谈录》,《民俗研究》2017 年第 5 期。

魏乐博:《急速的城市化与宗教变化》,复旦大学讲座,2018 年 6 月 30 日。

吴毅:《不同语境下的乡村关系》,《探索与争鸣》2004 年第 9 期。

吴重庆:《孙村的路:后革命时代的人鬼神》,法律出版社,2014。

吴重庆:《无主体熟人社会及社会重建》,社会科学文献出版社,2014。

西里尔·E.布莱克编《比较现代化》,杨豫、陈祖洲译,上海译文出版社,
1996。

西摩·马丁·李普塞特:《一致与冲突》,张华青等译,上海人民出版社,
1995。

《现代汉语词典》,商务印书馆,1996。

习五一主编《马克思主义无神论研究》(第 5 辑),中国社会科学出版社,
2017。

项飚、宋秀卿:《社区建设和我国城市社会的重构》,《战略与管理》1997
年第 6 期。

项飚:《社区何为——对北京流动人口聚居区的研究》,《社会学研究》
1998 年第 6 期。

项飚:《逃避、联合与表达——"浙江村"的故事》,《中国社会科学季刊》
(香港)1998 年第 22 期。

项继权:《中国农村社区及共同体的转型与重建》,《华中师范大学学报》(人文社会科学版)2009 年第 3 期。

熊凤水:《流变的乡土性》,社会科学文献出版社,2016。

徐勇:《非均衡的中国政治:城市与乡村比较》,中国广播电视出版社,1992。

杨华:《绵延之维:湘南宗族性村落的意义世界》,山东人民出版社,2009。

杨美惠、何宏光:《"温州模式"中的礼仪经济》,《学海》2009 年第 3 期。

杨庆堃:《中国社会中的宗教——宗教的现代社会功能及其历史因素之研究》,范丽珠等译,上海人民出版社,2007。

杨善华、孙飞宇:《"社会底蕴":田野经验与思考》,《社会》2015 年第 1 期。

杨善华、赵力涛:《中国农村社会转型中社区秩序的重建:制度背景下的"农户—社区"互动结构考察》,《社会学研究》1996 年第 5 期。

应星:《农户、集体与国家——国家与农民关系的六十年变迁》,中国社会科学出版社,2014。

余杭区委办公室:《余杭区农村文化礼堂使用管理实施意见》,区委办〔2013〕102 号,余杭新闻网,2014 年 7 月 22 日,http://www.eyh.cn/class/class_1793/articles/239045.html。

余英时:《现代儒学的回顾与展望》,生活·读书·新知三联书店,2004。

郁喆隽:《马克斯·韦伯:历史性的现代界碑》,《解放日报》2018 年 4 月 29 日。

岳永逸:《行好:乡土的逻辑与庙会》,浙江大学出版社,2014。

岳永逸:《灵验·磕头·传说:民众信仰的阴面和阳面》,生活·读书·新知三联书店,2010。

翟学伟:《走向现代化的江村人——中国家族主义中的亚文化现象及其现代

意义》，《江海学刊》1996 年第 5 期。

詹姆斯·C.斯科特：《弱者的武器》，郑广怀、张敏、何江穗译，译林出版社，2007。

詹姆斯·克利福德、乔治·E.马库斯：《写文化——民族志的诗学与政治学》，高丙中等译，商务印书馆，2006。

张军：《同是经济大省省会，杭州为什么给了济南"巨大震撼"？》，澎湃新闻，2017 年 5 月 18 日，https://www.thepaper.cn/newsDetail_forward_1687924。

张乐天：《告别理想——人民公社制度研究》，上海人民出版社，2012。

张丽辉：《治理视角下的村庄内生秩序》，《普洱学院学报》2016 年第 4 期。

章荣君：《乡村治理中正式制度与非正式制度的关系解析》，《行政论坛》2015 年第 3 期。

赵春兰：《茶店"劈公道"与地方社会自治——基于江南何母水乡地方史料的采集》，《农业考古》2018 年第 5 期。

赵世瑜：《狂欢与日常：明清以来的庙会与民间社会》，北京大学出版社，2017。

赵旭东、张洁：《乡土社会秩序的巨变——文化转型背景下乡村社会生活秩序的再调适》，《中国农业大学学报》（社会科学版）2017 年第 2 期。

赵旭东：《否定的逻辑：反思中国乡村社会研究》，民族出版社，2008。

折晓叶、陈婴婴：《社区的实践——"超级村庄"的发展历程》，浙江人民出版社，2000。

折晓叶：《村庄的再造——一个"超级村庄"的社会变迁》，中国社会科学出版社，1997。

郑毅等：《广州改造"城中村"目标确定》，《南方都市报》2000 年 9 月 6 日。

周大鸣、郭正林等：《中国乡村都市化》，广东人民出版社，1996。

周大鸣:《中国乡村都市化再研究:珠江三角洲的透视》,社会科学文献出版社,2015。

周晓虹:《传统与变迁——江浙农民的社会心理及其近代以来的嬗变》,生活·读书·新知三联书店,1998。

周星、王铭铭执行主编《社会文化人类学讲演集》,天津人民出版社,1997。

周怡:《中国第一村:华西村转型经济中的后集体主义》,香港:牛津大学出版社,2006。

朱立春编《新编说文解字》,江西美术出版社,2018。

朱妍:《现代国家建构过程中民族地区乡村秩序的变迁——以恩施土家族苗族自治州为研究样本》,博士学位论文,武汉大学,2016。

邹振东:《流传千年的可能不是陋习》,新京报评论,2018 年 7 月 31 日,http://baijiahao.baidu.com/s？id=1607470682535633802。

最高人民法院:《最高法召开人民法院征收拆迁典型案例新闻通气会》,最高人民法院网,2018 年 5 月 15 日,http://www.court.gov.cn/zixun-xiangqing-95892.html。

外文文献

Adam Chau,*Miraculous Response:Doing Popular Religion in Contemporary China*,Stanford：Stanford University Press, 2006.

Arthru P.Wolf,"Gods,Ghosts and Ancestors," in Arthur P.Wolf ed.,*Religion and Ritual in Chinese Socity*,Stanford：Stanford University Press, 1974.

Daniel Overmyer,"God's,Saints, Shamans, and Processions：Comparative Religion from the Bottom Up,"*Criterion：Journal of the University of Chicago Divinity School* 34（2002）.

Eric Mueggler,*The Age of Wild Ghosts：Memory, Violence, and Place in Southwest*

China, Berkeley：University of California Press,2001.

James C.Scott,*Domination and the Arts of Resistance：Hidden Transcripts*, New Haven：Yale University,1990.

Martin Whyte,"The Social Roots of Chinese Economic Development," *The China Quarterly* 144（1995）.

Na Chen and Lizhu Fan,"Conversion as an Overlapping Development of Indigenous Tradition-understanding the Practice of Confucian Xiao among Li Village Christians,"in Frieder Ludwig, Mirjam Laaser, Wilhelm Richeb Cher, Amél Adamavi-Aho Eku & Pui-yee Pong ,eds., *Reformation in the Context of World Christianity：Theological, Political and Social Interactions between Africa, Asia, the Americas and Europe*, Wiesbaden,Germany：Harrassowitz,2019.

Peter L.,Berger and Hsin Huang Michael Hsiao, eds., *In Search of An East Asian Development Model*,New Jersey：Transaction Publishers, 1988.

Pierre Bourdieu, *The Logic of Practice，* Calif：Standford University Press,1980.

Prasenjit Duara,"The Historical Roots and Character of Secularism in China，"in Zheng Yongnian ed.,*China and International Relations：The Chinese View and the Contribution of Wang Gungwu*,London：Routledge, 2010.

R.Redfield,*The Little Community and Peasant Society and Culture*, Chicago：The University of Chicago Press,1973.

Richard Madsen, *Morality and Power in a Chinese Village*, CA：University of California Press,1984.

Siu,Helen, "Recycling Tradition：Culture,History,and Political Economy in the Chrysanthemum Festivals of South China," *Comparative Studies in Society and History*,32（1990）.

Stephan Feuchtwang, "Domestic and Communal Worship in Taiwan," in Arthur Wolf ed., *Religion and Ritual in Chinese Society*, Standford: Standford University Press,1974.

Tim Oakes and Donald Sutton, "Introduction," in Tim Oakes and Donald Sutton eds., *Faiths on Display Religious Revival and Tourism in China*, Lanham: Rowman and Little field, 2010.

Vincent Goossaert, "Religious Traditions, Communities and Institutions," in David A. Palmer, Glenn Shive, and Philip L. Wickeri, eds., *Chinese Religious Life*, Oxford: Oxford University Press,2011.

附录一

茶店"劈公道"与地方社会自治

——基于江南何母水乡地方史料的采集

赵春兰

摘要：基于口述史的采集，以及地方史料的挖掘，本文关注江南何母水乡传统社会中，地方人物在茶店"劈公道"以处理乡邻纠纷。地方人物的社会担当与民众的认可是绅权施展以实现地方自治的社会基础。近代以来，绅权收缩，茶店没落，但茶店"劈公道"作为典型的礼治实践，仍能发挥其维持社会秩序的规范性力量。在当下法治社会的语境下，追述茶店"劈公道"之旧闻仍有重要的现实意义。

关键词：茶店；社会纠纷；地方人物；地方自治；礼治；

　　笔者在江南何母水乡开展社会调查，与水乡老者攀谈[①]，听闻茶店"劈公道"一说，即传统社会中地方人物利用茶店这一公共空间处理民间纠纷。时至今日，这一做法仍为老者们津津乐道。笔者查阅文献发现，此为传统社会中纠纷处理的普遍方式，多以"吃讲茶"称之。但因历史资料所限，现有研究多囿于城中茶馆[②]，极少关注乡间茶店，作为中国人生活重点的乡村在此类研究中被忽视。而"中国至今依然是农业人口或农村人口占绝大多数的国家，中国未来的经济发展和政治发展在很大程度上取决于农村的发展"[③]。二则，对于"吃讲茶"的研究，多在概述茶馆功能，或在茶文化发展史整体中被随带提及，[④] 极少有进一步深入关注茶馆作为绅权施展空间，进而与传统社会自治与乡土社会秩序维续相联系的研究。地方人物依托乡间小茶店施展权力，达成传统社会乡间自治，这一历史事实及其治理经验被相对忽视。由此，本文所关注的茶店"劈公道"作为传统社会中民间纠纷调解方式，不仅可为"完善自治、法治、德治相结合的乡村治理体系，高水平建设美丽乡村"[⑤] 这一治理目标的实现提供启发，也可以成为当下维系低成本治理可资利用的重要资源。

一　集市茶店：作为传统社会的自治公共空间

　　一如最普通的农村，何母桥地区普通乡民生活的历史被官方记载并保留

257

---

① 提及何母桥茶店，水乡老者多有记忆，因此，本文 信息来源较为多重。其中，沈孟祥老人（83岁）是主要信息提供人，特此表达谢意，其他贡献者此处不一一致谢。

② 老舍在《茶馆》开篇，就描述了在北京城裕泰茶馆内，地方人物出面调和为一只家鸽而引发的纠纷。社会科学的相关研究，如，王笛《茶馆：成都的公共生活和微观世界（1900～1950）》，社会科学文献出版社，2008年版。

③ 王沪宁．当代中国村落家族文化——对中国社会现代化的一项探索［M］．上海：上海人民出版社，1991，第7页。

④ 杭州茶文化研究会．杭州茶文化发展史［M］．杭州：杭州出版社，2014。

⑤ 袁家军．政府工作报告［R］．浙江省第十三届人民代表大会第一次会议，2018-01-25。

下来的极少，资料挖掘有一定的困难。幸而水乡地区的社会文化、生产生活
基础仍然完整，村庄社会记忆仍强，父老口传的历史文化传承力仍在。通过
口述史的采集，以及地方资料的挖掘，笔者以何母桥集市茶店内的多例宗族
外社会纠纷处理为例，试图说明在传统社会中，乡间士绅所承担的社会责任，
以及乡间社会自治如何自成一体。

（一）何母桥集市与水乡茶店

江南何母水乡，位于浙江北部、杭州西郊，毗邻西溪湿地，属于京杭运
河支流延伸段。水乡地区河道纵横交错，形如网织，大小池塘星罗棋布。前
现代社会，何母桥是水路码头，航运发达，水乡的桑蚕、鱼虾、竹笋等传统
农副产品通过各路河道运达上海。何母桥集市不仅是水乡与外部世界的联结
点，更是附近八十几个自然村相互连接的中心点。以何母桥为中心的水乡集
市可以称得上典型的社会学意义上的"集市"！ [①] 乡民定期在此进行村际以
上规模的贸易、娱乐等活动，直至今日，何母水乡乡民的通婚圈仍基本与何
母桥集市圈相互吻合。

水乡毗邻杭州龙井茶产区，乡民素有饮早茶的习惯。解放前，何母桥集
市上共有 4 家茶店："龙头"阿奎茶店（抗战前名"民众"茶店）、袁阿九茶店、
茹阿全茶店和张凤池茶店。每家茶店有 14—20 张桌子不等，足可见其兴旺程度。
哪个茶店招揽哪些客人，基本上是按地缘、亲缘的熟悉情况而固定，但是没
有严格限制。大约 40 岁以上的乡民，早上 5 点多拂晓前，便起早去茶店"捞
世面"、听说书。叫一盏茶，三五分钱，泡"三开"，能坐上一、二个小时，然
后再匆匆回家干农活去。

[①] 关于超村庄模式之一的集市模式的开创性研究：〔美〕施坚雅著 . 史建云、徐秀丽译《中
国农村的市场和社会结构》，中国社会科学出版社 ,1998。

作为休闲场所、经济活动中心、信息集散地,历史学家对城市中茶馆的诸多功能都进行过详尽考察。① 至民国年间,集市上的小茶店已成为乡间社会最为重要、最具代表性的公共文化空间。 但是,需要强调的是,上文中所介绍的这些茶店往往只是小草棚或小瓦屋,只属于低档小茶店。本文关注的是茶店而不是茶馆,是因为乡间茶店内的交往,为研究传统社会中农村农民的日常生活提供了更为自然的状态。茶店作为乡村或城市社区的民间"执法中心"是本文的关注重点。

(二)"劈公道":茶店作为纠纷处理的公共空间

茶馆(茶店)处理纠纷,具体叫法在各地有所不同,但其作为纠纷处理的公共空间是在全国范围被普遍利用的。一般文献称其为"吃讲茶",如罗威廉在汉口注意到,在茶馆里,顾客之间的暴力事件经常发生,但茶馆也是一个解决纠纷的地方,"即人们所称的'讲茶'的社会习俗"。② 王迪以专著的形式对成都茶馆进行了细致的研究,认为茶馆讲理是民众试图在没有官方介入的情况下解决冲突的尝试,显示了市民的相对自治状态,它作为一种国家之外社会力量而存在。③ 在杭州,如萧山地区,老百姓也有"吃评茶"的讲法。但在何母水乡地区老一辈的口述中,并没有出现"吃讲茶"的专门术语,他们津津乐道的是茶店里地方人物如何"劈公道"。

乡间纠纷、是非疙瘩来自各个方面,主要有土地边界纠葛、建房越界纠葛、婚姻矛盾、虐待老人、斗殴偷窃、谩骂邻里,等等。如土地边界纠葛,何母

---

① 沈冬梅.茶馆社会文化功能的历史与未来〔J〕.农业考古,2006,(5)。

② Rowe Hankow. Conflict and Community in a Chinese City, 1796–1895〔M〕. Stanford, Calif.:Stanford University Press, 1989,p60.

③ 王笛.茶馆:成都的公共生活和微观世界(1900~1950)〔M〕.北京:社会科学文献出版社,2008。

桥地区沈家兜的沈效刚和沈祥林的土地有边界，效刚的竹地高、祥林的桑地低。低地容易削高地的边缘，天长地久，高地就要渐渐被蚕食。双方难以解决，就到茶店"劈公道"。茶店内，地方人物评定中间立"界牌石"，拉成直线，并委托沈全福、沈阿午为监督人。为防止界石移位，界石底下深埋柴烀。从此互不侵犯，双方得到了满意解决，并共同支付了当日所有评众的茶资。

何母桥地区沈家兜沈望全者，娶妻仓前章家章阿佩。望全结婚仅一年多时间，因病一命呜呼。此时阿佩才 22 岁就守寡，提出要回娘家，并要求搬走房内物件，但是公婆不准。阿佩经人帮助就到"龙头"阿奎茶店要求"劈公道"。结果，凡女方陪嫁的所有陪嫁品可全部搬走，房间里除了棉床外，男方的东西可拿一半给阿佩。这项裁决，双方还是比较满意的。如果没有评断，双方势必矛盾激化，难以收场。在今天老者们的回忆 中，茶店"劈公道"很有权威性，一言九鼎、一锤定音。

另有何母桥九曲湾姑娘孙凤子，相貌端丽，性格活泼，由后父母做主嫁给了沈家漾沈阿荣。凤子在姑娘时有一位情人，名叫俞桂生。婚后仍纠葛不断，时有幽会。这件事情引起了阿荣妹夫妒意，他自己几次骚扰偷爱被拒，就心生报复，竟干起捉奸勾当。一日晚上，被他捉住，竟弄到何母桥茶店暴露丑闻。孙凤子当着大家面，表现很从容。她说："阎罗王没有规定跟一个人相好。有些男人真不要脸，自己得不到就起恶心，这种男人比狗也不如。做女人的真倒霉，好像是河里的水，有福气的蒸参汤，没有福气的冲茅坑。我命不好，父母瞎了眼，会嫁着这种好老公！"说罢呜咽。如此一来，茶店喝茶者反而同情她。结果，罚阿荣妹夫两堂小唱，分两个晚上在何母桥茶店演出。

相对于现代司法系统的审判流程，依靠茶店里的地方人物"劈公道"，速度快、成本低。公道是非对错讲明了，理亏犯错一方怎么罚？不仅罚茶资，也可罚"小唱"一二堂。"小唱"多为京剧,大约 3—5 人搭成一个小戏班,称"小唱班"。当时做一个道场大约需要 3—5 石米 ①,一堂小唱大约花费 5 斗—1 石米。 虽然这种纠纷处置方式与文献所记载的"吃讲茶"有所不同,但绝非地方性特例。传教士明恩溥所记的近代中国乡村社会中的调解方式也为我们提供了类似的参考:"人们之间的争吵经常被'和事佬'的裁决予以调停,这种裁决的一部分内容可能就是处罚当事人举办一次戏剧演出,以便全社区的人观看演出而受益。据我所知,有一位县令在处理某项涉及两个村庄的诉讼案时,就采用了这种方式。应当说,诸如此类的情况并非罕见。"②

二 茶店"劈公道"的实践基础

何母桥地区的自然村多为单姓村,如徐氏的徐家湾、宋氏的外宋和里宋、梁氏的梁家兜,等等。③ 学界一直强调传统社会中的宗族势力,重视族长在传统社会中调解族内纠纷的权威性,正如水乡老人们所言:"族长的话比皇帝还顶用。"但同时,这些自然村相互之间多连接,不同族姓之间的乡民矛盾纠纷也是常见,而族权只是针对族内问题的调解而奏效。但在何母水乡,族外纠纷不致引起宗族之间大规模械斗,④ 茶店"劈公道"成为乡间处理纠纷行之有效的办法。为什么乡间权威会被如此认同? 自治体系离不开地方人物的担当以及社会的认同与需要。

---

① 石:计量单位。每石的重量各地相差甚大。就浙北何母水乡地区而言,1 石为 100 市斤,并沿用至今。
② (美)明恩溥(Arthur Henderson Smith).中国的乡村生活:社会学研究 [M].陈午晴,唐军,译.北京:电子工业出版社,2016,第 47 页。
③ 闲林志编纂委员会.闲林志(拟定稿)[M].方志出版社,时间不详。
④ 范丽珠,陈纳,(美)赵文词(Richard Madsen).传统的仪式与复归——温州南部乡村宗族传统的田野研究 [A].(美)魏乐博,范丽珠,主编.江南地区的宗教与公共生活 [M].上海:上海人民出版社,2015,第 53 页。

（一）乡绅担当

在何母水乡地区，有资格在茶店"劈公道者"，都是有面子、有权威的人。乡间老者向我列举了几位他们印象深刻的"断公道人"，显示了在何母水乡地区，权威来源的多样性：比如，何母地区金油车曾任乡长的金阿荣，住在何母桥集市中心——李王庙背后，经营笋行、叶行 [①] 的乡董杨长根，豆腐店老板袁亥生……由此可见，能断公道，为众人信服之人也并非都是乡间政治精英，还可以是经济精英，甚至只是小商小贩。"乡绅"本是学界对中国社会结构中连贯国家与社会的中间层的一贯称呼。这些人是否可以算得上"乡绅"？

事实上，学者对"乡绅"所指并不统一。关于绅士，费老给出的定义是："绅士是退任的官僚或是官僚的亲亲戚戚。他们在野，可是朝内有人。他们没有政权，可是有势力，势力就是政治免疫性。……绅士是士，官僚是大夫。" [②] 张仲礼将整个绅士分为上、下层两个集团："下层集团包括生员、捐监生以及其他一些较低功名的人；上层集团则由学衔较高的以及拥有官职——不论其是否有较高的学衔——的绅士组成。" [③] 由此可见，学界对"绅士"概念的界定大多都直接或间接的与政治赋权相联系。学界关于绅士所作的学理分析非常重要，但到了百姓日常生活层面往往就失去意义。无论被称为"乡绅"，抑或是"精英"，若这类人的生活重心不在村内， [④] 对村中事务充耳不闻，是无法被推举为乡间茶店"劈公道者"的。因此，单以功名有无、地位高低来定义，只是外部的标准，基层百姓未必认同。

---

① 叶行：倒卖桑叶的季节性商店。江南何母水乡地区桑蚕业发达，乡民多以饲养蚕茧为主业。春蚕吐丝前食量大，桑叶时常供不应求，叶行通过倒卖桑叶谋利。

② 费孝通.皇权与绅权［A］.费孝通全集（第六卷）［M］.呼和浩特：内蒙古人民出版社，2010，第239页。

③ 张仲礼.中国绅士关于其在19世纪中国社会中作用的研究［M］.上海：上海社会科学院出版社，1998，第11页。

④ 黄宗智.华北的小农经济和社会变迁［M］.北京：中华书局，1986，第59页。

抛开各种概念的纠结，只需要看看这些人在社区中掌握着怎样的权力结构，产生了什么实际影响，其实问题并不复杂。"劈公道者"的内部标准是相当清晰、全员公认的，即有无社区担当。在何母水乡，村民中的这些"有文化""有家产"，愿意给邻里解决疑难纠纷、持正说理、不袒护、不站队的"劈公道者"，才是乡间百姓所能倚靠、甚至是得以托付身家性命的人。无论是处于"乡绅"这一整体的何种层次，都没有影响这些"乡间权威"作为村庄内生秩序维护者的角色发挥。"劈公道者"的权力可能有大有小，但在民间的基层社会生活中，这群人是实现社会整合的自我组织，是自我形成秩序能力的重要社会力量。^①

（二）民众认可

乡土社会向来奉行"无讼"传统。^② 即使在现代社会中，在何母水乡地区，寻求非正式的调判往往比诉诸正式的法律更为通常。但除此之外，自治团体能够受到当地人的认可，更是因为"劈公道"让百姓受益于实际。与其他地方相比，何母水乡茶店"劈公道"的具体做法有所不同，但相同的是，基于调解人的社会声望，百姓对于调解结果是基本认可的。茶店"劈公道"作为一个被广泛接受的乡间习俗，当然也不可能完全公平公正地处理各类社会纠纷，调解人的偏袒或者偏见是否会造成权力的滥用？当笔者将这一疑惑向乡间老者坦白时，老人们却一直在强调："这些人之所以能在百姓当中树立威望，都是做派比较硬气的，追求的是个人的权威，要面子。他们不会也不愿为了个人利益坏了自己的名声。"依此看，关于乡间裁决权的公道性，或许会有偏颇，但应该不是典型。乡间老者一致认为，茶店"劈公道"得出的裁判还是相当有说服力的，即使有人内心不服，也不会公然违抗。老百姓会说，"长庚先生

---

① 应星.农户、集体与国家——国家与农民关系的六十年变迁［M］.北京：中国社会科学出版社，2014，第20页。

② 费孝通.乡土中国［M］.南京：江苏文艺出版社，2007，第58–63页。

说的", "亥生先生说的"。

当然，传统社会中纠纷少也是"劈公道"能够奏效的客观原因。纠纷少，一是因为乡下人的生活圈子小；二是老百姓没有像现在这么"刁"。"生活圈子小"与"不刁"，意味着在乡村社会共同体的封闭圈内，乡民整体上仍然遵从与维持地方社会伦理规范。"不刁"，除了词意所解的"不狡猾"外，也反应了在传统社会中，水乡乡民在文化价值观念上是相对统一的。梁漱溟先生总结道："中国社会是一个伦理本位的社会，人生下来，便有与他相关系之人（父母、兄弟等），此种种关系，即是种种伦理。所以无论是家庭生活、社会生活、经济生活、政治生活等，皆寓于伦理。"① 就是说，在传统社会，人们的人生观以伦理为核心，伦理决定着人们的生存方式。公共空间中所具有的共同意识、价值观等富有一致性的、以伦理关系为基础的大众文化，是绅权行使的基础，也成为地方自治的基础。

三 茶店"劈公道"的现代意义

正如老者们回忆，当年乡下没有配置具有规模的政权机构，也没有治安组织，仅乡长和乡董而已。在无形层面上，传统社会结构化于国家权威②[16]（P6）；但在有形层面，国家权力很少深入到地方社区，它承认社会自治，"民事法庭"对这种民间往往采取不干涉态度，甚至是作为行政力不足的重要补充。乡间纠纷基本不需要政府介入，官员即使偶有参加，也是以非正式身份介入，这些都反映了强烈的社会自治观念和规范的实践。郑振满教授把这样的传统文化称之为"没有国家的生活"，它不是无政府，也不是反政府，而是在政府

---

① 梁漱溟.中国文化要义［M］.上海：上海人民出版社，2003，第103页。
② 吴毅.村治变迁中的权威与秩序——20世纪川东双村的表达［M］.北京：中国社会科学出版社，2002。

权力的边界外形成低耗高效而有秩序的社会。[①] 传统社会法律体系的主流价值取向，即更多追求通过礼治、德治等方式来教化百姓、调解纠纷，以达于社会和谐。但是在现代性的挤压下，这种价值取向、实践规范被日渐遗忘。

（一）茶店没落与绅权收缩

李怀印研究华北地区乡村历史时发现："由于国家渗透的压力加大，传统村社趋于解体，其最明显的表征是那些曾为地方利益代言的精英分子退出了乡村政权。当赋税负担增加以后，这些乡村领袖不愿冒着与乡民疏远的风险，从事出力不讨好的收税职责，许多人因此辞职不干，从而留下权力真空，让'村棍'、'恶霸'之流来填补。"[②] 此一现象不仅在二十世纪二三十年代的华北地区变得相当普遍，在何母水乡地区也能找到典型。而这种绅权类型从"保护型"向"谋利型"的转变，[③] 导致水乡传统社会越发脆弱，乡村自治的传统格局在逐渐解体。

在何母水乡，一直流传着"张梦麟之死"的传闻。[④] 已故老人宋天海是乡间闻名的贤达，他自称："我这个人有怪脾气，快活饭不想吃，凶恶狠毒的事不会干，是洁身自好、自由自在的人。"在日伪时期，这样的地方人物不愿意出任地方公职，而使得谋利型人物如张梦麟之流有机会跃升为地方代理人。至今高龄老人们还能够回忆起对张的印象："欺压吊打老百姓、凶恶毒辣、无

---

① 邹振东.流传千年的可能不是陋习［N］.新京报，2018-07-31。
② （美）李怀印.华北村治晚清和民国时期的国家与乡村［M］.岁有生，王士皓，译.北京：中华书局，2008，第23页。
③ 杜赞奇提出"经纪模型"，将官府借以统治乡村社会的"经纪人"（或称为"中介人"）分为两类：一类为"保护型经纪"，他代表社区利益，并保护自己的社区免遭国家政权的侵犯；另一类为"盈利型经纪"，有时称"掠夺型经纪"，对待乡民的贪婪、掠夺。参见，杜赞奇《文化、权力与国家——1900～1942年的华北农村》，江苏人民出版社，2010。
④ 宋天海口述.沈孟祥记录.张梦麟之死及前因后果［Z］.未刊稿。

恶不作。""劈公道"的实践基础破裂：地方精英借机扩充权势，且因社会约束欠缺而滥用职权；乡民因为难以获得实际利益而拒绝认可这类代理人的权威。等到日本投降，张梦麟被乡民活活打死。

随着国家行政力的健全，绅权被认定会对官权造成侵蚀与争夺。在评定阶级成分时，那些"劈公道者"，大多被归入"四类分子"，运动到来，人人自危，噤若寒蝉。到了集体化年代，何母桥茶店式微；1966 年之后的"文革"十年，茶店属于资产阶级享乐的范畴，何母桥集市仅剩下"龙头"阿奎一家茶店，也处于奄奄一息的状态。到了七十年代，茶店全面消失。直到今天，何母桥已经没有一家真正的茶店了。茶店"劈公道"这一民间社会处理纠纷的"土办法"仅存在老者们的记忆中，年轻一代鲜有人知。

随着现代化国家对农村建设的持续投入，乡村社会的行政嵌入基本完成。乡村行政的现代化，不仅带来地方领导阶层与乡村国家关系的显著发展，在纠纷处理方面，也完成了纠纷处理方式的现代化转向国家司法系统、现代维权意识延伸到农村。但是，对于普通百姓来说，司法系统处理纠纷依然成本高、耗时长；而以宗族为主线的调解系统在大部分地区未能重新生长出来；而村干部作为新中国成立之后的乡村本土新型精英也往往不愿也无力过多涉入乡邻纠纷，而"和事佬"也形同虚设。纠纷出现之时，乡村社会的秩序维续变得越来越复杂。

（二）"礼治"的现代意义

当全社会齐声要求加快完善法治社会，将各项事业纳入法治轨道之际，本文关注"地方人物掌握纠纷处置权"，若不加辩解，恐怕会被控诉为"提倡人治"，而再论茶店"劈公道"也将全然无此必要。其实，"人治"和"法治"的区分与联系，费孝通在《乡土中国》已清晰阐述："普通常有以'人治'和

'法治'相对称……好像人治是指有权力的人任凭一己的好恶来规定社会上人和人的关系的意思。"[1] 事实上，除非是利用强权压制，在一个普通村社的人与人关系中，完全的"人治"是绝不可能持续的。正如费孝通所言："如果共同生活的人们，相互的行为、权利和义务，没有一定规范可守，依着统治者好恶来决定，而好恶也无法预测的话，社会必然会混乱。"[2] 从茶店"劈公道"的实践中，我们能看到，民间信服劈公道的结果，是来源于对"公道"的认可，而不仅仅是乡绅的个人魅力。因此，茶店"劈公道"是典型的礼治实践。

而礼治与法治的区别，在于维持秩序所用的力量和所根据的规范性质不同。法治之所以在现代社会被推崇，是因为法律得以形成的前提在于对个人自由主体地位和个人身份、权力平等的确认，又是经由理性的筹划和国家权力的强制力所保障的。"礼和法不同的地方是维持规范的力量。法律是靠国家的力量来推行的……而礼却不需要这有形的权力机构来维持。维持礼这种规范的是传统。"[3] 礼治的"规定"由世代相沿袭，为地方共享。它由传统和人们对传统的内在敬畏所维持，习惯性服膺于传统经验时代积累形成的乡俗规范，此可谓"公道自在人心"！正如作家阿来在《尘埃落定》中写道："是的，我们并不把这一切写在纸上，但它是一种规矩，不用书写也是铭心刻骨的。而且比如今许多写在纸上的东西还有效力。"[4] 如此看来，礼治和法治有着异曲同工之妙——礼治也是一种契约！"礼是社会公认合式的行为规范……如果单从行为规范一点说，本和法律无异，法律也是一种行为规范。"[5] 更准确的表述应该是：法律是契约，但是，契约不只是法律。而在当下关于治理基础

267

① 费孝通.乡土中国［M］.南京：江苏文艺出版社，2007，第52-53页。
② 费孝通.乡土中国［M］.南京：江苏文艺出版社，2007，第53页。
③ 费孝通.乡土中国［M］.南京：江苏文艺出版社，2007，第54页。
④ 阿来.尘埃落定［M］.北京：人民文学出版社，1998，第14页。
⑤ 费孝通.乡土中国［M］.南京：江苏文艺出版社，2007，第54页。

的讨论中，契约的概念显然是被狭隘化了。

由此可见，礼治和法治并不抵触。甚至，当社会生活的频繁变迁和社会结构的分化带来利益主体多元化时，虽然法律马不停蹄地被完善，司法下乡也不可谓不成功，但是对于社会秩序的维持仍显力不从心。现代乡村秩序应该强调一种"混合型规范"原则，公理与法律一起组合成为社会生活的秩序原则，为纠纷处理提供一个更为立体的解决途径。礼治自然存在而不需公权力的强制维持，使得礼治成为当下政府寻求低成本治理可善加利用的传统资源。由此可见，茶店"劈公道"的做法，与当下社会"促进农村移风易俗，健全自治、法治、德治相结合的乡村治理体系"① 目标是一致的。只是在多元价值观盛行的现代开放社会中，礼治秩序的维续也可谓步履维艰，如此，今日再提茶店"劈公道"之旧闻更显历久弥新了。

---

① 李克强.政府工作报告［R］.第十三届全国人民代表大会第一次会议，2018-03-05。

附录二

论婚姻与生育的社会属性

——少子化背景下浙北乡村婚育模式嬗变的田野观察*

赵春兰　范丽珠 **

摘要： 近年来我国进入了低生育率时代，如何让生育率回到更替水平以保障中华民族人口的正常延续，需要从社会结构的角度来认识婚姻和生育的问题。对于少子化背景下婚育模式嬗变的研究，是基于对浙北水村"两头婚"和"两头姓"的田野观察。在水村普遍实行的"两头婚"和"两头姓"婚育模式均衡地连接了个人情感、家庭需求以及社会责任，用行为实践了光宗耀祖、传宗接代的价值，使亲子关系反馈模式的传统

　* 原文发表于《河北学刊》2020 年第 4 期。
** 赵春兰，复旦大学社会发展与公共政策学院博士研究生，浙江外国语学院马克思主义学院讲师；范丽珠，复旦大学社会发展与公共政策学院教授，博士生导师，复旦大学社会发展研究中心主任，统战基础理论上海研究基地专家。

伦理在生活中得到维系，无形中化解了现代社会在婚育方面日益突出的社会与个人间的张力。本研究试图指出婚育制度一向都根据处境而变动，浙北水村新的婚育模式正是人类用文化手段来达成人种繁衍和社会继替的目的的例证。

关键词: 婚姻　生育　社会属性"两头婚"与"两头姓"

人类社会中，家庭是一个最基本、最长久、最重要的社会组织。传统家庭的组成，是经婚姻的链接，再由血系的扩延，透过世代的传承而留于永远。[①] 现代社会变迁的一个重要的面向，就是传统家庭价值和结构受到冲击而发生变化，特别是国家通过制度性方式对人口发展进行强干预，从根本上影响了民众在婚姻与生育方面的观念和实践。

20 世纪 70 年代末以来，生育控制政策和经济发展引发了社会的剧烈变化，共同推动了我国生育率的下降。[②] 中国在完成了生育率由高向低的转变之后，很快走向了低水平的生育率。"对于中国的人口而言，21 世纪上半叶发生的最大的人口事件莫过于人口负增长时代的到来。"[③] 面对少子化、老龄化进程的加快，国家在制度上对生育政策进行调整，2013 年 11 月"启动实施一方是独生子女的夫妇可生育两个孩子的政策"，2015 年 10 月"全面实施一对夫妇可以生育两个孩子政策"。然而，生育政策调整后，不仅生育率提高的幅度不尽如人意，同时出现了结婚率下降的趋势。根据国家统计局公布的数据，2018 年中国人口出生数仅为 1523 万，比政府部门预测的少了 560 万；非但没

---

① 参见李明堃、黄绍伦主编《社会学新编》，香港：商务印书馆，1992，第 126、133、134 页。
② 左学金：《生育政策与生育率变动的考察》，探索与争鸣（微信公众号），2019 年 4 月 20 日。
③ 社会科学文献出版社：《〈人口与劳动绿皮书：中国人口与劳动问题报告 No.19〉发布会召开》，2019 年 1 月 3 日，https://www.ssap.com.cn/c/2019-01-03/1074956.shtml。

有出现"出生数峰值",反而比 2017 年大幅下降 200 万。[1] 根据国家统计局和民政部的数据,2018 年全国结婚率为 7.2‰,为 2013 年以来的最低。[2] 也就是说,曾经强力控制人口增长的政策干预,如今对于促进人们的生育意愿未必奏效。

由国家政策来决定生育问题,无疑是非常态政策,如何让我国生育率逐步回升到更替水平以使中华民族人口得以平稳延续,[3] 需要从社会结构的角度认识婚姻和生育,还原婚姻与生育的社会属性。为了应对政策性控制生育对个体家庭(独女户)带来的宗祧继嗣和传宗接代的困境,民间社会出现了传统主流的父系婚姻之外的婚姻缔结与生育继嗣模式的选择。[4] 早在 20 世纪 90 年代,张乐天等就已经在浙北陈家场观察到一对 1988 年结婚的独生子女夫妻采用了两头安家的婚姻形式,被当地人称为"夜夫妻","从村民替这一偶然的奇特婚姻方式创造的一个专有名词本身,可以推断未来独生子女婚姻的某种新模式"。[5] 近 20 年以来,在浙江北部的水村,村民采用夫妻"两头结婚"/ 孩子"两头姓"的双系婚育制度来应对"独女户"家庭出现的传宗接代、老年人赡养、财产继承等诸多困境,已成为当地非常普遍的选择。有关"两头结婚"/"两头姓"婚育模式的材料,来自 2017 年到 2019 年期间笔者对浙江北部水村进行的田野调研。结合近年来学者们对不同地区民众婚育

① 左学金:《生育政策与生育率变动的考察》,探索与争鸣(微信公众号),2019 年 4 月 20 日。

② 《2018 年中国结婚率 7.2‰创新低》,中评网,2019 年 3 月 20 日,http://www.crntt.com/doc/1053/7/2/7/105372742.html?coluid=7&kindid=0&docid=105372742&mdate=0320104044。

③ 左学金:《生育政策与生育率变动的考察》,探索与争鸣(微信公众号),2019 年 4 月 20 日。

④ 参见庄孔韶、张静《"并家婚"家庭策略的"双系"实践》,《贵州民族研究》2019 年第 3 期;李宽、王会《风险规避与身份维持:苏南农村并家婚居模式》,《当代青年研究》2017 年第 4 期。

⑤ 曹锦清、张乐天、陈中亚:《当代浙北乡村的社会文化变迁》,上海人民出版社,2014,第 286 页。

模式变化的观察，本文将从社会学的角度来认识人类繁衍和代际更替，提出婚育既不能简单地由政策来控制，也不是单纯属于个体层面的生理过程，而是个体生命在社会结构中获得意义的重要组成部分，更是人类种族延续需要的社会性策略与智慧的体现。

一 婚姻与生育制度的社会属性及其意义的现代瓦解

我们需要回归其所具有的社会属性来认识婚姻与生育的本质，在人类社会中，婚姻与生育从属于特定的社会文化体系。"婚姻并非本能，而是制度。但是制度之导引人类行为进入既定的途径，很类似于本能在它领域内的作用。"[①] 婚姻与生育不仅是简单的基于本能的生物性过程，还是社会结构的一部分，"结婚不是私事，生孩子也是一项社会分子的天职"，[②] 社会通过婚姻制度让个体生命参与人的繁衍过程，使个体生命的意义具有超越性。

费孝通在《生育制度》第一章中，讨论的就是如何理解生育作为"种族绵延的保障"，"和异姓结合成夫妇，生孩子，把孩子领大——这是一套社会活动的体系"。[③] 结婚与生育不是单纯的生理行为及其满足，其"种族需要绵延"的目的超越了生物性本身，是一套传统的规则和一套相关的物质文化的设备活动的结果，由此衍生出各种制度，如标准化的求偶活动、婚姻、亲子关系及氏族组织。[④]

在传统社会中，以生育为基础的家庭是一个绵续性的事业社群。《礼记·昏义》有言："昏礼者，将合二姓之好，上以事宗庙，而下以继后世也，

① 彼得·伯格：《社会学导引：人文取向的透视》，黄树仁、刘雅灵译，台北：巨流图书，1996，第90~91页。
② 费孝通：《乡土中国 生育制度》，北京大学出版社，1998，第258页。
③ 费孝通：《乡土中国 生育制度》，北京大学出版社，1998，第100页。
④ 参见B.Malinowaki《文化论》，费孝通等译，商务印书馆，1944，第26~27页。

故君子重之。"基于血缘关系发展出来的祖先崇拜融入儒家的礼制之中，成为全民性的自觉信仰和实践；作为"修身、齐家、治国、平天下"价值链条的一环，就是每个个体生命在这个事业中得到延伸的意义。[①] 与之相关的是社群中各种对个体约束的价值与规范，比如，"在中国的家庭里有家法，在夫妇间得相敬，女子有着三从四德的标准，亲子间讲究负责和服从"。[②] 这使得有关婚姻与生育的社会性含义成为天经地义的价值与潜移默化的行为规范。再比如，深入民间的"香火"观念，上一代以"不孝有三，无后为大"为训，下一代则以"光宗耀祖"为奋斗目标，[③] 体现了"社会奖励、督促，甚至命令每个人得负起社会完整的责任"。[④] 再比如，传统上没有男嗣的家庭被称为"绝户"，就是借助贬义的语言形成敦促人们繁衍"香火"的压力。

273

在过去一百多年的现代化进程中，女性社会角色的改变、传统家庭模式的变化、人与人关系的重新定义……这些直接挑战了传统婚姻与生育制度。改革开放以来，意在控制人口过快增长的计划生育政策强有力的推行，前所未有的高速城市化和工业化催生的经济社会的剧烈变迁，更是从各个层面冲击着中国的家庭价值并瓦解着婚姻与生育的社会性意义。[⑤] 不同于传统社会强调个人生命价值就存在于"种族绵延"的社会性事业中，变迁时代出现了个人的价值归于个人——个人的需要、个人的欲求、个人的消费等，两性关系被重新定义，女性价值不再局限于"是否嫁得好""是否为夫家传宗接代"。

---

① 参见杨庆堃《中国社会中的宗教》，范丽珠译，四川人民出版社，2016，第199页。
② 费孝通：《乡土中国》，北京大学出版社,2000，第41页。
③ 费孝通：《家庭结构变动中的老年赡养问题——再论中国家庭结构的变动》，《北京大学学报》（哲学社会科学版）1983年第3期。
④ 费孝通：《生育制度》，商务印书馆,1999，第211页。
⑤ 周颜玲、凯瑟琳·W.伯海德主编《全球视角：妇女、家庭与公共政策》，王金玲等译，社会科学文献出版社，2004，第94页。

这个过程从根本上颠覆了"男大当婚、女大当嫁""多子多福"的婚育观念，生育与婚姻的社会关联相脱节，[①] 以继承香火为社会责任的种族绵延失去了意义，从而导致原本以家庭为基础的一套社会结构被逐渐地解构了。阎云翔对北方的下岬村长期观察发现，"大多数老年人已经接受……生活的意义不再是光宗耀祖，而是让子女过上幸福的生活"，[②] "来自农民的理念没有了，接续子孙传宗接代的理念被宣传为一种错误，留下来的，只有农民为现世生活的努力，只有享乐主义和消费主义可以平息心中涌动的无根感"。[③] 一项针对杭州市"80后"生育观调查的结果显示，在生育目的上，选择"传宗接代"和"养儿防老"的占比分别仅为7.8%、13.4%。[④]

贝尔（Daniel Bell）有关现代主义对传统秩序冲击的观察，有助于我们理解当前中国面临的婚姻与生育社会价值的瓦解：一套支撑传统价值体系的习俗业已终结。结果是，社会也不再被看作人的自然结合，而成了单独的个人各自追求自我满足的混杂场所。"今天的人说，我就是我，我是我自己的产物，在选择和行动的过程中我创造自己。"[⑤] 吉登斯（Anthony Giddens）指出现代社会亲密关系的变革，"性现在是以亲密关系为基础铸造与他人之关联的手段，已不再根植于世代承继的一种固定的亲缘关系"。[⑥] 个人主义、大众消费主义与享乐主义的结合是现代社会的共性，在很大程度上销蚀着传统的社会价

274

---

① "'北京允许非婚生子女随母报户口'已执行两年有余。"见何亚福《非婚生育不该鼓励，但非婚生子女权益该被保障》，《新京报》2019年3月5日。

② 阎云翔、杨雯琦：《社会自我主义：中国式亲密关系——中国北方农村的代际亲密关系与下行式家庭主义》，《探索与争鸣》2017年第7期，第9页。

③ 贺雪峰：《新乡土中国》，北京大学出版社，2013，第77页。

④ 陈晓玲、沈费伟：《"全面两孩"政策对青年生育意愿的影响——以杭州市80后为例》，《人口与社会》2016年第3期。

⑤ 丹尼尔·贝尔：《资本主义文化矛盾》，赵一凡等译，生活·读书·新知三联书店，1989，第68、112、137页。

⑥ 安东尼·吉登斯：《亲密关系的变革——现代社会中的性、爱和爱欲》，陈永国、汪民安等译，社会科学文献出版社，2001，第223页。

值,"对民族团结和民族目的来说,无疑是一贴糟糕的处方"。[①]

在新的形势下,鼓励生育的政策,迄今为止收效甚微。[②] 费孝通早在《生育制度》中就揭示了种族绵延和个体生存之间的矛盾,即"生育既是一件损己利人的事"的本质,是社会赋予其意义和价值,因为"若是社会不把这件事作为通盘性的责任,社会完整也就缺乏了保障"。[③] 当今社会,面临低生育率、低结婚率、快速老龄化三个全球性的问题,而现代社会个人主义当道,无疑加剧了社会整体利益与个人私利间的对立。解决婚育问题上日益体现的社会与个人对立,还是要回到社会并在社会实践中来寻找出路。如果我们目前尚无力催生一个新世界的话,就必须扭转现代社会那种毁灭一切旧有文化的倾向。[④] 费孝通提出绵延种族的"法宝","是把人们结成社会,使每个人的生存不能单独解决,他得依靠社会的完整。社会完整是个人健全生活的条件,而社会的完整必须人口的稳定,稳定人口有赖于社会分子的新陈代谢,因之有了种族绵延的结果"。[⑤]

下面将使用来自浙江北部水村的田野调研资料,借以说明在具体社会生活情境的人,如何用文化手段来达成人种繁衍和社会继替的目的,以突破少子化时代集体性的"生育困境"。

① 丹尼尔·贝尔:《资本主义文化矛盾》,赵一凡等译,生活·读书·新知三联书店,1989,第 344 页。
② 左学金:《生育政策与生育率变动的考察》,探索与争鸣(微信公众号),2019 年 4 月 20 日。
③ 费孝通:《生育制度》,商务印书馆,1999,第 210 页。
④ 贝拉等:《心灵的习性:美国人生活中的个人主义和公共责任》,翟宏彪等译,生活·读书·新知三联书店,1991,第 425 页。
⑤ 费孝通:《乡土中国 生育制度》,北京大学出版社,1998,第 112 页。

二 浙北水村"两头婚""两头姓"的婚育模式

（一）水村基本情况及无男嗣家庭传宗接代的困境

水村地处杭嘉湖平原，是浙江北部、杭州西郊的一个行政村，距离杭州市区20公里左右，距离淘宝城（阿里巴巴总部）直线距离5公里左右，属于西溪国家湿地公园延生保护区。水村村域面积为3.2平方公里，下属18个自然村（组）。至2017年底，水村户籍在册人口有3349人，760户。水村与周边几个村庄之间河道相连，习俗相通，同属"水乡文化圈"。改革开放后，水乡的民营经济发展最先起步，民营企业中，最著名的是诺贝尔陶瓷厂，"一个诺贝尔，大半水乡人都在那谋职"。一线工人、销售、运输、会计、审核……村里人都是亲戚朋友与邻里，亲缘与地缘重新在工业化的背景下恢复联系。在经济收入上，水村人已经完全实现了从以农业为主向以工业和第三产业为主的转变，到2017年底农林牧渔业收入只占到全部收入的0.2%。[①]

自20世纪90年代至今，在城市多中心发展战略下，水村三分之二的村域面积被征用拆迁，村民的家庭现金收入大幅度增加，也使水村人的生活模式呈现一种介于"准城市社区"与"标准农村社区"的新类型。尽管拆迁户从自建房搬入高层安置房，户籍状况已转为"非农"，但水村人的生活状态没有完全脱离乡土，其"农民"身份的自我认同以及由地缘维系的熟人社会模式仍在延续。得益于地方经济开发带来的各种就业机会，水村青年不必也不愿意离乡，普遍选择"买房投资，但不单住"的生活方式，其生活重心仍在村中，这使得水村依然保持着社区的相对完整。所谓现代社会家庭原子化特征，

---

① 根据所在镇统计部门提供的数据，2017年，全村收入为81722万元，其中农林牧渔业收入为192万元。

并未在水村出现，村庄还是保持了相当高的凝聚力。[1]

从 20 世纪七八十年代开始，计划生育政策在水村推行。考虑到农业生产对于劳动力的实际需求，全国多地农村实行了"一孩半"政策，即第一胎生女户被允许生育第二胎。水村位于浙北平原地带，经济条件历来较好，同时，相对于山区，水上劳动强度较低，所以，计划生育政策在此执行得很严格——头胎无论男女，夫妻都不允许再生育第二胎。与中国大部分地方相同，计划生育政策催生出大量独生子女家庭，[2] "改变了中国传统的家庭结构，使城乡中国人的私生活都有了彻头彻尾的改变"。[3] 这令作为社会基础的家庭显示出前所未有的脆弱性，因为家庭所承担的"社会继替"功能由于一部分家庭没有男性后嗣而难以维系。

对照王沪宁对男性子嗣"社会继替"的分析，可以了解到男子在村落家族中继替角色的多重功能："（1）宗姓；（2）赡养老人的义务；（3）主要的劳动力；（4）财产掌管人；（5）对外的保卫者等。"[4] 在传统农村社会中，村落家族依靠家庭男嗣来完成绵延的功能，除此之外别无选择；少子化无疑令浙北水村无男嗣户家庭面临诸多困境。

第一，家庭继替的困境。尽管水村村民们严格遵守计划生育政策，但是"传宗接代"的观念依旧普遍存在。在这个依旧保持着"熟人社会"诸多特质的村子里，祖宗与子孙的社会性关联还十分紧密。水村家庭中若无男性子嗣，

277

---

[1] 参见赵春兰《内生性秩序力及其现代变迁——基于浙北水村社会秩序的田野研究》，博士学位论文，复旦大学，2019。

[2] 彭希哲、胡湛：《当代中国家庭变迁与家庭政策重构》，《中国社会科学》2015 年第 12 期。

[3] 阎云翔：《私人生活的变革：一个中国村庄里的爱情、家庭与亲密关系（1949~1999）》，上海书店出版社，2009，第 211 页。

[4] 王沪宁：《当代中国村落家族文化——对中国社会现代化的一项探索》，上海人民出版社，1999，第 130 页。

就意味着祖宗的香火断了，各种各样的社会压力便随之产生，比如，如何面对祖先对血脉无法延续的质问、如何继续参与到龙舟赛这样限定性别的村级社会活动中，以及社会舆论等现实问题。

第二，财产继承的困境。无男性子嗣的家庭如何解决财产的继承与分配问题，特别是在水村这样一个比较富裕的农村。一旦自家女儿嫁出去，财产很可能被男方家庭控制："如果（孙辈）不姓自己的（姓），就等于（土地）征用之后补偿的多套住宅白白地给了外（姓）人。"尽管招上门女婿是一个选择，而现实是在当地人中招赘几乎是不可能的；况且水村人也担心："'招赘''倒插门'，最后很可能会竹篮子打水，人财两空。"

第三，养老的困境。养儿防老不仅是在物质上的供养，也有天伦之乐的情感和精神需求。水村普通村民都比较富裕，老一辈握有房屋拆迁、土地征用的大笔现金收入，"失地农民养老保险"让农民可以定期领取养老金，物质养老不再全靠养儿。养老困境主要体现在老年人的情感寄托上，水村人觉得"把女儿嫁出去了，自己家就没人了"，难免晚景凄凉。享受"子孙绕膝"的天伦之乐，才算得上是晚年生活的理想状态。

三 婚姻与生育制度的文化调节："两头婚"与"两头姓"

或因为计划生育，或是个人选择，中国目前有相当比例的无男性后嗣的家庭，表现为集体性的"生育困境"。[①] 在水村，早期独生女家庭的婚育还只能在"嫁娶婚"与"入赘"之间二选一，经过逐渐摸索，到了 2000 年前后出现了夫妻"两头婚"和孩子"两头姓"的婚育方式，意在化解无男嗣家庭传宗接代的困境。目前这种婚育方式在水村被越来越多的人接受，俨然成为

---

① 李卫东、尚子娟：《男孩偏好作为一种生育文化的生产与再生产》，《妇女研究论丛》2012 年第 2 期。

该区域的主流婚姻形式，在"80后"人群中，以"两头"形式结婚的比例占到70%~80%。除非当地男子娶了水乡片外的女子，而且这个女子并非家里的独女，才会以男娶女嫁的"嫁娶婚"方式来结合。

"两头婚"，也称为"并家婚""两头走"，这种婚育形式并非水村及其周边区域内独有，在整个浙北地区，以及苏南、江汉平原等地普遍存在。[①] 不同于招赘，缔结"两头婚"的双方有着平等的地位。在水村比较普遍的做法是：两性结配，男方不言娶，女方不说嫁，各自户口不变更；男女双方家中各自装修新房，夫妻婚后在双方家庭轮流居住；双方经协商，婚后生两个孩子，分别随夫妻姓；夫妻有义务赡养双方父母，也有权利继承双方财产；孩子称双方长辈均为"爷爷、奶奶"，而没有"外公、外婆"的称谓。从婚姻的缔结到日常生活的安排都来自夫妻双方及其家庭的协商，具有相当的灵活性，甚至被认为"没有统一的规定"。

"男大当婚，女大当嫁"这种基于人的生物属性的社会传统在水村依然通行，至于如何在个人婚嫁与社会规制之间寻找到变通的方式，水村人会说，"人是活的，传统是死的""'传统'不知道现在会有独生子女两边结婚的，最后，传统自己也凌乱了"。"两头婚"就体现出"人是活的"这一特征，人们主动对文化系统进行调整，在依循地方规制的同时进行社会制度的创新。下面是对水村的一对年轻夫妻——阿斌与小琪的婚姻与生育安排的观察，以此来帮助我们进一步理解"两头婚"/"两头姓"婚育模式的社会属性。

阿斌是水村人，姓"俞"，家里经营着一家规模不大的渔具厂。阿斌的妻

---

① 参见庄孔韶、张静《"并家婚"家庭策略的"双系"实践》，《贵州民族研究》2019年第3期；李宽、王会《风险规避与身份维持：苏南农村并家婚居模式》，《当代青年研究》2017年第4期；黄亚慧《外来青年在苏南农村婚姻市场中的地位——文化分析的视角》，《理论与现代化》2015年第2期。

子——小琪，姓"金"，是邻村人。小琪的母亲是诺贝尔陶瓷厂的老会计，家里的经济条件在地方上也算优越。因为两个村庄同属"水乡文化圈"，两人自由恋爱，到了谈婚论嫁的时候，"两头婚"/"两头姓"成了双方家庭都觉得"自然而然"的选择。婚礼的各种细节安排通过双方家庭协商，基本原则是尽力按照地方社会能够接受的方式来做，以此赢得本乡本土对由此产生的婚姻关系形式的接纳与认可。

费孝通将生育制度视为人类种族绵续的人为保障，人类用文化手段去控制生殖作用，使这种生物现象成为社会的新陈代谢的作用。[1] 不可否认的是，婚姻方式有过种种变化，作为"人类历史的产物，一切社会制度的形式是手段，手段必须依着处境而变动"。[2] 早在 20 世纪 80 年代，费孝通就注意到了中国家庭结构发生的前所未有的变化：变化是经济上自主权的增强、妇女地位的提升、婆媳关系的紧张、筹备婚礼的困难以及农民寿命的延长等多种因素导致的。[3] 今天的水村在各方面基本实现"男女平等"，处于经济发展机会较多的杭州郊区，在土地征用、自建房立户、房屋拆迁补偿等各类国家、地方性政策上都是男女平等，一律有份。地方社会对于经济分配（补偿）上的男女性别平等的遵守，女性普遍接受教育、有更佳的工作机会等优势，都有助于提升女性的社会地位。这也使得"两头婚"当事家庭商议婚事时，有着相对平等或均衡的地位，也就带来了协商的空间与可能。传统的父系制婚姻、生育体系，在现代社会也出现了多方面的变化。

---

① 费孝通：《乡土中国　生育制度》，北京大学出版社，1998，第 115 页。
② 费孝通：《乡土中国　生育制度》，北京大学出版社，1998，第 166 页。
③ 费孝通：《三论中国家庭结构的变动》，《北京大学学报》（哲学社会科学版）1986年第 3 期。

（一）婚姻仪式上的协商与平衡

在水村，"两头婚"的婚礼流程并没有统一定式，基本原则是在"嫁娶婚"的基础上，进行双系平衡的协调，但以双方协商结果为准。最常见的婚礼安排有三种。第一种做法，与"嫁娶婚"流程基本相同，择一良日，上午，新郎来迎亲；中午，至亲而非全部宾客，被邀请在新娘家见证迎娶仪式，并享用较为简单的午宴，称为"便席"；下午，新娘的娘家亲戚正常送亲；晚上为正宴，但与过往男女双方在家各自设宴不同，"两头婚"由男女方共同在酒店里设宴招待所有亲朋好友，礼金各自收取，酒宴费用也由双方根据各自亲友的宴席桌数分别承担。第二种做法是，迎亲、送亲流程照旧，男方家仍以晚餐为正宴。有所区别的是，女方家在迎娶当天，只邀请至亲，酒席也相对简单，而在第二天新婚夫妇回门时，再正式邀请所有亲朋好友，水村人称之为"回门宴当作正宴办"。第三种做法是，双方家庭选择不同日子分别举办喜宴，新郎与新娘的角色互换，相互迎娶：择一日，新郎按照"嫁娶婚"的流程迎娶亲娘；改日，新娘按照入赘的流程，来迎娶新郎。尽管第三种做法颇费周章，但通过婚礼仪式所确立的双系平衡的效果是最佳的。

结婚仪式的变更，不仅体现在整体婚礼过程之中，也体现在婚礼安排的细节之处。如，男方家给女方家的聘礼，是确立婚姻中男方单系优势的重要环节，"人类学家直呼为'新娘的价钱'"。[①] 而在水村，尽管"两头婚"的婚礼安排各异，但"男方家不提彩礼，女方家不置办嫁妆"是最为统一的做法。阿斌母亲回忆："两个孩子是在 2011 年办事的，那个时候，结婚聘礼差不多要十二三万。我们当时是提出（给）的，说多多少少总是要拿点过去的。但是，小琪娘家是拒绝的。"除此之外，新郎本应在接亲当天准备几万元现金、十多

---

① 费孝通：《乡土中国　生育制度》，北京大学出版社，1998，第 131 页。

条中华烟、几大袋喜糖，以应付女方亲友"拦门"，这一环节女方也一概拒绝。此外，作为当地传统习俗，男方为了答谢新娘母亲经历生育磨难，为男方家的子孙延续做出贡献，都要为新娘母亲准备的"肚疼红包"，小琪母亲对此也予以拒绝，"我生孩子肚子疼，我亲家母也疼的"。在水乡文化圈内，这样委婉而不失礼貌的拒绝，是双方都能够领会其中的含义：金家生女儿是延续了金家血脉，并不是单纯为了你们俞家的传宗接代，故不需要由俞家来感谢。

通过双方家庭协商，诸多单边仪式或被取消或被同时履行。但是，有些仪式的双系变更仍被认为是禁忌。比如，"洞房花烛"寓意"延续香火"，就强调的是单系。在水村的传统婚礼上，新婚夫妇拜堂结束，由男方的舅舅拿起八仙桌上的一根花烛带头走，新郎新娘随后，踩着麻袋走进洞房，寓意"传宗接代"，男方的姑父拿另一根花烛紧跟其后。对于"两头婚"的夫妻，虽然两边都可以举行"拜堂"仪式，但是，当地仍流行着婚礼花烛"只能点一边、只能点一次"的风俗。"点两次蜡烛，不是等于结两次婚了？"不吉利的预言让水村人心存芥蒂。于是，在哪边点花烛，既是水村人判断男女方家庭哪方更有实力的重要依据，也是双方家庭在协商婚育偏重时的重要筹码。倘若花烛点在男方家，女方往往会要求第一个孩子跟女方姓；或者，在男方家里照样拜堂，但不点花烛，在未点燃的花烛上象征性地插两个枣子，寓意"早生贵子"。即使点蜡烛、拜堂这些关键仪式，以及孩子的姓氏都偏向单系，另一方也必然会寻求其他的仪式变更来追求平衡。

在阿斌和小琪的婚礼上，点蜡烛、拜堂，都是在男方家举行的。但是，女方家刻意保留了"散糖""散红包"[1] 这些传统上专属于新郎家要做的仪式。不同于传统婚礼中女性被动地在娘家坐等新郎，在新郎及迎亲队伍到达女方

---

[1] 传统习俗中，拜堂结束之后，步入洞房之前，由男方母舅向来宾们抛撒喜糖、红包。

家时，金家亲戚不仅没有"拦门"，新娘还下楼主动迎接新郎，由此可见，新娘角色更为主动和独立。当男方提出请金父参加男方家举办的仪式时，女方要求新郎的父亲与新郎一道来接新娘，"公公一起来迎娶儿媳妇"，这在传统的父系制社会中，是不能想象的。

（二）生育安排上的妥协与兼顾

在水乡文化圈，缔结姻亲的双方家庭有一个基本共识是血脉延续，与"两头婚"相关的是孩子"两头姓"的双系生育养育安排，通常是婚前达成协议，即夫妻生育两个孩子，一子随父姓，一子跟母姓。阿斌妈妈表示："他们金家也就这么个女儿，也是要传宗接代的，如果都姓我们俞家（姓），金家（的血脉）不是要断了？"在 2012 年与 2014 年，阿斌与小琪的两个女儿相继出生，遵守婚前协议，大女儿随男方姓"俞"，小女儿随女方姓"金"。当然，对于生两个女孩或者两个男孩的家庭，"一家姓一个"，不会有什么矛盾。但是，在男嗣偏好文化仍存续的社会中，倘若头胎是女儿，随男方姓；二胎是儿子，随女方姓，男方会觉得"吃亏"了，容易产生矛盾。当小琪怀二胎时，也有人问阿斌父母："看你家儿媳妇的肚子，第二胎很可能是儿子哦，如果是孙子的话，你们肯（让他随女方姓）的啊？"对于这一点，阿斌父母的态度倒十分明确："不管男女，第一个姓俞，第二个姓金，结婚前就说好的，我们不反悔的。哪怕第二个是男孩，也还是要跟着女方姓的。假如不肯，就要闹出（家庭）矛盾的。"

阿斌的父母之所以能够在生儿生女这件事情上不较真，并非对延续香火无所谓了，而是认可了"两头婚"与"两头姓"的世代继替逻辑："到我大孙女结婚的时候，就算她也像她爸妈一样'两头结婚'，也是要生两个，其中一个必须姓我们俞家的。这样，我们姓'俞'的，就始终还是有的，就不会断了。"水村人对于"传宗接代"的态度变得更为灵活，只要能把姓氏传下去，不管

283

是儿子还是女儿，都是香火的传递，这在实践层面化解了"唯有男性才能继承血脉"的家庭延续困境。

水村人在认可"两头姓"婚姻的下一代"不管姓哪边，都是我们的孙女"的同时，也对于子孙承祧哪家的姓氏由哪家来做仪式的规矩，是非常明确的。根据水村的乡俗，孩子出生三天后，照例要办"三朝"①祭祖，仪式的目的，一是告慰先祖，家里添了新丁，血脉已接续；二是祈求祖宗保佑子孙顺遂。"大孙女姓'俞'，出生三天后，就是祭俞家的祖宗，请这边的祖宗保佑；小孙女姓'金'，就在金家那边弄的（仪式）。"俞家和金家父母在类似仪式的安排上，姻亲很注意让彼此"过得去"，采用本乡本土的亲戚乡邻们认可的规矩，通过孩子"两头姓"成功地让俞、金两家的"双系"血脉皆可维系。

四　"两头婚"与"两头姓"婚育模式的社会功能

如上文所述，水村仍然是一个相对完整的乡村社区，人们有关婚姻与生育的社会性规制、责任与仪式做法，是在自家或邻里间的不断重复之中习得的，潜移默化为社会生活的基本逻辑和其生存的基本关注。郭于华分析了陕北某乡村民众基本的文化价值系统，指出"这一系统与其生活世界和生存逻辑之间的关系是相互融合与匹配的，它们构成村落社会一套完整的生活与意义体系"。② 社会变迁导致婚育方式经历了种种变化，水村的"传统自己也凌乱"了，单一从夫居的父系制不再是唯一模式，带有较强协商性的双系婚姻—生育安排成为一种选择，有着相应的社会功能。

---

① "三朝"："三天"的意思，是在个体出生第三天、结婚第三天、去世第三天，这三个最为重要的生命历程的节点上的祭祖仪式。

② 郭于华：《民间社会与仪式国家：一种权利实践的解释》，载郭于华主编《仪式与社会变迁》，社会科学文献出版社，2000，第347页。

（1）家庭继替 "两头婚"的婚姻形式使得在水村 "嫁出去的女儿,不再是泼出去的水",调整了单一以男性子嗣为继承人的传统,独女户家庭通过婚姻的缔结也得到了传宗接代的机会。独女户不再被视为 "绝户","两头结婚,你父母在的,那还是算一户的。"传统上由各家户男丁参与的社区活动,现在也可以由女儿或女婿来承担。比如,"喝龙舟酒,嫁出去的女儿也可以回来的","女婿也可以跟儿子一样划龙舟,这些都不再有什么区别。"

意在化解无男嗣家庭困境的 "两头婚"的缔结,使得在水村 "传承家族姓氏"和 "延绵祭祀祖先香火"不再是男嗣专享。现代社会女性在婚姻与生育中拥有更多主动选择权,有助于 "两头婚"中达成娘家姓氏与香火的传递,"我再多生一个孩子,对娘家有一个交代,对婆家也有一个交代"。毋庸置疑,"两头婚"与 "两头姓"的模式在很大程度上缓解了少子化造成的香火继承上的困境,更成为年轻夫妻生育二胎的社会性动因。其实在水村,年轻人对于生育二孩意愿并非很强,年轻母亲们常常这样讲:"如果不是因为 '两头婚',要为两家各生一个,我肯定是不会再生的。我有几年的青春可以耗得起?"如此的生育意愿显然超越于个人主义的自我。

（2）财产继承缔结婚姻从来都包含着经济上的考量和算计,家族财产的继承同样是世代继替的重要组成部分;而家庭结构中的经济过程也是人们生活的奔头,承载着个体人生的价值。水村 "两头婚"与 "两头姓"的婚育模式,在很大程度上改变了父系家庭制度的某些传统,如单系继嗣、从夫居与随父姓,特别是财产的单系偏重原则等。水村富裕的经济状况以及在集体经济分配上男女平等机会的获得,都使得女儿的社会角色发生改变,使两头结婚具有了稳定的社会基础。在 "两头婚"的模式中,女儿扮演着儿子的角色,既可以继承父母财产,也要承担赡养父母的责任。在水村,缔结 "两头婚"的姻亲基本上是本地人，都有一定的家产，姻亲双方无须顾虑自家原有财产的流失；老一代一辈子辛苦积累的财产得到顺利继承，也令婚姻双方世代间的权利与义务在社会结构中得到保障。

（3）"养儿养女能防老"。在水村，姻亲两家都为小两口准备新房，新婚夫妻婚后两边住是最为常见的生活状态。当然"两头住"到底怎么住也是各家各异，基本上以老人对于小家庭照顾的方便为主：有的家庭两个孩子分别由婆家和娘家养育，年轻夫妇根据自己的工作、生活安排选择夜宿处；有的家庭小夫妻与两个孩子在工作日都住婆家，周末都住娘家，抑或相反。因为夫妻双方都是本地人，姻亲家居住的距离普遍不远，来来往往轮流住并不是很麻烦。

这种"两头住"的生活方式，使得父母、子女共同的生活单位在变化中依然保持，避免了老一辈"空巢"的出现，父母在帮助抚育第三代的过程中，得到天伦之乐，也在儿孙绕膝中有人床前尽孝，自己可以颐养天年。"两头住"生活方式在实现代际互惠的同时，无形中促成了姻亲间"两家并一家"，使亲家老人之间相互照应成为可能，有效地分摊了独生子夫妻的赡养压力。可以说，抚育—养老的"亲子关系反馈模式"在水村就是一种日常生活状态，是被人们普遍接受并实践的社会制度。费孝通从社会文化的角度提出，"亲子关系反馈模式"是中国文化的一项特点，其基础就在于"养儿防老"。而一个社会经济共同体要能长期维持下去，成员间的来往取予从总体和长线来看，必须均衡互惠。①

五 余叙

"数量庞大的第一代独生子女已经到了兼具养老和育儿需求的阶段。他们

---

① 费孝通：《家庭结构变动中的老年赡养问题——再论中国家庭结构的变动》，《北京大学学报》（哲学社会科学版）1983 年第 3 期。

是在计划生育过程下出生的，在人口老龄化和城市化的进程中。"[①] 人们期待着国家生育政策的转向带来生育率的回升，而最新的《人口与劳动绿皮书：中国人口与劳动问题报告》却带来一个不那么好的消息：中国人口负增长时代正在到来。一味地乞灵于国家政策无异于缘木求鱼，无论是原子化的个人，还是完善的福利制度都会导致个人、婚姻与绵延后代之间的关联日益松弛，而集体性的生育困境需要回到婚姻与生育的社会属性中认识并找到解决的方式。"社会分子的新陈代谢都是维持社会结构完整和绵续的机构，抚育孩子不是一件个人可以随意取舍的私事，而是有关社会生产和安全的工作。"[②]

具有社会属性的婚育制度一向视处境而变动，体现出人类用文化手段来达成人种繁衍和社会继替的目的。浙北水村"两头婚"和"两头姓"婚育模式均衡地连接了个人情感、家庭需求以及社会责任，用行为实践了光宗耀祖、传宗接代的价值观，使亲子关系反馈模式的传统伦理在生活中得到维系，无形中化解了现代社会婚育方面日益明显的社会与个人间的张力。这种婚育模式是在少子化时代新的社会生活实践，在一定范围内已经成为大家普遍接受的社会制度。它是否仅是一种过渡性质的地方性模式，还是会继续发展并在更大范围得到接受，仍有待关注。

287

[①] 胡湛：《传统与超越：中国当代家庭变迁及家庭政策》，社会科学文献出版社，2018，第 228 页。

[②] 费孝通：《生育制度》，商务印书馆，1999，第 80 页。

附录三

"两头婚"，为啥在江浙兴起 *

（澎湃新闻记者 喻琰 实习生 严兆鑫）

"男不叫娶、女不叫嫁""我家不是嫁女儿，你家不是娶媳妇"。近日，一种被称为"两头婚"的婚姻模式引起人们关注。赵春兰是复旦大学社会发展与公共政策学院博士、浙江外国语学院马克思主义学院讲师，2016年底到2017年初，她就关注到了"两头婚"的现象。2020年7月，她与其博士生导师——复旦大学社会发展与公共政策学院教授范丽珠合作的论文《论婚姻与生育的社会属性——少子化背景下浙北乡村婚育模式嬗变的田野观察》发表在《河北学刊》2020年第4期，该文以位于浙江杭州西郊的水村为研究案例，探讨浙北水村"两头婚""两头姓"的婚育模式。赵春兰告诉澎湃新闻，从社会学的角度来看，"两头婚"是一次积极的尝试，对代际关系的改善起了很大作用。此外，"两头婚"的婚姻形式中，凡事"好好商量、不斤斤计较"是婚姻和谐很重要的因素之一。

---

* 访谈内容发表于 2020 年 12 月 24 日澎湃新闻客户端。

"'两头婚'必然是男女双方或者双方家庭基于平等，达成的一种长期契约。婚姻这种契约关系要保持下去，不可能仅仅是一方的需求表达，"赵春兰说，"'两头婚'充满了协商性，包括孩子跟谁姓。"

澎湃新闻：什么是"两头婚"？定义是什么？

赵春兰：首先我想要澄清一点，之前媒体报道的所谓"两头婚"中提到"两头"是指各自住各自家，这点是不准确的，不是各自住各自家，而是两边都有婚房，都有生活的空间。

2020年7月，我和导师范丽珠发表在《河北学刊》上的那篇文章其实讲得很清楚，整个"两头婚"充满了协商性，包括孩子跟谁姓的问题，是一个充满协商的过程。

"两头婚"具体是指什么呢？我个人认为会有几个比较明显的特点。比如结婚的时候，"男不叫娶、女不叫嫁"，两边都没有聘礼上的往来。另外一个特点包括生两个孩子，这基本上是一个硬性的标准，因为两边都需要子嗣的延续。最后，孩子的姓氏也基本上需要相互商量，一边一个姓。此外两边住也是比较典型的特征，不是单指住男方家或者是住女方家，而是两边都兼顾。

澎湃新闻：为什么"两头婚"兴起在江浙一带？

赵春兰：我想能够流行有以下两方面的原因。一方面独生子女家庭本身有家庭继替、财产继承、养老方面的困境，而另一方面，此前"双独二孩"的政策也为这些困境的解决提供了可行性。

另外，江浙一带农村社会的结构还是超实心状态，与西北或者中部农村的空心化有很大不同。为什么是"超实心"？因为年轻人的经济条件相对较好，或者他们的就业机会很多，年轻人不愿意离开自己的村子。"超"字是因为在这里，不仅年轻人不愿意离开，外来人口也不断聚集。我以浙江水村为研究案例，虽然浙江水村正在经历征用拆迁，但是它还是相对完整的社区。这种小范围的社区，本地人与本地人的结合变得很重要。两边的经济实力又相当，两边都有传宗接代的需求，就会自然而然产生"两头婚"这种婚姻形式。

澎湃新闻：网上有一种说法是"两头婚"的家庭中大部分都是拆迁户。

赵春兰：也不一定，这两者没有必然的联系，不是因为拆迁了就选择"两头婚"。以浙江水村为例，是因为他们在城乡接合部，所以就有拆迁这种现象发生。"两头婚"的家庭是不是有很多套房？也有这样的情况，但房子只是他们财富其中的一个部分。"'两头婚'要和谐，好好商量很重要。"

澎湃新闻：你提到了"两头婚"需要通过协商来达到婚姻生活的平衡。

赵春兰：对，我觉得协商是一个主要特点，另外这种平衡涉及整个大家庭的相处能否和谐，很多时候这种平衡是依靠妥协来达成的。说到"两头婚"的协商机制，其实能够接受"两头婚"后，很多东西就变得自然而然。一开始结婚的时候，需要协商的东西很多。比如孩子跟谁姓，婚房怎么做，聘礼要不要下，因为这些都关乎特别重要的一些问题，所以协商性很强。但是随着生活步入正轨，两个家庭能够比较好地相处融洽的时候，其实没有这么多协商，大家都好说话，好商量。

澎湃新闻："两头婚"家庭最在意的是什么？

赵春兰：我觉得传宗接代的观念是最开始会有"两头婚"的原因。

澎湃新闻："两头婚"的婚姻形式是进步吗？

赵春兰：我之前在澎湃新闻发表过一篇口述，当时我们用的标题是"传统和现代在这个村庄和解"。我个人认为概括得非常好。但是传统和现代这两个词，实际上是学者给的，对于老百姓的生活，他们没有这样的概念。他们觉得这种方式其实化解了独生子女家庭传宗接代、舍不得女儿离开自己的家庭，还有养老等一系列生活难题。

澎湃新闻："两头婚"成功的案例有哪些特点？

赵春兰："两头婚"成功的案例，其中很重要的一条是父辈之间要好好商量，不要斤斤计较，如果要成功必然是这样的。

澎湃新闻："两头婚"有婚姻失败的情况吗？

赵春兰：一个家庭婚姻失败，我觉得大部分情况还是一样的，也会有一些特定原因是"两头婚"导致的。比如说我最近看到新闻，说在江浙一带，一对小夫妻三个月不到离婚了，两个人因为生的孩子跟谁姓闹上了法庭。这个应该算是典型的"两头婚"失败的案例。

为什么会这样？"两头婚"要想成功，有两个很重要的因素，一是双方的父母得懂得妥协，或者不计较、开明；另外，两边的小夫妻要对自己的生活有主张，有负责的态度。

澎湃新闻：我们在采访"两头婚"的亲历者过程中，有受访者说，提出"两头婚"这种婚姻形式，多半是女方家的要求，因为这样能保全女方家的姓氏能够往下传。你在实际调研的过程中，呈现的情况是这样的吗？

赵春兰：这是很大一部分原因，但是从社会学的角度来看婚姻，"两头婚"必然是男女双方或者双方家庭基于平等达成的一种长期契约。婚姻这种契约关系要保持下去，不可能仅仅是一方的需求表达，男性也是有很多考量在的。我们从社会学角度分析，比如男方父母也会考虑到自己养老问题、整个家族后代财产延续问题、情感陪伴问题。接受"两头婚"，我觉得很大一部分原因还是双方都有同样的需求。

其实现在女性的话语权还是很大的，江浙农村也是一样。我注意到一种现象，在城市里，很多家庭是愿意跟外婆住在一块的，这种现象我的理解是因为女性话语权大，只要是自己的妈妈愿意给带孩子，多半是不愿意奶奶带的。"'两头婚'是一次积极的尝试，对代际关系的改善起了很大作用。"

澎湃新闻：有观点认为"两头婚"实际上是父母更多地干涉了年轻人的生活，你怎么看？

赵春兰：我认为这只是人们的一个假想，与大多数实际情况是不符的。婚姻是一种社会制度的安排，"两头婚"是一种积极的尝试，因为它对代际关系的改善起到了非常大的作用。

从实际情况来说，在养老方面，"两头婚"很好地解决了两个家庭的情感需求问题，两位本地男女青年自由确立了恋爱关系，当他们去讨论婚嫁关系时，父母也会为他们做一些妥协。

同时小夫妻本身也有孝心，想在当地既能照顾父母，又能享受生活，这是大多数选择"两头婚"家庭的实际情况。许多人认为农村的年轻人就应该走出农村，否则就是父母在干涉年轻人的生活，这其实只是假想，与实际情况并不符。

澎湃新闻：有人认为"两头婚"这个形式跟现代婚姻所提倡的婚姻独立自主有所不同，你怎么看？

赵春兰：当我们从社会学的角度来看待"两头婚"，就会看到，它既跳出了政策调控，也跳出了个体本身，它选择了在江浙小社会这样一个圈里，用一种文化的方式或是社会制度安排的方式，自然而然地形成了这样的婚姻形式。

我一直想强调的是，"两头婚"是一种积极的尝试，它是社会整体的一种积极尝试。另外，就算从个体层面来说，当然有失败的案例，也有很多接受这种婚姻形式的人。我可以分享一位"两头婚"的女性亲历者对自己婚姻形式的评价，她说："我觉得'两头婚'更加体现了老一辈的开明，给了年轻人更多的自由去做选择。不会像老古董的思想一样，觉得我女方家一定要招上门女婿的。"所以，指责"两头婚"让女性沦为生育工具的看法，我不太能够认同，我想，这也是"两头婚"的亲历者不同意的。

后 记

关于后记，我想从一个"意外"说起。2020年底，"两头婚"经过《中国妇女报》报道，登上微博热搜。我因为在2019年与导师范丽珠教授合作的一篇基于水村"两头婚"的文章（见附录二），忐忑地充当了一回"专家"，有幸在各大媒体上就"两头婚"的话题发表评论。在接受央广采访时，主持人问，为什么会注意到"两头婚"现象？其实，"两头婚"作为一种"变通"了的家庭—婚姻结合形式，是水村人为了更好地"过日子"，在社会整体安排上做出的积极尝试之一。这些改变在国家宏观政策预料之外，又十分恰当地回应了包括生育、养老等诸多现代性难题。这类"既坚持传统，又调整传统"的做法，可以在水村社会找到其他诸多例证。希望在本书的结尾处，这样一种在矛盾应对中达成的相对稳定的社会秩序状态已被成功勾勒。

本书是在我博士学位论文的基础上修订完成的。这份田野调查报告，我付出了近3年的努力，尽管还有太多未尽完善之处，但仍无法减少我对这份作品的自我欣赏。质性研究，本来就如同打造一件艺术品，即使有学术训练，但仍没有统一的模式可以遵循。质性研究中的师徒帮带，要远远重要于定量研究。这件艺术品亦是我的导师范丽珠教授的心血。感谢范丽珠教授对于论文的悉心指导，她是学界公认的中国民间宗教社会学研究的开拓者！能进入复旦大学，能跟着范老师修学、修德、修身，是学生毕生的幸运！

还记得 2017 年 12 月，我将开题报告第三版发给导师。当时她正在英国、西班牙开设讲座、参加会议。幸赖互联网的便利，隔着大半个地球，老师在会后马上对我的开题报告提出了修改意见。当我再将修改后的报告发回给老师时，她刚结束为期半个月的欧洲行，不顾及倒时差的疲倦，晚上 10 点多，仍非常细致地阅读了全文，并提出了 10 多条修改意见。这样的"感动瞬间"，范老师所有的学生都能回忆起一堆。

我很庆幸自己有两位"导师"，感谢另一位"导师"陈纳老师在一旁耐心地提点。还要感谢李煜老师的"刨根问底"，经典提问对于厘清思路大有助益；感谢于海老师将我的研究放置在乡村振兴的背景中解读，让它更显"隆重"；感谢周怡老师通过华西村做的研究示范，以及我们第一次邮件联系时，她对我的研究能力的肯定，正是因为这份鼓励，我才敢去尝试复旦的博士生考试。这对于改变一个农家子弟命运的意义，可想而知！无论是在批阅论文还是在日常交流中，老师们展示的智慧和学识，总令人折服。他们总能基于自己对中西方学术理论的深刻了解，从宏观层面抓住问题的实质，高屋建瓴地提出看法，意见尖锐、中肯，令人心悦诚服地接受。现在想来，更为可贵的是，老师们个个学贯中西，但对于学生的进步，他们没有催着、赶着。陈纳老师总说："慢慢来，不着急。"他喜欢分享自己的经历，说"发展总是需要一个过程"。更为幸运的是，参加工作后，我的师父——应琛教授以同样不急不躁的心境，带着我潜心教学、扎实研究。

本研究的整体呈现的确是一个破茧而出的痛苦过程。感谢我的同门——邢婷婷、刘芳、石丽、张凤池、袁琛师兄师姐和徐海峰、张娟、吴黔凤、靳亚飞、景云、雪薇、贤亮一众师弟师妹，在一次次的碰头会上陪我一遍遍地磨稿，给我提出了那么多中肯的修改意见。海瑞（Harrison）是加州大学赵文词老师的学生，他到复旦访问期间，成了我的语伴与好友。江湾镇的三官堂是海瑞推进中国宗教研究的田野地，在调查初期，他每天跟着居士念诵佛经，三跪九叩，实属不易。就这样，他一步步融入了被访人群：上海大妈见他冷，给他送围巾；他可以直接进寺庙的后厨拿辣酱拌素面……海瑞细致入微的田野示范，敦促我不停地反问自己，是否已经将田野工作推无可推？

时代的快速发展，以及本就零散的地方性知识，让我在田野之初，确实有些摸不着头脑。我的朋友们，感谢你们在整个调查期间所提供的所有帮助，虽然这样的感谢远不足以表达我内心的感激。张君国，我的高中与大学同学，年轻有为，现在已经是章太炎故居的"居长"，他很热心地帮我联系余杭区文化科当时的科长陆春松和科员唐海钢，2017 年暑假，我跟着他们在余杭区最优秀的一批文化礼堂中调研。这让我对浙江省农村文化建设的情况有了一个整体了解，尤其是认识到建构性力量之下乡村文化建设的优势与尴尬，是如此矛盾地兼容。闲林街道文体中心的"大哥"郑篪对于农村文化工作的热情以及勤恳的付出让我十分敬佩，他处事灵活、办事得体，赢得了农户的拥护。感谢我的闺蜜阮晓霁，她为我提供了水村的众多数据，是我在水乡调查最好的向导；好友李晓芬在径山街道工作，作为综治办的工作人员，她以乡村治理者的视角看待民间信仰，为我提供了很多基层"情报"。"姐妹团"里的一众姐妹毫无保留地利用自己的社会关系网络帮我介绍访谈对象，每次聚餐的畅谈都像极了"焦点小组"。

在田野过程中，我还很幸运地遇到了很多热心文化人。在被帮助的同时，我也意识到自己承担起了一份对弘扬当地文化的责任。在此记过，以表内心感激。沈孟祥先生，出生于 1936 年，已 85 岁高龄。对于身边疾逝的村庄，他努力做好影像记录工作。当他将 30 多年来积累的各方面历史材料交到我手里时，说："如果你能够将这些已经消失的东西让大家知道，你是有功德的。"学庙，在余杭南湖塘，有房屋近百间，香客遍及杭嘉湖流域。在抗日战争时期，这里被日本人一把火烧了。在 2004~2006 年，沈老抢救式地记录下当时已 90 多岁老人们的抗战岁月的口述史，这些希有而珍贵、且有责任感的文字建构了我这个 80 后对于 20 世纪的全部理解。1923 年，晏阳初先生提出"走出象牙塔，跨进泥巴墙"的口号，古之从政者有"为官一任造福一方"之说，今之从学者也应有"为学一地造福一村"的自许。

感谢我的父母，对我的唠叨从未停歇，对我的关怀从未懈怠，都说小农民有大智慧，他们身上还有很多优点等待我去继承。一直都在庆幸自己未曾远嫁，长伴膝下，这将是我们能做出的最好的回报。对我母亲的感谢，不仅在于她对于我的生育、养育，她还为我提供了一个了解农村生活变迁趋势的非常典型的观察个案。她是村内女子舞龙队的队长，女性以这样一种方式参与传统民俗活动，在一开始并不为村里人所理解……她健身的十年，基本是与中国农村全民运动的十年吻合的。2018 年，母亲又被"指派"为村里的志愿团体——巧妇团的负责人。母女间有私房话，她会将农村妇女的"小心思"——在志愿服务之外的功利追求向我袒露，这也为我理解中国农村妇女社会参与提供了一个更为立体的解读，这是我所感兴趣的另一个议题。

在硕士学位论文的致谢辞中，我写道：感谢我的先生袁明皓，他用辛勤的劳动、精明的头脑，保得妻儿衣食无忧。他与人为善、做事大度的品质更值得我夸耀与珍惜。感谢我的公公婆婆，待我亲如闺女的相处与照顾，即使生活与想法上有一些摩擦，但是可贵的亲情总能调和一切。现在我愿意一字

不差地这样感谢。从硕士到博士，妹妹也已经成家立业，但是姐妹间的相互扶持从未改变。对于女儿袁霄，虽然当我背负攻读博士的求学压力时，她也承受了我的许多不耐烦，我也少了一些陪伴，但是我希望若干年后，当她看到这些文字，体会到她的母亲在探索求真知的路上付出的努力与坚持时，亦会有所敬佩。

另外我至为感激的，是所有那些开放自己的社区，并将故事委付于我的水村人。在某种意义上，这份围绕水村的报告所记录的日常生活只是其中的一个极为微小的部分。他们才是这份调查报告实至名归的作者！在富有生活智慧的水村人面前，我显得如此无知而笨拙，他们成了我在田野中的真正的老师。而我的任务无非把变化中的真实社会生活"译成"文字和理论，并乐观其成。但是，我至今并没有足够的勇气让水村人来看他们的故事，虽然经过匿名处理，但我相信他们依然能够找到自己。虽然我对他们智慧的认同，可能并不是那种太直白的赞扬，甚至可以预料，他们应该无法完全把握我在文章中想要表达什么，甚至可能觉得我在有意冒犯。如果是这样，我也只能在后记中请求他们的理解。

本书的出版离不开赵怀英编辑的肯定和鼓励。当我最初将书稿发给她时，心存忐忑，是她对我研究成果的进一步肯定，才让我有信心在此与诸位分享水村的故事。

2021 年 2 月

于杭州西溪源村

图书在版编目（CIP）数据

水村社会：内生性秩序力及其现代变迁／赵春兰著
. -- 北京：社会科学文献出版社，2023.4
ISBN 978 - 7 - 5201 - 9692 - 5

Ⅰ.①水… Ⅱ.①赵… Ⅲ.①农村社会学 - 研究 - 杭
州 Ⅳ.①C912.82

中国版本图书馆 CIP 数据核字（2022）第 021902 号

水村社会：内生性秩序力及其现代变迁

著　　者／赵春兰

出 版 人／王利民
责任编辑／赵怀英
文稿编辑／杨鑫磊
责任印制／王京美

出　　版／社会科学文献出版社·联合出版中心（010）59367151
　　　　　　地址：北京市北三环中路甲29号院华龙大厦　邮编：100029
　　　　　　网址：www.ssap.com.cn
发　　行／社会科学文献出版社（010）59367028
印　　装／北京联兴盛业印刷股份有限公司

规　　格／开　本：787mm × 1092mm　1/16
　　　　　　印　张：19.5　字　数：238 千字
版　　次／2023 年 4 月第 1 版　2023 年 4 月第 1 次印刷
书　　号／ISBN 978 - 7 - 5201 - 9692 - 5
定　　价／98.00 元

读者服务电话：4008918866